本书获得西安财经大学青年博士科研启动金、西安财经大学经济学院学术著作出版资助

区域一体化对黄河流域绿色发展效率的影响研究

李宏伟◎著

RESEARCH ON THE IMPACT OF REGIONAL
INTEGRATION ON THE EFFICIENCY OF
GREEN DEVELOPMENT IN THE YELLOW RIVER BASIN

经济管理出版社
ECONOMY & MANAGEMENT PUBLISHING HOUSE

图书在版编目（CIP）数据

区域一体化对黄河流域绿色发展效率的影响研究 /
李宏伟著. -- 北京：经济管理出版社，2025. -- ISBN
978-7-5243-0044-1

Ⅰ. F127.2

中国国家版本馆 CIP 数据核字第 2025UV7984 号

组稿编辑：郭丽娟
责任编辑：魏晨红
责任印制：许　艳
责任校对：王淑卿

出版发行：经济管理出版社
　　　　　（北京市海淀区北蜂窝 8 号中雅大厦 A 座 11 层　100038）
网　　　址：www.E-mp.com.cn
电　　　话：（010）51915602
印　　　刷：唐山玺诚印务有限公司
经　　　销：新华书店
开　　　本：720mm×1000mm/16
印　　　张：13
字　　　数：255 千字
版　　　次：2025 年 3 月第 1 版　　2025 年 3 月第 1 次印刷
书　　　号：ISBN 978-7-5243-0044-1
定　　　价：88.00 元

序

2019 年 9 月，黄河流域生态保护和高质量发展被列入国家重大战略，提出了加强黄河治理和流域生态保护、推动黄河流域各地区传统经济发展模式向高质量发展模式转型的战略任务。2021 年 10 月，中共中央、国务院印发的《黄河流域生态保护和高质量发展规划纲要》提出，黄河流域面临生态环境脆弱、高质量发展不充分、民生发展不足和水资源短缺等现实问题。

在生态文明建设稳步推进、"两山"理念深入人心的当下，中国加快绿色发展给黄河流域带来了新的发展机遇。黄河流域要克服自然资源禀赋短板、发展水平不高和贫富差距较大的劣势，需要坚定不移地推动经济发展方式的转型，急需区域一体化可持续发展的顶层设计。将绿色发展理念切实融入经济与社会发展的全过程，以应对日趋严峻的资源环境约束，实现经济与生态环境的协调可持续发展是黄河流域高质量发展的基本要求，促进绿色发展和提高绿色发展效率是实现黄河流域高质量发展的必由之路。

得益于长三角区域的示范效应，区域一体化被视作实现区域高质量发展的有效途径。对于黄河流域而言，一方面，区域一体化可放松区域间生产要素的流动限制，实现区域经济平衡发展，促进地区协调联动发展和减排，提高绿色发展水平。另一方面，黄河流域现有的发展水平呈低增长与不平衡的双重特征，且技术效率恶化成为绿色发展转型的掣肘因素。通过区域一体化构建统一市场，促进要素自由流动和形成合理的分工合作体系是提升区域绿色发展效率的关键。目前，黄河流域的现状是市场分割导致各区域间要素流动受阻，地区间不合理竞争加剧，资源空间错配使空间效率受损。市场分割也使各地区的环境保护难以形成联防联控，地方政府仍存在降低生态环境保护、降低环境监管及环境执法门槛以促进经济增长的动因。如何激发地区市场整合作用，盘活黄河流域上中下游的绿色协调发展，加强不同主体功能区之间的绿色发展联系和通过技术外溢推进一体化效果，实现生态保护和经济高质量发展目标是迫切需要研究的重要问题。

李宏伟的《区域一体化对黄河流域绿色发展效率的影响研究》一书，一方面，理论分析了黄河流域区域一体化对绿色发展效率影响的机理和路径；另一方面，基于扩展的区域分工理论、外部性理论、知识关联理论，构建了区域一体化影响绿色发展效率的理论分析模型，厘清了黄河流域市场整合对绿色发展效率影响的绿色经济、污染治理、绿色技术扩散和要素配置优化四个路径。通过上述研究，构建了黄河流域市场整合对绿色发展效率影响研究的理论分析框架，克服了现有黄河流域绿色发展问题研究碎片化的不足。在实证方面，本书弥补了现有单一研究视角的不足，从市场一体化和政策规划两个角度出发，研究区域一体化对黄河流域绿色发展效率的影响，并实证研究了黄河流域区域一体化对绿色发展效率的影响路径及异质性。当然，本书在研究方法选择、核心变量测度和实证策略完善等方面均存在改进空间，不足与疏漏之处也在所难免，但这些遗憾不影响其学术价值。

是为序。

西安交通大学二级教授、西安交通大学陕西经济研究中心主任

2024 年 7 月 17 日

目　录

第一章　绪论

党的二十届三中全会提出"构建全国统一大市场、完善市场经济基础制度"的现实要求，目前中国经济正进入向高质量发展转型的关键阶段，破除市场分割，完善要素流动机制，是当下经济工作的重中之重。2024 年 9 月 12 日，习近平总书记在主持召开全面推动黄河流域生态保护和高质量发展座谈会时发表重要讲话，为推动黄河流域生态保护和高质量发展不断迈上新台阶指明了前进方向、提供了行动指南。习近平总书记提出的"深度参与全国统一大市场建设，坚决破除各种形式的地方保护主义"的要求，为研究区域一体化与黄河流域高质量发展提供了重要的理论支持。

本章首先从研究的现实背景出发，分析我国区域一体化战略及黄河流域生态保护和高质量发展提出的时代背景和现实依据。其次提出了本书三个核心的研究目标，并从理论和实践的角度分别阐释了研究意义。最后介绍了本书的研究思路和研究方法，以及研究内容。

第一节　区域一体化：分析黄河流域绿色发展效率提升的重要维度

改革开放 40 多年来，中国工业化进程加速推进，国民经济进入快速发展轨道，人民生活水平显著提高，综合国力不断增强，但增长背后巨大的资源消耗和生态环境破坏已成为制约可持续发展的重要瓶颈。近年来，随着中国经济步入新常态，中国社会的主要矛盾已发生根本性变化，国民的需求不仅表现在对"金山银山"的物质追求，更注重对"绿水青山"的生活渴望，但日趋恶化的生态环境在威胁人们生命财产安全的同时，一系列触目惊心的污染事件与人们向往的"绿水青山"形成矛盾，确保"金山银山"与"绿水青山"和谐共生已成为可持续发展亟待解决的重要课题，而合理有效的绿色发展旨在实现产出最大化的同时，使污染排放最小化，为"绿水青山就是金山银山"提供制度保证。2012 年，

"绿色发展"一词首次出现在党的十八大报告中。从此，坚持绿色发展成为全国人民的共识。绿色发展作为节能减排、环保高效的经济发展模式，也引起了决策部门和学术界的广泛关注与研究兴趣（王玲玲和张艳国，2012）。2019年9月，黄河流域生态保护和高质量发展上升为重大国家战略。2021年10月，《黄河流域生态保护和高质量发展规划纲要》出台，提出了到2030年黄河流域的发展目标和2035年黄河流域的发展期望，生态环境质量明显改善和流域治理水平提高被视作基本目标。黄河流域覆盖九省，横跨我国东部、中部、西部三大地区，其常住人口占北方地区人口总数的57.7%，GDP总量占北方地区GDP总量的55.8%，实现黄河流域的区域整体发展对我国北方地区的可持续发展至关重要。黄河流域的高质量发展问题具有其特殊性，上游重点生态功能区覆盖面广，生态环境脆弱，资源产品富集；而中下游地区的能源消费结构以煤炭为主。将绿色发展理念切实融入经济与社会发展的全过程，以应对日趋严峻的资源环境约束，实现经济与生态环境的协调可持续发展，是黄河流域高质量发展的基本要求。这意味着，提高绿色发展效率是实现黄河流域高质量发展的主要路径（安树伟和李瑞鹏，2020）。

在短期内很难实现技术突破的前提下，技术溢出和要素流动成为黄河流域提升绿色发展效率的可行途径。区域一体化是技术溢出和要素流动的重要推力，得益于欧盟的成功经验和长三角地区的示范效应，也视作区域绿色发展效率提升的有效途径（张可，2020）。其成功经验在于：通过合作协商，区域内不同地区可通过规则共享、加强内部投资和技术转移等方式，推动内部各地区自身体制改革和市场经济发展。此外，通过一体化发展，能够形成区域层面的经济、治理联盟，提升区域参与地区事务的竞争力。范子英和张军（2010）指出，随着中国更加积极地参与世界市场，中国的国内市场一直处于分裂状态。最近的经验还表明，国内区域一体化的过程不是线性的。最明显的是，2008年全球金融危机不仅导致世界经济出现了严重衰退，还导致许多国家和地区实施了更多的贸易保护措施。在同一时期，中国大多数省份公开实施了限制性采购政策，以保护当地企业和市场（邓芳芳等，2017）。正如新增长理论所表明的那样，区域一体化促进国家和地区实现规模经济和比较优势，并吸收新技术。鉴于区域一体化的收益在理论上可行，因此国内市场的碎片化已成为学术研究的一个活跃领域，也引起了政策制定者的极大关注。早期的研究投入了大量的精力来衡量中国的区域一体化程度。尽管做出了这些努力，但尚未就国内区域一体化的适当措施达成共识。具体到黄河流域，自2000年以来，从西部大开发、中部崛起等战略规划，到以关中—天水经济区和中原城市群为代表的城市一体化新格局，消除了经济来往中技术流动的障碍，促进了要素跨行政区自由流动和优化配置，缓解了公共事务跨界属性增强与协同治理程度低的矛盾。黄河流域在区域一体化方面取得成效，初步形成了以西安、郑州和青岛等核心城市为依托的 4 个规划经济区和 6 个主体功能区规划中的重点开发区域。

一、高质量发展对区域一体化提出新要求

在高质量发展的要求下，区域一体化的效果不能仅仅用单一的经济效应进行评价。在新时期，黄河流域绿色发展效率的提升面临以下挑战：第一，水资源的硬约束。黄河流域的基本特征是人多水少，黄河以占全国 2% 的径流量养育了占全国 12% 的人口，人均水资源占有量为 383 立方米，仅为全国人均水平的 27%（徐辉等，2021）。随着流域内呼包银榆经济区、关中—天水经济区等的城镇化和工业化持续推进，水资源的高负荷问题还会加剧。第二，资源环境容量有限。黄河流域废水和污水的排放量占全国废水和污水总排放量的 6%，化学需氧量排放量占全国的 7%。污水加剧使黄河水体稀释与降解能力越发薄弱，特别是汾河支流，劣 V 类断面比例高达 61.5%，黄河流域环境污染已经对居民生活造成严重威胁（左其亭等，2021）。第三，污染存在连片特征，具有很强的跨界属性。生态环境部发布的《2019 中国生态环境状况公报》显示，在环境空气质量相对较差的 20 个城市中，中原城市群占 10 个，山东半岛和关中平原城市群各占 2 个。第四，黄河流域由于其自然资源条件和自身禀赋，形成了以西宁—金昌、灵武—石嘴山、内蒙古鄂尔多斯为代表的河套地区，以榆林为代表的陕北地区，以内蒙古、陕西、山西三省交界处、晋中南和豫西这一整条资源型城市为分布线的资源型城市多达 41 个。第五，区域发展不平衡。2019 年，东部地区人均可支配收入分别比中部、西部和东北地区分别高出了 51.5%、64.4% 和 44.1%（任保平和师博，2020），破解新时期社会主要矛盾、促进不同地区居民福利水平趋同，受到地区分化的约束。

现有资源环境破坏的严重性和发展模式改变的迫切性对区域一体化提出了新的要求。值得肯定的是，区域一体化带来的技术创新和环境规制协同，提高了污染治理能力和生态资源利用效率，改善了地区生态环境状况（邓慧慧，2012）；同时，区域一体化意味着区域内贸易壁垒的消除，并将增加资本、劳动力和商品等城市生产要素的交换，并最终影响产业结构和经济发展水平，进一步对绿色发展效率产生影响。因此，区域一体化被赋予实现经济增长和环境治理双重目标的期望，是克服现有障碍的有效途径（吕倩和刘海滨，2020）。但 Ma 等（2020）研究表明，区域一体化在部分区域未达成其期望的作用，尤其是在经济不发达地区和地理环境差异较大的地区。黄河流域幅员辽阔，各地区在经济发展水平、环境资源禀赋、产能结构、技术创新水平、政策制度及导向等方面都存在巨大的差异，由此面临的资源与环境约束差异也相对较大，而区域间发展的不平衡与不协调更反映出区域发展质量整体水平较低。因此，为促进我国绿色可持续发展总目标的顺利实现，在实际工作中就不能"大而统"或"一刀切"，应在总量变化方面做出综合评估的同时，因地制宜地考虑到不同区域的实际情况，从区域空间格局的角度制定与落实有区别的环境治理政策，最大限度地挖掘各地区的治污减排潜力，形成协同化的区域绿色发展格局，以加快推进全国范围绿色发展的进程（汪芳和苗长虹，2021）。

二、区域一体化研究的内涵不断扩展

近年来，针对国内区域一体化的文献多将政策冲击作为研究的切入点（李娜等，2020）。尽管我国区域一体化进程中伴随着强烈的政府规制色彩，但其初期的功能整合主要是由自发的市场力量推动和引导的结果，反映了区域经济发展的内在要求（陈勇兵等，2013）。以市场一体化为视角的区域一体化研究，在研究样本的选择上更加侧重国家和省份，或基于小范围的城市群，对黄河流域所处地区的测度研究尚属空白（关溪嫒，2014；Dang et al.，2020）。在将黄河流域高质量发展作为国家战略被提出后，已有文献对区域一体化与黄河流域绿色发展的关系进行了一定的研究，具体而言，部分研究以绿色发展为核心，认为区域一体化是黄河流域今后发展的关键，而在政策层面上多数研究更强调两者的协同推进。在实证层面，由于研究对象、指标体系、测度方法等的不同，对区域一体化与黄河流域绿色发展的关系尚无定论，但均指出黄河流域沿线城市的发展水平存在较大差异（于法稳和方兰，2020；孙伟，2020；杨永春，2020）。在理论方法方面，较多以逻辑演绎为主，涉及归纳、演绎、比较、分类、综合等形式。

已有文献对区域一体化影响路径的研究层出不穷，但少有研究对这些影响路径与绿色发展效率间的关系进行深入的阐释。同时，在区域一体化对绿色发展效率影响路径的研究中，对区域一体化通过何种路径来影响地区绿色发展效率，已有文献多集中在经济效应和环境效应两部分（吕越和张昊天，2021）。同时，以城市为研究样本的文献多以城市群为研究对象（张学良等，2017），缺乏更大范围的研究样本，得出的结论不一定适合地理跨度很广的黄河流域。

在上述背景的基础上，本书从合作博弈的角度出发，对区域一体化促进绿色发展效率这一命题进行论证。在区域一体化背景下，相较于原有的市场分割状态，绿色发展不仅要考虑本地的发展效率提升和发展模式转变，也依赖于外部的知识流通、要素流动和空间溢出效应。假设某个地区如果不考虑周边地区的决策，而依照自身已有的资源禀赋确定其绿色发展路径，在该地区及周边地区的地理环境差别不大的情况下，势必会造成绿色产业发展的趋同。地区之间的同质化竞争最终使要素配置和生产效率均不能达到有效状态，抑制绿色发展效率。尽管依托自然地理条件，发展适宜自身的绿色产业，对地方政府具有吸引力，但在两败俱伤的预期下，一条可能出现的博弈路径是：如果一个强势地区（如绿色技术和绿色产业的核心地区）率先完成发展模式转变或受到政策扶持，向周边地区传递强竞争力的信号，则周边地区在接收到这个信号后，会修改自己的约束条件和效用函数，选择次优策略。为避免恶性竞争，不同地区最终会选择差异性的绿色发展策略和对不同的绿色产业进行培育，以达到一种均衡状态。在此均衡状态的基础上，区域一体化可重新构建不同地区的绿色发展空间，使其摆脱已有的尺度依存状态，依托自身的绿色发展路径，更有效地吸收周边地区的知识外溢和要素流入，最终促进绿色发展效率的提升。

第二节　研究目标

本书结合当前区域一体化的进程和黄河流域绿色发展的迫切要求，深入探究了区域一体化能否促进黄河流域绿色发展效率的提升。如果能，其影响效果如何？实证结论是否稳健？基于不同地理条件和城市类型的异质性研究，能够得出什么样的结论为后续研究打下基础？区域一体化对黄河流域绿色发展效率的影响路径有哪些？区域一体化对不同影响路径存在何种程度的影响？黄河流域横跨东部、中部、西部地区，地理条件和经济社会发展情况差别巨大，对上述问题的异质性研究取得何种结果？因此，本书探讨区域一体化对黄河流域绿色发展效率的影响作用及其内在规律。这为黄河流域区域和产业绿色可持续发展转型及供给侧结构性改革提供了更多的思路，为自然资源禀赋各异的不同欠发达地区实现绿色发展效率提升提供了可信的理论和实证检验支持。具体而言，研究目标分为以下三点：

一、构建理论分析框架

本书构建了区域一体化对黄河流域绿色发展效率影响的理论分析框架。首先，基于扩展的区域分工理论、外部性理论、知识关联理论，构建区域一体化影响绿色发展效率的理论分析模型。其次，基于高绿色技术驱动低绿色技术的增长模型，证明区域一体化有利于绿色发展效率，区域一体化通过消除技术鸿沟，促进高绿色技术地区和低绿色技术地区绿色发展效率的趋同，并提出本书的核心假设：区域一体化可促进黄河流域绿色发展效率。最后，从理论上厘清区域一体化对黄河流域绿色发展效率的影响路径。已有研究更多地基于单一路径，或者局限于回归结果。本书通过实证研究，厘清了区域一体化从绿色经济、污染治理、绿色技术扩散和要素配置优化四个路径对黄河流域绿色发展效率的影响，弥补了已有文献区域一体化对绿色发展效率影响路径系统性研究的缺陷。

二、多视角验证区域一体化对黄河流域绿色发展效率的影响

本书弥补了现有研究单一研究视角的不足，从市场一体化和政策规划两个角度出发，实证研究区域一体化对黄河流域绿色发展效率的影响。首先，基于"冰山成本"，采用相对价格法测度区域一体化程度；其次，选用非参数方法和绿色GDP法测度黄河流域绿色发展效率，并分析核心指标的时序演变和空间分布演化，发现黄河流域区域一体化程度和绿色发展效率均在波动中上升，且呈现俱乐部收敛的态势。弥补了已有文献对黄河流域绿色发展效率和区域一体化程度测算的短缺。在此基础上，以2005~2021年黄河流域62个地级单位为研究对象，从市场一体化和政策规划两个角度出发，分别选用空间SDM和多期DID检验区域一体化对黄河流域绿色发展效率的影响，得出结论：区域一体化可促进黄河流域绿色发展效率。通过变量替换和IV-2SLS模型进行了稳健性检验，稳健性检验的结果支持上述结论。此外，以地理条件下的黄河上中下游为研究样本，进行异质性研究发现仅中游地区绿色发展效率得到提升；以是否为资源型城市为样本划分依据，发现区域一体化未对黄河流域非资源型城市的绿色发展效率产生显著影响。尽管区域一体化能促进全流域绿色发展效率提升，但区域一体化的效果并非全域性，其同时依赖于行政壁垒和地理壁垒。

三、检验影响路径

本书实证研究了区域一体化对黄河流域绿色发展效率的影响路径：绿色经济、污染治理、绿色技术扩散和要素配置优化。考虑空间溢出效应，选用空间SDM模型，对影响路径进行验证。研究结果表明：区域一体化对黄河流域绿色经济产生显著的正向作用；区域一体化并未如假设中一样，对黄河流域的污染治理改善产生显著作用；区域一体化显著促进了黄河流域绿色技术扩散；区域一体化对黄河流域资本优化配置起到了显著的促进作用，但未能显著改善黄河流域劳动力配置优化程度。影响路径的异质性验证结果表明：仅中游地区的验证结果与全流域的验证结果保持一致。区域一体化依托已有的流域发展格局，在绿色经济协调发展和绿色技术扩散方面取得了较好效果，但未彻底解决黄河流域环境污染的外部性和流域各地区"逐底竞争"问题，现有的行政壁垒阻止劳动力要素流动，进而抑制劳动力配置改善。这一研究成果弥补了区域一体化对黄河流域绿色发展效率影响路径的空间差异的研究不足。

第三节　研究意义

作为一项新的研究论题，无论是在理论层面还是实证层面，当前关于区域一体化对黄河流域绿色发展效率的针对性系统研究还十分匮乏，本书以区域一体化对绿色发展效率提升的理论分析框架、区域一体化和黄河流域绿色发展效率的定量测评、区域一体化对黄河流域绿色发展效率影响的实证考察及区域一体化影响黄河流域绿色发展效率的影响路径为主要的研究内容，试图通过较为系统的理论分析与实证研究展开探讨，故本书的研究将具有以下两个方面的重要意义。

一、理论意义

（一）拓展了已有区域分工理论的研究边界

本书采用扩展的区域分工理论，侧重于在发展模式从"黑色"向"绿色"转变的情况下，满足绿色发展合理分工的现实需求。不仅涵盖了"生态环境保护"和"经济社会发展"两个维度（Grossman & Krueger，1995），同时也考虑了划分不同功能区后，各个功能区的产品生产和消费问题。区域分工为区域绿色发展效率分析提供了以下几点启示：①由地区比较优势产生的地区间的分工具有显著的外部性，因区位因素在空间经济活动中存在的乘数效应会带动地理邻近地区的绿色发展，从而会有利于缩小地区间的发展差异；②各区域依据自身要素禀赋优势积极培育并发展主导产业，加之区域间通过优势互补以实现资源要素的自由流动与优化配置，从而强化区域间绿色发展的协同效应，在这一过程中，发达地区科学而有序地进行产业转移，使得落后地区在承接产业转移中获得收益；③各区域随着产业结构的调整可以创造出新的比较优势，不仅能进一步促进本区域的绿色发展效率，也更有利于推进总体范围的绿色发展效率。

（二）构建理论分析框架

本书通过对黄河流域区域一体化影响绿色发展效率的机理与路径的理论研

究，构建黄河流域区域一体化对绿色发展效率影响的理论分析框架，克服现有黄河流域区域一体化与绿色发展效率系统研究的某些不足。基于扩展的区域分工理论、知识关联理论、外部性理论，构建区域一体化影响绿色发展效率的理论分析模型，数理推导地区内高绿色技术驱动低绿色技术增长以消除技术鸿沟，实现地区绿色发展效率趋同的机理。进一步论证区域一体化对演化结果的影响，不仅可为一体化背景下绿色发展效率这一论题的研究奠定理论基础，还可为今后对这一论题展开深入研究提供一定的理论参考。

（三）厘清影响路径

本书从理论上厘清了区域一体化对绿色发展效率的影响路径，这一作用过程受到哪些因素的制约及具体表现形式。本书剖析区域一体化的作用效果，即其如何影响绿色发展效率，以及背后的理论机理。已有文献的理论分析虽然阐述了经济效应和环境效应，但并未进一步对其中的影响路径形成较深入的认识。本书深入挖掘区域一体化对绿色发展效率得以实现的内在影响路径，并对各种样本条件下绿色发展效率的变化规律进行理论分析，相较于已有研究，本书注重从"绿色"性的影响路径剖析区域一体化对绿色发展效率的作用，可为进一步探索我国区域一体化和绿色发展效率提升提供理论基础。

二、实践意义

（一）探索区域特色高质量发展新路径

研究黄河流域区域一体化与绿色发展效率是对区域特色高质量发展新路径的重要探索。党的十九大报告提出了建设美丽中国和生态文明的奋斗目标。同时，区域一体化被认为是构建现代化经济体系的重要基础之一。作为高质量发展的核心部分，区域一体化是打破行政区划、建立良性区域合作关系的重要途径。因此，研究区域一体化与绿色发展效率的关系，可以为生态文明建设和区域协调发展战略提供理论基础和实证依据。如果区域一体化具有预期的经济增长和污染物减排双重效果，说明我国当前的区域协调发展战略和生态文明建设战略是相互契合的。推进区域一体化可能具有促进区域协调发展和节能减排的双重政策红利。如果区域一体化加剧了环境污染，那么说明我国的区域协调发展战略有一定的生态环境代价。从目前的状况来看，以高资源能耗、高排放、高消费、过度消费为主的发展路径已经造成世界上多数发达地区的路径依赖问题，这些地区要摆脱这样的黑色发展道路走向绿色发展道路是艰难而痛苦的。相对而言，相对欠发达地区由于基础薄弱，发展缓慢，还未陷入黑色发展的模式中。从不可持续发展模式转向绿色发展模式，实现绿色创新，不仅可以避免重复发达地区的发展路径及由此带来的不良后果，还可以通过这种更好、更快、更符合绿色发展趋势的模式实现自身发展。黄河流域绿色发展效率将为探索欠发达地区的发展路径提供经验支持。

（二）探索跨区域流域协同治理新机制

研究黄河流域区域一体化与绿色发展效率是对构建跨区域流域协同治理新机制的重要探索。通过对各地区绿色发展效率的空间关联性做出实证考察后发现，地区间绿色发展存在显著的空间相关性与路径依赖性，故在实证考察地区绿色发展效率影响因素时，选用了面板空间数据分析模型，并基于各相关影响因素的空间溢出效应分析区域一体化的影响因素问题，这部分内容的分析结论对推进区域绿色可持续增长与区域绿色协同发展有重要的政策启示，也更凸显出各地区实现以绿色发展效率提升为导向区域一体化的必要性与重要性，因而各相关地区在制定与实施有关地区发展政策时就应切实考虑到区域间的协同性问题，打破各自为政的局面，不断加强政策措施制定的事前沟通论证以及施政效果的事后交流反馈。同时，考虑到政府部门在我国绿色发展路径上的施政主体性，本书在市场一体化的基础上，从政策规划的角度出发，研究区域一体化政策对黄河流域绿色发展效率的政策效应，继而探寻推进我国区域绿色协同发展的政策切入点，并做出论述。

第四节　研究思路与研究方法

一、研究思路

本书将遵循"问题提出—理论分析—定量测量—实证检验—政策建议"的总体思路。具体来说：

（一）问题提出

从黄河流域绿色发展面临能源路径依赖、水资源硬约束、主体功能区定位不同和污染空间扩散的现实背景出发，通过广泛阅读和研究相关国内外文献，提出通过区域一体化对技术扩散、行政边界消除、要素自由流动产生积极作用以克服已有发展障碍的假设问题，进而推论绿色发展效率的提升是兼顾生态环境保护和经济高质量发展的核心途径，区域一体化能否改善流域地区的绿色发展效率是本书的核心命题。

（二）理论分析

通过文献梳理发现，已有文献对于解决这些问题存在许多不足，从而明确本书的研究目标与边际贡献。

在现有文献的基础上进行拓展，基于扩展的区域分工理论、知识关联理论、绿色发展理论、外部性理论，构建区域一体化影响绿色发展效率的理论分析模型，数理推导地区内高绿色技术驱动低绿色技术增长以消除技术鸿沟，实现地区绿色发展效率趋同的机理。进一步地，从绿色经济、污染治理、绿色技术扩散和要素配置优化四个角度出发，论证区域一体化对绿色发展效率的影响机制，形成有待检验的研究假设。

（三）定量测量

以地级行政区为基本研究对象，测算黄河流域区域一体化程度和绿色发展效率，在准确把握黄河流域区域一体化程度和绿色发展效率整体情况的基础上，分析其时序变化规律、空间分布特征。

（四）实证检验

实证检验区域一体化对黄河流域绿色发展效率的影响，在采用多种方法进行稳健性检验的基础上开展异质性研究，以更准确地反映黄河流域不同地区之间的差异。

实证检验区域一体化对黄河流域绿色发展效率的四个影响路径，即绿色经济、污染治理、绿色技术扩散和要素配置优化。按照黄河流域上中下游的地理划分，将区域一体化对黄河流域绿色发展效率的影响进行异质性验证，发现对黄河流域不同地区绿色发展效率的影响存在差异。

（五）政策建议

根据本书的主要结论，结合现实情况，为新时期黄河流域绿色发展效率提出可行的政策建议。

二、研究方法

（一）文献研究法

文献研究法主要是指收集、鉴别、整理文献，并通过对文献的梳理形成对事实的科学认识的方法。依据本书的研究论题，在研读国内外相关文献的基础上，从区域一体化的内涵界定、区域一体化的测度方法、绿色发展效率的相关研究、绿色发展效率的测度方法、区域一体化对绿色发展效率的影响路径等方面进行了比较详细的梳理，通过把握这些研究的进展及明确已有研究存在的不足，继而在审视性地从这些相关的研究成果中获得启迪与借鉴的基础上，对研究论题展开探索性分析。具体而言，主要从研究论题的选取、考察对象的选取，以及在对区域绿色协同发展影响因素与环境政策选择问题的实证分析中实证方法的选取等方面分别做出了客观的评述，进而提出本书的具体分析思路与采用的实证分析方法，以凸显本书选题及研究的价值和意义。

（二）比较分析法

本书以黄河流域为具体的区域考察单位，继而实证探讨区域一体化对绿色发展效率的影响，可见本质上属于区域层面分析的研究。具体而言：①在对区域一体化进行测度分析时，分别就全流域和上中下游的不同时序变化状况和空间分布特点进行比较；在对黄河流域绿色发展效率进行测度分析时，通过对不同区域实际情况的对比分析全面揭示区域绿色发展效率现状，同时进行时空演变分析，更在一定程度上对区域绿色发展效率进行了初步揭示。②在区域一体化对黄河流域绿色发展效率影响的实证分析中，从上中下游的地理划分、是否为资源型城市和所处的发展阶段出发，对影响系数及其空间溢出效应的作用方向与作用力的强弱均做了对比分析。③后续的机制验证采用分类比较的分析方法，从绿色经济、污染治理、绿色技术扩散和要素配置优化四个角度进行影响路径的有效性比较，进一步通过上中下游效应差异的对比，为黄河流域绿色发展效率作用因素的考察提供分析依据。

（三）计量分析法

计量分析主要使用统计推论方法对经济变量之间的关系做出数值估计，本书的实证检验章节便是使用此种方法。在基准回归中，首先采用OLS进行验证，其模型来源于第五章构建的基础回归模型。其次在经济矩阵和地理矩阵两个不同的空间矩阵下，采用空间SDM模型分析区域一体化对黄河流域绿色发展效率的作用。最后考虑到反向因果问题，选用地理工具变量和历史工具变量，采用2SLS模型进行稳健性检验。在区域一体化对黄河流域绿色发展效率影响路径的研究中，基于各影响路径显著的空间溢出效应，本书依旧选用空间SDM模型进行实证检验。

第五节　研究内容

本书的研究内容共分七章，具体内容如下：

第一章为绪论。主要介绍本书的选题背景、研究目的，以及研究的理论意义和现实意义。在此基础上，确定本书的研究思路和研究方法、研究内容、研究框架，并提出可能的创新点。

第二章为国内外相关研究评述。主要从基本概念、区域一体化、绿色发展效率和区域一体化对绿色发展的影响三个角度对已有经典文献和最新的研究动态进行梳理。首先综述了区域一体化的内涵和常见的五种测度方式，之后综述绿色发展效率的概念演变和用于表述绿色发展效率的三种测算方法，并从直接影响和影响机制两个方面，综述已有文献对区域一体化与绿色发展关系之间的论证，把握该领域的学术研究前沿和研究缺口，明确本书的研究起点，继而在对其做出客观评述的基础上，明确地提出本书的研究思路，包括具体的写作内容、选用的具体实证分析方法、采用的研究设计等。本章是本书研究的起点，明确了本书理论拓展的方向和边际贡献。

第三章为理论分析与研究假设。通过对黄河流域区域一体化影响绿色发展效率的机理与路径的理论研究，构建黄河流域区域一体化对绿色发展效率影响的理论分析框架，克服现有黄河流域区域一体化与绿色发展系统研究的不足。一是基于扩展的区域分工理论、知识关联理论、外部性理论，构建区域一体化影响绿色发展效率的理论分析模型，数理推导地区内高绿色技术驱动低绿色技术增长以消除技术鸿沟，实现地区绿色发展效率趋同的机理。二是论证区域一体化对演化结果的影响，提出研究假设：区域一体化能够促进黄河流域绿色发展效率提升。三是论证区域一体化对黄河流域绿色发展效率的四个影响路径，即绿色经济、污染治理、绿色技术扩散和要素配置优化影响路径。在此基础上，提出了对应的研究假设。本章是全书的理论基础，提出了本书的核心论点和待检验的命题，也为后续章节的实证研究提供了理论支撑。

第四章为黄河流域区域一体化与绿色发展效率的测度。首先，基于相对价格法，以流域地级行政区为研究对象，测度其区域一体化程度，在为之后的实证分析提供可信指标的同时，分析了黄河流域区域一体化的时空演变。其次，通过Super-SBM 模型，测算黄河流域绿色发展效率，并对其时序变化和空间分布进行分析。最后，基于碳汇、碳源将绿色 GDP 作为测算黄河流域绿色发展效率的另一代理变量，并描述其时空演变特征。本章通过对测度指数变化情况的分析，为后续提出更加细致的研究假设提供事实基础和经验证据，也为第五章至第七章的实证检验做了准备。

第五章为区域一体化对黄河流域绿色发展效率影响的实证研究。本章从市场一体化的角度出发，构建空间计量模型，验证区域一体化对黄河流域绿色发展效率的影响，同时采用指标替换和工具变量法进行稳健性检验，并基于地理划分、是否为资源型城市和时序划分进行异质性研究，比较不同样本下区域一体化对绿色发展效率的影响结果差异。基于政策冲击的角度，选用多期 DID 模型，研究区域一体化政策对黄河流域绿色发展效率的政策效力。本章验证了本书最重要的研究假设，并为后续影响路径的实证研究提供可信的实证结果。

第六章为区域一体化对黄河流域绿色发展效率的影响路径。本章选择空间 SDM 模型，确定绿色经济、污染治理、绿色技术扩散和要素配置优化四个影响路径，构建了具有代表性的代理变量，验证了区域一体化对上述四类影响路径能否产生显著影响，并对影响路径进行了系统性分析。在此基础上，通过对比黄河流域上中下游地区的市场效应差异，为黄河流域绿色发展效率作用因素的考察提供了分析的依据。本章是第四章和第五章实证研究结论的应用和进一步深入研究，是对影响机制的剖析和拓展，也是提出相应政策建议的重要依据。

第七章为结论与展望。首先简述了本书的主要研究结论；其次提出了可用以推进黄河流域区域一体化，加快流域绿色发展效率的具体政策建议；最后结合本书相关的研究问题，在分析过程中阐述了下一步的研究方向。

第二章　国内外相关研究评述

对区域一体化和绿色发展效率的研究是随着理论基础不断发展和实践研究逐渐深入而逐渐完善的。综合来看，国内外的相关研究主要包括以下四个方面：一是区域一体化的基本概念和绿色发展效率的基本概念；二是区域一体化的测度研究和绿色发展效率的测度研究；三是区域一体化对绿色发展效率的影响研究；四是黄河流域区域一体化与绿色发展效率研究的新进展。

第一节　基本概念

一、区域一体化的基本概念

（一）区域一体化的概念

何为区域一体化？已有研究多从市场一体化和区域政策规划的角度进行研究。第一，市场一体化角度。区域一体化可以被视为一个过程或状态，过程表示国与国之间歧视措施逐渐消除、边界效应逐渐降低的过程，状态表示国与国之间在产品市场、贸易强度和区域经济周期方面的趋同（Charles，1996）。Barrios 和 de Lucio（2003）在对伊比利亚地区的研究表明，尽管由于地理位置的原因，葡萄牙和西班牙的双边经济关系在 20 世纪 50 年代就已高度依存，但在 1986 年加入欧共体后，伴随着交叉投资和单边市场的建立，其一体化程度由于历史文化原因，远高于欧盟其他地区。区域一体化包含了从贸易关系到完全经济联盟的广泛形式。区域一体化被定义为区域内解除市场分割，实现贸易自由，降低要素流动障碍，由此形成地区间的紧密分工体系，改善区域的劳动生产率（刘嘉伟和岳书敬，2020）。从这个角度来看，区域一体化被视作市场分割的反面，区域一体化的过程即为破除分割状态、恢复一体化大市场的过程（刘志彪和孔令池，2021）。第二，区域政策规划角度。区域一体化被定义为在当今全球经济动态盛行的经济体系中，为实现各国的共同经济目标服务的组织形式（Atik，2014）。从这个角度来看，区域一体化已经超越了优惠关税削减而转向更深层次的一体化（Chang & Rugman，2012）。毛其淋和盛斌（2012）认为，中国区域一体化是指基于省域、地区和城市间的地缘联系，而进行的经济利益调节机制，其目的在于减少内部损耗，优化资源配置，促进联合体的共同繁荣。Wang 等（2015）认为，中国区域一体化的主要内容包括地区经济资源整合、地区经济主体整合和地区经济运行环境整合。地区经济资源整合就是通过市场或政府的手段，挖掘、巩固、转移、重组闲置资源或未实现优化配置的资源，以实现资源的合理组合和充分利用，实现整体效益最大化。

已有区域一体化的定义有广义和狭义之分。从广义的角度出发，区域一体化是指国家或地区间大规模一体化发展的手段。从国家间的角度来看，区域一体化是指在全球经济动态的背景下，为具有相似经济行为的多个经济实体服务的过程（孟庆民，2001）。如今，随着几个区域经济联盟的建立，"世界地图"发生了变化（如欧盟、北美自由贸易区、亚太经济共同体、亚太经合组织）。从长远来看，这些区域经济联盟使它们在经济和政治上都成为一个成熟的整合联盟（韩剑和许亚云，2021）。区域一体化也可指在当今全球经济动态盛行的经济体系中，为实现各国的共同经济目标服务的组织形式。从已有的研究成果来看，区域一体化具有多个层次，最简单的区域一体化形式是一个仅限商品的自由贸易区，在该区域中，伙伴国家之间的大多数贸易将逐步取消关税。下一阶段的承诺将是更全面的自由贸易区，既包括服务业，也包括规划在其他与贸易相关的领域合作。更深层次的承诺将包括通过建立一个海关让出对商业政策的主权，如欧盟拥有共同的对外关税，保护自由化的次区域市场。更深一层的是生产要素自由流动的共同市场，所有这些计划目前都反映在拉美一体化的目标中（Rikard，2017）。从地区间的角度来看，区域一体化还包括某个国家境内各地区的区域一体化，主要包括省级区域一体化（如长江三角洲、珠江三角洲），城际区域一体化（如纽约大都市区、热那亚大都市区）和经济发展与地质邻近的城市之间（广州—佛山—东莞）的区域一体化（陈婉玲和丁瑶，2021）。这些地区在区域一体化阶段初期呈现自组织的过程，但随着区域一体化程度的加深，制度设计和制度创新等措施将发挥作用，区域一体化的本质是多个系统的协调变革，这是一个协作概念（柳思维和徐志耀，2012）。

从狭义的角度出发，区域一体化在很大程度上与要素配置和商品流通等经济互动有关。从要素配置的角度来看，区域一体化的目的在于消除要素流动壁垒，进而在要素自由流动的基础上，实现投入要素跨地区或跨部门的最优配置。新古典经济学认为，区域一体化是全要素生产率提升的重要条件，故区域一体化是典型的效率导向，在要素自由流通的过程中，要素会流入生产率较高的发达地区，造成欠发达地区面临严重的劳动力和资本流失。尽管发达地区的高效率可带来溢出效应，但往往欠发达地区的损失会大于其由于效率提高而获得的收益（陈丹玲，2020）。因此，这种一体化过程至少不会改善欠发达地区的境况，可能进一步加大发达地区和欠发达地区的差距。区域一体化所考虑的是整体的经济效率而不是区际公平。从商品流通的角度来看，区域一体化是一个区域的市场由贸易网络连接，形成供求比较平衡的状况，其衡量标准可以用区域内各地价格变动的同步性来检测，价格变动的同步性即指价格的变动方向和变动幅度的一致性（洪涛和马涛，2017）。卞元超和白俊红（2021）认为，区域一体化体现了区域之间市场的一体化状态和商品跨地区贸易的顺畅程度。根据"一价定律"的解释，完全意义上的区域一体化一般是指在自由贸易下，除去交易成本后，特定商品在不同地区的同一货币价格是相同的。如果两个地区之间某种商品的价格不等，其原因可能是各种形式的制度性壁垒或地理距离和交通运输等所形成的市场可达性障碍。

从上述文献的分析中可以得到以下基本判断：自发的市场一体化是区域一体化产生的条件，后续的政策规划和行政力量的介入是区域一体化推进的条件。尽管在现实世界中这两种情况相互交织，但已有文献依照区域一体化的侧重路径不同，从市场一体化和区域政策规划导向两个角度对区域一体化进行了研究。区域一体化的核心是使邻近地区实现区域综合竞争力提升。一个城市必须利用其优势出口商品和引进先进技术，实现市场竞争中的要素互补。同时，市场竞争也将通过技术传播和信息共享来改变产业结构。这将指导投资向回报较高的生产区流动，促进产业结构转型。

综上所述，区域一体化是指区域之间依托已有发展布局，通过相互协作和统一规划，弱化和消除流通障碍，并通过政府管理创新和消除行政障碍来优化实体和运行环境，构建区域经济共同体的过程。区域一体化是以价格一体化为核心的"过程"和"状态"，"过程"代表要素流通效率的增加、传统地理边界的弱化、经济集聚、贸易的自由流动和价格信息的传导，"状态"表现为自由贸易区、关税同盟和城市群等形式。

（二）区域一体化的相关概念

1. 市场分割

市场分割被视作区域一体化的反面。改革开放后，中国通过国际开放逐步成为外向型经济体，但在国内方面，市场一体化受到了阻碍。与博弈论中的囚徒困境类似，以邻为壑的政策在每个省份都很常见，因为地方政府有明确的动机将稀缺原材料的生产留给自己，或者防止其他省份生产的商品流入，这是市场分割的一种定义（Goodwin et al.，2001）。Young（2000）将市场分割定义为：部分地方市场通过对中央计划的扭曲后，受地方保护的产业与地方经济和政治资源的深度绑定，从寻租中获利，并通过政策性壁垒的设立产生市场分割。进一步而言，市场分割可被定义为伴随着自由贸易和要素的自由流通，当参与方的优势商品进入对方区域时，有可能给对方的劣势商品造成竞争，从而使对方企业或产业受到影响。为此，各区域通常会设置一定的贸易进入壁垒，如关税政策、配额政策等来保护本区域企业或产业体系、技术等不受影响，并限制他国出口，这就无法获得更多的一体化效应。同样，市场分割也可以被视作由于行政区划和地理隔阂带来的劳动力和资本要素流动障碍，由于类似的划分带有先天性和外生性，其带有一定的自然实验性质（马草原等，2021）。

2. 经济一体化

经济一体化的定义为：具有相似绩效和共同经济目标的地区之间，将有整合的趋势和要求。它们寻求自身利益的"交集"，探索区域经济各要素之间的关联性。通过协调整合经济资源、经济主体和经济运行环境，积极改变或调整要素之间的关系，消除阻碍经贸活动的因素，形成统一开放的市场环境，实现经济一体化和优化（张昊，2020）。初期的功能整合主要由自发的市场力量推动和引导，反映了经济发展的内在要求（宋伟轩和刘春卉，2018）。随着经济一体化的不断深入，需要通过签订协议、建立具体的一体化管理组织等方式，通过政府引导，将初级阶段的功能一体化制度化、法治化，并做出明确的制度安排，使功能一体化的成果得到巩固和提高（曹春方等，2017）。常态化的经济一体化能够促进区域贸易，一体化组织希望追求更广泛的经济一体化，因此新区域通过更大范围和更高水平的整合和协调，最终朝着经济全球化的发展方向发展（Xuan，2021）。另外，经济一体化集聚是指一定区域内特定的人流、货流、资金流、技术流和信息流发挥规模经济和范围经济作用的高度集聚。高度集聚既是强化区域集聚的动力，也是发展区域增长极的有效保障。在微观层面上，集聚效应不仅降低了生产和交易成本，也容易获得人才、货物、资金、信息、技术等经济要素，使企业能够以最小的投入创造更多的产出，实现集聚效益和关联效益。此外，规模经济与成本、规模要素的专业性和扩张性、大规模资源、生产技术的改进和学习效果相关（李雪松和孙博文，2014）。中国经济一体化的总体进程主要有三个特点：一是将分散部分综合到整个区域；二是消除地区间的歧视和差异，实现商品和生产要素的自由流动；三是强调协调宏观经济政策。

3. 区域一体化

区域一体化可定义为政府管理创新和消除行政障碍来优化实体和运行环境。

区域一体化不仅在国家间大规模发展，也在国家内跨地区发展。后者包括省际一体化和地理位置相近、经济发展水平相近的城市之间的一体化（李浩等，2020）。学术界对区域一体化的定义并不统一，不同学科之间对一体化的定义各有侧重。根据Kuntara（2009）的观点，区域一体化存在五种形式，根据一体化程度由低到高分别是：优惠贸易安排（PTA）、自由贸易区（FTA）、关税同盟（CU）、共同市场（CM）和经济联盟（EU）。优惠贸易安排是区域一体化程度最低级和最松散的一种形式，商品流动的障碍并没有完全消除。最典型的例子是英国、加拿大、澳大利亚等国家在1932年建立的英联邦特惠制。自由贸易区是指由签订自由贸易协定的两个或两个以上的国家或地区组成的贸易区域。在自由贸易区内，各成员通过逐渐减免直至废除关税与进口数量限制，使区域内各成员的商品可以完全自由流动，但同时又保留了各成员独立的对外贸易关税结构和其他贸易保护措施。关税同盟是指由两个或两个以上国家通过签订协定取消区域内关税或其他贸易壁垒，并对非成员实行统一的关税税率而缔结的贸易同盟。相较于自由贸易区，关税同盟将经济一体化向前推进了一步，不仅消除了区域内部贸易壁垒，而且每个成员都需要调整各自的关税和配额制度，建立起统一的对外贸易壁垒。共同市场是指成员之间不仅完全废除关税与进口数量限制，也建立起对非成员的统一关税，以及允许劳动力、资本等生产要素在各成员间自由流动。经济同盟是一种较高层次的区域一体化组织形式，成员间在实行关税、贸易和市场一体化的基础上，还要进一步协调彼此间的经济政策和社会政策（王秋玉等，2022）。区域一体化发展是邻近地区跨行政边界的多边经济合作现象。通过协商设定跨区域贸易合作规则，消除经济来往中的障碍，促进要素跨行政区自由流动和优化配置，从而促进区域内经济、社会的发展。区域一体化对区域发展具有显著的益处：通过合作协商，区域内各地区可通过规则共享、加强内部投资和技术转移等方式，推动各地区深化经济体制改革和市场经济发展。此外，能够通过一体化发展，形成区域层面的经济、治理联盟（Silikam，2021）。

4. 概念的辨析

在一定程度上，区域一体化和市场分割是一对相对应的概念。两者的联系在于：区域一体化的出发点基于价格指数跨地区波动，导致可将区域一体化视作地区市场分割的消解。由于市场分割的外生性，一些文献从外部政策规划的角度定义区域一体化。经济一体化和区域一体化一样，是既侧重"过程"，又侧重"结果"的定义，它比区域一体化的覆盖面更加广泛，不仅涵盖要素和商品的流通过程，也包含要素和商品常态流通后在不同地区之间形成的新格局；不仅涵盖不同地区间要素和商品价格趋同的结果，也包含新的市场环境的形成。区域一体化则在意义上更进一步，不仅包括经济一体化的过程，也包含政策、制度、文化等方面的一体化过程。区域一体化被定义为实现对"流"的管理和构建与之相适应的治理体系。不同政治实体之间通过制定共同的行动框架和治理规则，将"流"的主要范围限定于合作框架之内，极大地推动了区域一体化进程。区域一体化实质上基于国际合作网络构筑了新的治理边界，以代替传统的领土边界。

（三）不同视角下的区域一体化研究

1. 商品市场区域一体化的研究

相关文献的第一个关注点是：区域一体化对具体商品价格的影响程度。赵留彦等（2011）从货物贸易的畅通度出发，研究了1931年"裁厘改统"这一区域一体化行为对粮食市场整合的效应。该研究认为，上海和芜湖两地之间的区域一体化带来的贸易成本下降，促进了粮食市场的价格统一。颜色和刘丛（2011）以1742~1795年15个省份的府级粮价数据为研究对象，通过协整分析，比较了彼时南方地区和北方地区的区域一体化程度，发现南方粮食市场的整合程度优于北方粮食市场，地理条件差异带来的水运能力差距是产生区域一体化程度差异的主要原因。宋长鸣和李崇光（2012）将研究视角放在更加细致的农产品市场，利用脉冲响应函数来研究蔬菜之间的区域一体化，并观察白菜、菜椒和黄瓜等主要蔬菜的替代效果，发现蔬菜流通中的替代效应是保持农产品区域一体化的关键。刘煜泽和雷鸣（2021）采用1919~1925年陕西省商品种类的历史数据，将研究样本选择在县这一行政层面，以最具有代表性的大洋、小麦、粗布和水烟的价格指数为基础，研究了山西省区域一体化的程度，并对电报和铁路这两种现代工具对区域一体化的影响进行了研究。

相关文献的第二个关注点是：区域间紧密分工体系和区域一体化的研究。Peng等（2006）构建了一个考虑中间产品的新古典增长模型，其在区分熟练工人（不自由流动）和非熟练工人（自由流动）的情况下发现，就业集聚和产出增长不一定是正相关的，贸易不一定有利于促进地区经济增长，两个地区之间的贸易不一定与熟练工人—非熟练工人工资差距的扩大相关。这些结果可能解释了为什么致力于区域一体化的实证研究中很难对集聚经济的作用达成共识。李瑞林（2009）从新经济地理的视角出发，发现产业分工状态取决于本地市场效应、价格指数效应和市场拥挤效应的动态变化，发挥价格指数效应是中国经济未来的发展方向，但受限于已有产业区位的黏性和对集聚经济的需求，区域一体化带来的贸易自由度提高并不会必然促进区域分工体系的形成。李嘉楠等（2019）通过构建数理模型发现，区域一体化的不足会对中间贸易渠道产生消极影响，进一步影响企业的专业化垂直分工，通过对商品市场174种商品的销售价格数据进行匹配，从理论和实证两个方面证明了区域一体化对企业专业化生产具有显著的正向作用。

2. 要素市场区域一体化的研究

相关文献的关注点在于：哪种要素流动障碍的降低对区域一体化的贡献最大。这决定了后续市场参与者的路径选择。Magnus（1997）以欧洲共同体的国家为研究对象，验证了区域一体化对区域内的影响。回归系数的大小表明欧洲共同体/欧洲自由贸易区成员资格可能会使增长率提高 0.6~0.8 个百分点。结果还表明，技术转让是欧洲共同体和欧洲自由贸易区成员影响增长的主要机制，欧洲共同体/欧洲自由贸易区成员资格对投资无显著影响。Tamura（1996）构建模型，通过区域一体化考察市场的演变，发现区域一体化的唯一决定因素是人均人力资本，虽然以集聚经济为代表的市场参与也会产生作用，但人均人力资本的差距起决定性作用。Badinger（2005）认为，区域一体化即关税及贸易总协定（GATT）框架内的贸易自由化，欧盟（以前称欧共体）将统一外部关税从 1968 年的 17% 下降至 2000 年的 3.6% 为其最佳的实践成果，这为研究区域一体化对经济增长的影响提供了绝佳案例，其研究结果表明，区域一体化的主要效应源自投资拉动的作用，占总效应的 3/4；同时基于反事实假设，测算出若 1950 年不存在市场一体化的整合，则欧盟今天的人均国内生产总值将下降约 20%，欧盟战后相对于美国和其他国家的追赶进程在很大程度上得到了欧洲区域一体化进程的支持。其部分研究结果与 Magnus 存在分歧，主要原因在于他认为欧盟 15 国的战后区域一体化不仅是由欧洲市场的整合推动的，也是由全球区域一体化推动的。国内的研究也取得了一定的成果，如 He 等（2019）以长江经济带中的"长株潭"地区为研究对象，在考察了交通、投资和流动性水平后发现，投资对区域一体化的影响远大于其他因素对区域一体化的影响。上述研究结果虽然均肯定了区域一体化的积极作用，但对影响区域一体化的核心机制存在分歧，仅从要素流动角度分别得出了技术流动、资本流动和劳动力流动起主要作用的结论。

3. 政策规划角度的区域一体化

相关文献的第一个关注点是：区域一体化是否具有共益性。从政策规划视角来看，区域一体化可视作世界实现现代化发展的潜在价值工具。Robert Devlin（1999）基于中美洲自 1990 年后多达 15 个区域一体化的背景研究发现，尽管中美洲的贸易自由化程度在协议后得到改善，但区域一体化的成果远未达到签订时的目标，有两个方面的原因：一是各国贸易保护主义的倾向；二是普遍存在对第三方的高关税和广泛使用非关税限制，贸易转移的成本被放大。Krstevski 等（2021）以东南欧的 8 个国家为研究对象，其中既包含欧盟国家也包含非欧盟国家，其以能源要素市场的平衡为切入点，通过问卷调查、官方统计资料、第三方检测报告等多种形式，发现欧盟国家的市场平衡和区域一体化程度均优于非欧盟国家。也有学者认为，区域一体化是一种劣质的、代价高昂的政策选择，对有关国家乃至整个多边体系都是有害的（Kenourgios，2011）。

国内已有文献的研究得出了不同的结果，例如，杨丹丹等（2019）以长江经济带的 11 个省份为研究对象，采用相对价格法测度区域一体化程度，发现长江经济带一体化程度在 2011～2016 年波动上升的背景下，对长江经济带的经济增长产生了显著的抑制作用。杨林和陈喜强（2017）以珠三角地区 9 个城市为研究对象，采用相对价格法测度区域一体化程度，发现珠三角区域一体化程度在 2001～2014 年波动上升的背景下，仍对珠三角地区的经济增长产生了显著的促进作用。有研究更进一步指出，即使在满足"共益性"的情况下，内部发展程度不一致也是区域一体化过程中需要面对的重要问题，Ludema 和 Wooton（2000）的研究表明，区域一体化在重新配置生产要素的过程中，导致部分区域间的收入差异扩大，为了避免这种差异带来的对财政自主权的削弱，欧盟每年需要支付接近 1% 的 GDP 用于"弱势成员国"的转移支付。

相关文献的第二个关注点是：区域一体化对经济增长的影响是暂时的还是长期的，即是满足新古典增长理论和无规模效应的内生增长理论，还是满足有规模效应的内生增长理论。部分学者认为，在区域一体化的过程中，利益往往是不对称的，要素和贸易自由的收益可能集中在一些成员身上，其他成员则依赖于不确定的溢出效应。Eberhard-Ruiz 和 Moradi（2019）研究了 2001 年肯尼亚、坦桑尼亚和乌干达之间建立区域经济共同体的空间影响，以夜间灯光衡量经济活动，发现东非共同体成立的经济增长效应是暂时的，只有距离三国边境 90 分钟车程以内的城市才受到区域一体化的显著影响，但其效应在四年之后衰退至处理前的水平，进一步的研究表明，由于较强的本地效应，东非共同体的成立具有很强的短期局部效应，但区域效应有限。类似的结论在以中国部分地区为研究对象的情况下也得到了支持，从贸易开放度和国内市场一体化两个角度定义区域一体化，以 1985～2008 年中国 28 个省份为研究对象，盛斌和毛其淋（2011）发现两者均能促进中国的经济增长，但随着时间的推移，国内市场一体化的作用逐渐衰减，尽管贸易开放度和国内市场一体化可以相互替代。张学良等（2017）以更加细致的县域（县级市、区）为研究对象，基于 113 个长三角地区（县级市、区）1993～2010 年的数据进行了实证分析，发现长江经济协调会这一政府导向的区域一体化政策能使地区劳动生产率提高 8.9%，且具有长期效应，进一步的机制验证表明，取得这一效应的重要原因在于区域一体化政策能够显著降低长三角地区的市场分割程度。

相关文献的第三个关注点是：后发地区能否借鉴发达地区的区域一体化经验。得益于发达经济体的示范效应，区域一体化被视作后发经济体追赶的良药（高丽娜和蒋伏心，2020）。Anthony（1999）分别以加拿大加入美加贸易协定（CUSFTA）、墨西哥加入北美自由贸易协定（NAFTA）和西非国家经济共同体（ECOS）为"北—北"、"南—北"和"南—南"区域一体化的代表研究发现，从效果来看，区域一体化对经济的影响呈现"北—北"＞"南—北"＞"南—南"，表明区域一体化能够改善一个经济体的整体劳动生产率的研究假设受到市场范围的限制。Geldi（2012）依照上述思路，分别以欧盟成员国和非成员国、北美自由贸易区、南方共同市场为研究对象，发现区域一体化的协定样本选择对贸易创造效应和共同经济发展产生显著影响：欧盟市场的效果最好，其成员国的贸易创造效应是非成员国的 6 倍；北美自由贸易区存在显著的虹吸效应；南方共同市场的区域一体化并未带来显著的效应。但 Ke（2015）以 1995～2011 年中国省域为研究对象，通过修正的"一价法"测度区域一体化程度发现，区域一体化不仅能够促进中国的经济增长，成为追赶发达经济体的重要途径，也能使中国中部地区省份从区域一体化中受益，缩小它们与东部地区省份经济增长率的差距。

（四）研究评述

虽然有关区域一体化概念的文献的侧重点不同，但能够达成以下共识：①自发的市场一体化是区域一体化产生的条件；后续的政策规划和行政力量的介入是推进区域一体化的条件。从降低贸易成本的诉求到贸易关税协定的签订、从要素自由流动的诉求到经济空间的成立，从提高经济合作水平的协商组织到经济联盟，均为区域一体化的表现形式。②区域一体化是一个自组织的过程，是一种具有多组成部分和系统的协调变革过程，是一个协作概念。区域一体化不仅包括各国（如 NAFTA、欧盟、APEC 等）的大规模区域一体化，还包括某个国家境内各地区的区域一体化，主要包括省级区域一体化（如长江三角洲）、城际区域一体化（如长—株—潭、中原城市群等）和经济发展与地理邻近的城市之间的区域一体化（如中国的成都和重庆、西宁和兰州等）。③区域一体化的收益存在争议，尤其是对于"新进"和"后发"地区而言，一方面，区域一体化可能对与经济核心联系较差的边境地区特别有利，因为它扩大了边境地区的市场；另一方面，区域一体化的影响可能更加模糊，因为很多地区拥有相似的资源禀赋，资源的自由流动未必能产生显著的收益。

尽管已有研究取得了丰硕的成果，但仍存在以下不足之处：①承认区域一体化存在从"浅层"到"深层"的状态变化（卢新海等，2021；于刃刚和戴宏伟，1999），但已有研究更偏向基于国与国贸易协定和经济同盟的广义研究，对一个国家不同地区的研究则侧重于从微观视角探讨其均衡状态和大都市圈的一体化，对各国普遍存在的城市群区域一体化研究较少。②尽管"市场在资源配置中起决定性作用"已经从顶层设计方面达成共识，但对于地方政府而言，地方经济发展模式的惯性和户籍制度等行政壁垒仍然存在。我国的相关研究仅从要素流动和交易成本角度考察，其结果的准确程度会受到干扰。本书结合已有研究，对区域一体化进行概念界定，具体内容参见第一章。

二、绿色发展效率的基本概念

（一）绿色发展效率的概念

绿色发展效率这个概念的基础，源自绿色发展。绿色发展首次被提出是在联合国开发计划署发布的《中国人类发展报告2002：绿色发展，必选之路》中，报告认为，中国应该选择绿色发展的道路，从传统的"黑色发展"转向"绿色发展"。改革开放以来，中国经济取得了举世瞩目的成就，但长期以来，中国经济增长的动力一直是要素和资源驱动。伴随着中国经济的改善，结构的调整工业化的加速和过度开发资源的"黑色经济增长"，导致资源短缺和经济发展产生一定问题，其中生态环境受损带来的危害常被忽视（刘磊和夏勇，2020）。绿色发展作为一个符号单位，比可持续性、弹性、资源效率更根本、更简洁地概括了这一点（Lynn，2013）。绿色发展这一概念虽在国际社会上的提出较晚，但其思想内涵是对人类的发展与生态的关系进行研究，如Mundaca和Richter（2015）认为，绿色发展强调经济增长与环境保护的统一与和谐发展，是一种以人为本的可持续发展方式。

2012年，生态文明建设规划被纳入"五位一体"总体布局，提出生态文明建设与经济、社会、政治、文化等领域相融合。党的十九大报告指出，中国经济已由高速增长阶段转向高质量发展阶段。这表明，未来中国经济发展的重点不应仅仅是提高经济增长水平，还要在新发展理念的指导下，提高绿色发展效率，推动绿色发展转型，建立和完善绿色低碳循环发展的经济体系，实现经济社会包容性绿色增长。这些绿色发展理念和战略是相互契合的，核心目标是实现绿色发展效率的提升。

学术界对绿色发展效率的定义主要从两个视角出发：第一，强调发展过程中资源环境对经济效率的影响作用。Merino-Saum等（2020）认为，绿色发展效率是一个多维概念，其重点是经济和环境维度之间的潜在权衡和协同效应，以改善人类福祉和社会公平，同时以显著降低环境风险和生态稀缺性为目标。绿色发展效率旨在促进经济增长和发展，同时确保自然资产继续提供我们福祉所依赖的资源和环境服务。为了实现这一目标，必须促进投资和创新，这将支撑持续增长并带来新的经济机会（Loiseau et al.，2016）。绿色发展效率是有效利用自然资源的高质量增长效率，是因为它将污染和环境破坏降到最低，对于部分学者而言，绿色发展效率的出发点在于外部性，绿色发展追求的是将发展过程中的外部性内部化（Vazquez et al.，2014）。诚然，这种外部性可能与公共物品供给有关，如黄河流域重点生态功能区的区域生态溢出效应，但其理论内涵超越了将限制经济增长作为应对环境污染的手段，将绿色发展中的环境问题视为机遇而非成本。Sun 和 Pofoura（2020）的研究成果部分支持了上述论证，他认为绿色发展效率必须从根本上根植于经济方法，考虑人与环境关系的内在复杂性。绿色发展效率的提升将由政策和管理技术推动，促进环境与传统企业之间的协同作用，而不仅仅是脱钩。

第二，强调从传统经济效率向绿色经济效率转变。绿色发展效率是在有效协调资源、环境和经济的关系背景下，走上可持续发展的提升途径。旨在促成从资源驱动的灰色和黑色发展转向清洁、低碳、低能源和包容性的绿色发展；实现经济新常态下我国经济结构、增长动力和增长色彩的提质增效（谷树忠等，2016）。有学者认为，绿色发展效率代表传统经济发展生产率向绿色发展生产率转变，通过重新定位经济社会发展和生态环境的关联方式，化解两个系统存在的现实冲突。在这个转型过程中，"绿色"和"发展"均不可缺（胡岳岷和刘甲库，2013）。Cao 等（2021）认为，绿色发展效率的分析框架来源于新古典增长模型中的全要素生产率分析范式，具有很好的系统性和结构性框架，可以探索其增长背后的绿色发展质量。绿色发展效率是衡量绿色经济发展与转型的重要指标，对实现节能减排和经济发展的双赢具有重要意义。

绿色发展效率导向的发展模式也可带有强烈的政府规划色彩，但研究者认为，同国家和区域一样，均可将企业、产业和消费主体视作转型的主体，其生产和消费行为均对绿色发展效率产生显著的影响（金凤君和马丽，2021）。Feng 等（2020）认为，绿色发展效率的提升途径有两条：通过在保持社会福利的同时降低生态成本（向更少的物质支出转型）和将人的发展作为经济活动的最终目标（向福利最大化转型）。后一种方法将以最低的生态成本寻求最大的社会效益，并实现资源支出与人类福祉脱钩的绿色发展。Chen 等（2021）认为，绿色发展效率在测算过程中可以分解为效率改进效应和技术进步效应，需要围绕效率提高效应和技术进步效应分析传导路径。效率提升是指实际生产环节向生产前沿转移，技术进步反映了生产前沿的整体前移。从经济学角度来看，效率提升主要是通过机构优化、管理改革、规模效率提升、资源配置效率提升来实现的。技术进步体现在使用更先进的绿色技术，在固定要素投入的情况下优化生产流程，主要是利用新的发明来提高绿色发展效率。

综上所述，绿色发展效率是结合生态环境约束来衡量经济绩效的效率值，是在环境压力下超出投入要素的可持续增长的部分。绿色发展效率将环境破坏和退化造成的非市场成本纳入分析框架，考察一个国家或地区在一定时期内投入要素（包括劳动力、资本和能源）的使用效率和质量，是资源配置能力、环境治理能力和可持续发展能力的综合反映。

（二）不同视角下绿色发展效率的研究

1. 可持续发展

1987 年，联合国在《我们共同的未来》报告中提出了"可持续发展"一词，意为"既满足当代人的需要，又不对后代人满足其需要的能力构成危害的发展"。然而，该报告并未提及绿色增长本身。2011 年，经济合作与发展组织（OECD）发布了经合组织绿色增长战略，以帮助各国政府实现经济增长和发展。它强调绿色增长可以促进经济增长和发展，同时确保自然资产继续提供有助于我们福祉的资源和环境服务。Sun 等（2020）的研究表明，针对全球资源管理和环境问题压力加大、经济增长放缓等问题，中国提出了社会、经济、环境协调发展的包容性绿色增长战略，他认为包容性绿色增长是由社会、经济和环境三个维度决定的经济发展模式，资源与社会经济发展目标的对接不仅是包容性绿色增长必须解决的关键问题，也是提升绿色发展效率的关键。Song 等（2020）认为，绿色增长是一种实现显著环境保护的经济增长，但在具体实施过程中，不同国家之间存在异议，发达国家强调，发展中国家生产更多的绿色气体，应通过市场交易从发达国家进口低碳技术。发展中国家强调，由于历史排放问题，发达国家对气候变化负有主要责任，它们应该分享它们的技术。绿色发展效率的提升依赖于绿色技术的转移。Su 等（2020）认为，相较传统的"黑色"发展模式，绿色发展则是一种可以实现资源节约与环境保护的新型发展路径，通过摆脱资源与环境的刚性约束、推动经济增长和环境损耗发生脱钩。如何在步入绿色发展后，取得有效率的绿色成果，是绿色发展阶段面临的最大挑战。

2. 绿色经济

Pearce（1989）在《绿色经济蓝图》（*Blueprint of a Green Economy*）一书中首次提出了"绿色经济"的概念，强调通过发展经济与保护环境的统一来促进可持续发展。2011 年，联合国环境规划署（UNEP）使用了"绿色经济"一词，认为绿色经济改善了福祉和社会公平，同时显著降低了环境风险和生态稀缺性，报告中明确提到，低碳是绿色经济的关键特征。Pan（2019）延续世界银行的定义思路，认为绿色经济具有投入效应（增加生产要素）、效率效应（使生产更接近生产前沿）、刺激效应（在危机时期刺激经济）和创新效应。Urom 等（2021）认为，绿色经济以资源节约型和环境友好型经济为主要内容，是一种资源消耗低、环境污染少、产品附加值高、生产方式集约的经济形态。

3. 绿色发展

绿色发展可视作上述两种理论视角的总结，也是研究绿色发展效率的基础。在联合国开发计划署发布的《中国人类发展报告 2002：绿色发展，必选之路》报告中，认为中国应该选择绿色发展的道路，从传统的"黑色发展"转向"绿色发展"。绿色发展这一概念虽提出较晚，但其思想内涵是对人类的发展与生态的关系进行研究，对这一关系的思考和研究较早，成果也较多，可梳理如下：中国环境与发展国际合作委员会认为，绿色发展强调经济增长与环境保护的统一与和谐发展，是一种以人为本的可持续发展方式。世界银行与国务院发展研究中心联合指出，绿色发展即经济的增长不再过度地依赖于资源能源的使用、二氧化碳排放与环境的损害。2013 年，中国国际经济交流中心指出，绿色发展即发展绿色经济，要把绿色经济和经济发展有效结合，应充分认识到绿色经济并非经济发展过程中的阻碍、成本与负担，而应将其视为经济发展的新动力与利润的增长点。相较于机构，学术界对绿色发展的概念进行了多层次的界定：绿色发展是以效率、和谐、持续为目标的经济增长和社会发展方式，是相对于传统工业化模式对生态环境造成破坏的"黑色"发展而提出的（金凤君，2021）。胡鞍钢和周绍杰（2014）指出，绿色发展是对可持续发展思想及理念做出了继承与超越的第二代可持续发展观，表现为对传统工业化发展模式的根本性变革，旨在开创物质文明与生态文明的和谐发展道路，并从绿色增长、绿色财富和绿色福利三个角度，论证其共生性和耦合关系，拓宽绿色发展的理论内涵。Du（2019）认为，绿色发展是指在绿色创新驱动下，以生产中低消耗、低排放，生活中合理消费，生态资本不断增加为主要特征的可持续发展，绿色发展强调改善资源利用方式，增加绿色财富和提高人类绿色福利水平，以实现人与自然的和谐发展。

（三）绿色发展效率的实现途径

1. 经济增长

经济增长路径的假设依据源于 EKC 曲线，即在经济增长迈过拐点后，对环境保护的诉求会高于对经济增长优先的诉求，最终改善环境污染程度。而环境污染的外部性对区域发展产生巨大的负面效应，使地区不得不探索新的可兼容经济增长和环境保护的发展模式，即从传统的发展模式向绿色发展模式转型，使绿色发展效率得以提升，在发展程度普遍不高的地区，保证经济增长达到一定水平是实现绿色发展的前提之一（董锁成等，2014；刘秉镰等，2020）。

2. 技术进步

生产率低下和污染治理能力不足通常高度绑定，成为既抑制"绿色"又抑制"发展"的障碍（曾刚和胡森林，2021），在传统发展模式下，通过技术研发的投入和对技术扩散的合理应用，尤其是对绿色技术的引进，将会提升相应的绿色经济效率，提升技术创新和绿色发展的耦合程度（韩永楠等，2021）。得益于移动互联网的迅速发展，也有学者从大数据应用的角度研究了其对绿色发展效率的促进作用，认为作为规模利用占优的一种技术途径，是加快绿色发展效率的优质方法（许宪春等，2019）。

3. 结构效应

通过淘汰污染企业或者对高污染企业进行转移的方式，或通过对清洁型产业的发展调节地区产业结构，实现地区经济结构的绿色化（陈喜强和邓丽，2019）。同时，对发展路径依赖较严重的资源型城市和资源型行业，应在一个较长的时间周期内确定其节能减排的规划（赵一玮等，2020）。

4. 制度效应

制度效应即通过环境规制政策的制定和区域发展规划的出台，以行政规制的手段，对地区的生产行为进行调整，对地区的生态环境进行保护，间接提升绿色技术水平，进而促进绿色发展效率的提升。或与经济增长、技术进步和结构效应一起，协同推进绿色发展（王兵等，2010；高赢，2019；曾刚和曹贤忠，2019）。

由于经济增长和技术进步体现了绿色发展效率的内涵，因此可将其归纳为直接效应。而结构效应和制度效应是通过提高绿色技术水平和调整产业结构来推动工业绿色转型，因此可将其归纳为间接效应。相对而言，学术界关于经济增长、技术进步和结构效应对绿色发展效率产生促进作用的观点较为统一，而关于制度效应对绿色发展效率产生促进作用的观点分歧较大，主要体现在制度效应对绿色发展效率影响的线性或非线性，以及研究对象的行业异质性和空间异质性等造成研究结果不一致。究其原因，制度效应对绿色发展效率的影响是一种间接关系，其内在机制比直接效应更复杂，在不同条件下得到的结论往往差别较大。这也是该领域引起大量学者关注的原因之一。

（四）研究评述

已有关于绿色发展效率的文献，取得了丰硕的研究成果，并取得以下共识：①绿色发展效率的一般范式在逻辑上被描绘为绿色发展的"增长目标/增长势头/增长路径"。具体而言，与先前的经济发展模式相比，关注欠发达地区的绿色特征更多地致力于改善环境福利，而不是单纯的经济效率，将在经济社会和环境因素的约束下创造更多的竞争优势。②绿色发展是政府为了解决污染的负外部性，保持经济的协调可持续发展，通过制定相应的政策措施，直接影响经济主体的交易费用、成本和收益等，以达到保持经济与环境协调发展的目的。从直接效应来看，一方面，政府通过颁布各种环保法律、法规、规章和标准，以政府行政命令的方式对高能耗、高污染企业的排污行为进行直接干预，强制企业执行节能减排标准，对不能达到规制要求的企业实行"关停并转"。另一方面，政府可以通过征收环境税费或运用补贴等激励性规制手段，抑制传统重化工业规模的过度扩张和化石能源的过度使用，通过发展壮大战略性新兴产业、绿色环保产业及生态循环产业等措施，达到降低污染排放的目的。③绿色发展效率可以与环境经济学理论联系起来，也可以与生态经济学理论联系起来（Regina，2010）。这两种理论在实践中的运用产生了不同的理念和方法。环境经济学与清洁生产和资源效率密切相关，而生态经济学依赖于工业生态学或循环经济等先进理念。

尽管已有研究取得了丰富的成果，但仍存在以下不足之处：①发达地区可以关注基于可持续性的绿色增长，而在发展程度较低的地区，在增长过程中需要解决贫困和不平等问题，同时避免无限增长造成的不必要的社会和环境负担。黄河流域的区域一体化在经济转型的攻坚期，也承担着流域脱贫的任务，流域绿色发展的不平衡和不充分是顽症，以不发达地区为研究对象的文献较少，缺乏相关理论分析框架和实证研究支持（黄茂兴和叶琪，2017）。②在研究假设中忽视生态环境和经济社会发展的替代条件，两者是否可完全替代分别对应弱可持续和强可持续研究范式的视角，在测度方法上也分别对应线性和非线性的测度方式，但部分已有研究存在忽视前提假设的情况，从而降低了其结论的可靠性。对于本书的研究主题而言，生态环境和经济社会发展的不可完全替代是强约束条件，这是由黄河流域生态脆弱的特点决定的，这也是本书选择绿色发展效率测度方法的重要依据。本书对绿色发展效率的概念进行了界定，具体内容参见第一章。

第二节　测度研究

一、区域一体化的测度方法

（一）综合评价法

Giovanni（2009）从贸易一体化、投资一体化、金融一体化、人员一体化和区域内发展一体化五个角度出发，评价欧盟、北美和亚洲经济体的区域一体化程度。分别选择贸易依存度、FDI、金融资产跨境贸易量和持有量、区域内劳动力流动程度和区域内收入差距为指标。其研究表明，物理距离的重要性并未随着交通设施的改善和信息技术的发展而下降，欧盟的区域一体化程度最高，亚洲经济体区域一体化程度的增速最高。国内的相关研究，以区域一体化程度最发达的长三角地区为样本居多，曾刚和王丰龙（2018）从经济发展、科技创新、交流服务和生态保护四个方面出发选取 20 个核心指标构建综合评价指数，评价了 2017 年长江三角洲城市的区域一体化程度发现，枢纽城市的区域一体化程度显著高于一般节点城市和地方城市，但其区域一体化程度增长率方面存在趋同，通过对其空间效应的考察发现，长三角地区的区域一体化已跨越"小团体"式发展阶段，进入全域发展的阶段。也有学者以非增长极地区为研究对象，如汤放华等（2018）基于区域一体化的过程和状态属性，从布局一体化、制度一体化和要素一体化三个层级选取 24 个评价因子，在无量纲处理和熵值法确定权重的基础上，对长株潭城市群的区域一体化程度进行了测度。发现长株潭城市群的区域一体化程度在不断加深，其中制度一体化的上升最明显。学术界以流域为对象的研究较少，最典型的是卢新海等（2019）以长江流域的长江经济带为研究对象，从经济一体化、社会一体化、空间一体化和制度一体化四个角度入手，选择 11 个指标测度了 1998~2015 年长江经济带及其上中下游地区的区域一体化程度。

（二）生产法

生产法测算区域一体化的出发点是产业结构。一是伴随贸易壁垒的解除和交易成本的下降，产业集聚伴随区域一体化程度的加深而出现，故可用产业集聚程度表示区域一体化程度（宋洋和吴昊，2018）。二是分析产业结构差异程度，其思想来源于大卫·李嘉图的理论，区域一体化越高，要素和产业的匹配概率越高，各地区依照资源禀赋的差异而产生的分工程度越高，导致地区专业化程度越高的同时，产生产业结构差异（钟立新，2012）。这两个角度的测算方法较为一致，代表性的方法有行业集中度、Hoover 指数、空间基尼指数、区位熵和 SP 指数等（姚丽，2015），以 SP 指数为例，由于能够反映空间距离效应，其在研究中得到广泛应用。具体测算公式如下：

$$SP^k = \sum_{i=1}^{n-1} \sum_{j=i+1}^{n} v_i^k v_j^k d_{ij} \tag{2-1}$$

其中，SP^k 为 SP 指数，v_i^k 为城市 i 的 k 行业的产值占比，v_j^k 为城市 j 的 k 行业的产值占比，d_{ij} 为城市 i 和城市 j 的地理距离或空间距离。

黄新飞和郑华懋（2010）采用 SP 指数测度了 2000~2015 年珠江三角洲 9 个

城市的区域一体化程度，发现其呈现上升的趋势。邓慧慧（2012）在一般均衡模型的基础上，推导了区域一体化与贸易成本和产业集聚的关系，发现贸易自由化程度能够促进产业集聚，集聚程度与区域一体化程度成正比，且小国比大国更容易产生产业集聚。但学术界对指标选取和测算方法存在分歧，何种方法为生产法的代表性测算方法至今尚未有定论。为研究产业相对于集体制造业的集聚趋势，Duranton 和 Overman（2005）以英国为研究样本，基于距离测量的思路，假设行业机构是随机分配到现有固定地点的，计算一个行业中所有配对之间的双边距离密度。他们批评了单独计算局部置信区间的做法，并强调了零假设的全局置信区间的必要性。Duranton 和 Overman（2008）基于距离的平均邻接数构建了点对距离的概率密度函数 $K_A(d)$：

$$K_A(d) = \sum_{i=1}^{n-1} \sum_{j=i+1}^{n} \frac{\delta(i, j, d)}{n(n-1)} \tag{2-2}$$

定义 D_{ij} 为城市 i 和城市 j 的地理距离或空间距离，当 $D_{ij} = d$ 时，$\delta(i, j, d) = 1$；否则，$\delta(i, j, d) = 0$。

Marcon 和 Puech（2010）在上述研究的基础上，采用 M 函数表示区域内产业的集中程度，具体如下：

$$M_S(r) = \sum_{i=1}^{N_s} \frac{\sum_{j=1, i \neq j}^{N_s} \delta_s(i, j, d)}{\sum_{j=1, i \neq j}^{N} \delta(i, j, d)} \bigg/ \sum_{i=1}^{N_s} \frac{W_s - w_i}{W - w_i} \tag{2-3}$$

其中，N 为地区中厂商总数。N_s 为行业 S 的厂商数。定义 D_{ij} 为厂商 i 和厂商 j 的地理距离或空间距离，当 $D_{ij} = d$ 时，$\delta(i, j, d) = 1$；否则，$\delta(i, j, d) = 0$。W 为地区中从业人员总数。W_s 为行业 S 的从业人员数。w_i 为厂商 i 所占的权重。可计算产业集聚度，进而作为测度区域一体化程度的指标。对于不同行业 S_1 和 S_2 而言，其相对空间分布为：

$$M_{S_1, S_2}(r) = \sum_{i=1}^{N_{s_1}} \frac{\sum_{j=1, i \neq j}^{N_{s_2}} \delta_{s_2}(i, j, d) w_j}{\sum_{n=1, i \neq n}^{N} \delta(i, n, d) w_n} \bigg/ \sum_{i=1}^{N_{s_1}} \frac{W_{s_2}}{W - w_i} \tag{2-4}$$

和

$$M_{S_2, S_1}(r) = \sum_{i=1}^{N_{s_2}} \frac{\sum_{j=1, i \neq j}^{N_{s_1}} \delta_{s_1}(i, j, d) w_j}{\sum_{n=1, i \neq n}^{N} \delta(i, n, d) w_n} \bigg/ \sum_{i=1}^{N_{s_2}} \frac{W_{s_1}}{W - w_i} \tag{2-5}$$

可视作产业结构差异程度，进而作为区域一体化的指标。

（三）贸易流法

贸易流法旨在通过区域间的贸易流量判断区域间的区域一体化程度，区域间贸易量越大，则市场联系越紧密，区域一体化程度越高（孙博文，2017）。Nawaz 和 Mangla（2021）以 2006~2016 年 35 个亚太经济体为研究对象，以贸易开放强度和区域贸易协定强度作为区域一体化程度的测度指标，以贸易开放强度为贸易总额占 GDP 的百分比；区域贸易协定强度为一个国家签署的区域贸易协定数除以该国人口数。在国内的相关研究文献中，段德忠等（2021）从技术贸易的视角，测度了 2001~2015 年中国三大城市群的区域一体化程度，发现在内部技术贸易和外部技术贸易的双尺度背景下，三大城市群的区域一体化程度均未达到较高水平。其中，长三角城市群的区域一体化程度逐渐提高，但大多依赖于内部技术贸易；珠三角城市群的区域一体化程度逐渐降低，技术输入的格局不变；京津冀城市群的区域一体化程度的绝对值最低，大多依赖外部技术输入。韦倩等（2014）以 1985~2010 年我国 28 个省份为研究对象，采用外贸依存度测度各省份的国际区域一体化水平，采用相对价格法测度各省份的国内区域一体化水平，两者加权之和为总区域一体化水平，发现区域一体化是中国东部沿海地区经济增长的重要动力。

基于贸易引力模型的边界效应法是对贸易流法的拓展。Mccallum（1995）首次利用引力模型，以加拿大各省和美国各州的贸易流量数据为基础，采用国内贸易流量和国际贸易流量结合的方式研究发现，边境线上的边界效应远大于国内，美加边境线的存在阻碍了各区域之间的贸易流动，使美国国内的贸易流量是美国和加拿大之间贸易流量的 22 倍，远大于 1990 年西半球的 2.8 倍、1985 年欧共体的 3.8 倍和 1985 年环太平洋国家的 6.4 倍。其回归模型为：

$$\ln(X^{ij}+X^{ji}) = \alpha+\beta_1\ln Y^i+\beta_2\ln Y^j+\gamma\sigma^{ij}+\rho\ln d^{ij}+\varepsilon_{ij} \tag{2-6}$$

其中，$X^{ij}+X^{ji}$ 为两个地区之间的贸易量之和，Y^i 和 Y^j 分别为两个地区的生产总值。若加拿大两省之间存在贸易，则 σ^{ij} 为 1；否则，σ^{ij} 为 0。d^{ij} 是两省或州之间的距离。

Feenstra（2010）在 CES 垄断竞争模型的基础上，对上述模型进行了改进。具体如下：

$$\Delta\ln X^{ij} = \Delta\ln(Y^iY^j)+(1-\delta)\Delta\ln T^{ij}-\delta\ln p^i+(\delta-1)\Delta\ln P^j \tag{2-7}$$

其中，$X^{ij}=\dfrac{Y^iY^j}{P^i\bar{y}}\left(\dfrac{P^{ij}}{P^j}\right)$，$\bar{y}$ 为零产出的利润水平，T^{ij} 为关税和运输成本，p^i 为扣除运输费用后的价格，P^j 为 GDP 的平减指数，P^{ij} 为 GDP 平减指数后的运输费

用价格。通过对美国各州和加拿大各省的计算，发现其边界效应为4.7，与以往研究中平均边界效应为5.2的结果较为接近。Gao 和 Zhang（2020）以武汉都市圈为研究对象，仅考虑其区域内部联系，假设潜在的区域经济联系是人口、GDP 和距离的函数，并对引力模型进行修正，测算了武汉都市圈内各县的区域一体化程度。国内采用这一方法测度区域一体化的研究较少，范爱军和孙宁（2009）以《中国区域间投入产出表》中省级贸易流量数据为基础，基于垄断竞争贸易模型，测算了中国各省份在 2002 年的边界效应，发现中国省界的边界效应呈上升状态，对区域一体化产生十分不利的影响，在剔除自然市场分割因素后，这一结论依然成立。

（四）相对价格法

区域一体化有助于降低交易成本和提高商品市场一体化程度。Parsley 和 Wei（2001）从这个角度出发，利用常见消费品的相对价格来分析交易成本的降低程度和区域一体化的提高程度，简称"相对价格法"，又称"一价法"。相对价格法的理论依据在于"冰山成本"模型（Samuelson，1964），该理论认为，由于两个区域之间存在各种形式的交易成本，商品价值在相互交易的过程中会和冰山一样融化一部分，故两个区域之间的价格在完全套利的情况下也不会完全相等，必然存在价格差。假设存在 a 地区和 b 地区两个地区，商品 m 在 a 地区和 b 地区的价格（或价格指数）分别为 P_a^m 和 P_b^m，假设两地的每单位商品 m 的交易成本为 θ，当且仅当

$$P_a^m(1-\theta)>P_b^m \tag{2-8}$$

或

$$P_b^m(1-\theta)>P_a^m \tag{2-9}$$

时，套利条件得到满足，a 地区和 b 地区对商品 m 进行交易。将相邻行政区进行匹配，令：

$$|P_{imt}^z| = |\ln(P_{it}^z/P_{it-1}^z)-\ln(P_{mt}^z/P_{mt-1}^z)| \tag{2-10}$$

式（2-10）可转化为：

$$|P_{imt}^z| = |\ln(P_{it}^z/P_{mt}^z)-\ln(P_{it-1}^z/P_{mt-1}^z)| \tag{2-11}$$

其中，P 为价格指数，i 和 m 分别为各个城市，z 为第 z 类商品，t 为对应的年份，$|P_{imt}^z|$ 为相对价格的差分绝对值。公式转化为式（2-11）可以方便地利用其环比特性，同时取对数也很好地缓解了数据异方差和偏态性，取绝对值后也解决了城市配对中摆放顺序的问题。为了更准确地度量特定市场的整合程度，还需要剔除 $|P_{imt}^z|$ 由商品异质性导致的不可加效应。若不消除第一部分因素对 $|P_{imt}^z|$ 的影响便与其他种类的商品价格指数加总求方差，计算值可能会高估由贸易壁垒形成的实际方差值。计算方式如下：

$$\left| P_{imt}^z \right| - \overline{\left| P_t^z \right|} = \left(\alpha^z - \overline{\alpha^z} \right) + \left(\varepsilon_{imt}^z - \overline{\varepsilon_{imt}^z} \right) \tag{2-12}$$

其中，α^z 仅与商品种类 Z 相关，表示固定效应带来的系统性偏误；ε_{imt}^z 为因两个地区市场环境不同而产生的价格差别；$\overline{\left| P_t^z \right|}$ 为全部配对地区在 t 年 z 类商品 $\left| P_{imt}^z \right|$ 的平均值。计算方差 VP_{imt}：

$$VP_{imt} = Var\left(\left| P_{imt}^z \right| - \left| P_t^z \right| \right) \tag{2-13}$$

方差 VP_{imt} 可判断不同地区价格指数的波动范围，进而判断地区市场的分割程度，VP_{imt} 越大，代表市场贸易条件越差，市场分割越严重。各类商品 VP_{imt} 取均值后再取倒数，可得区域一体化指数。

由于各类商品的具体价格难以获得，且无法提出地区固定效应对商品价格的显著影响。已有研究倾向于选用八（九）类居民消费价格指数，分别为食品类、烟酒及用品类、衣着类、家庭设备及用品类、医疗保健类、交通和通信类、娱乐教育文化类（娱乐类和教育文化类）和居住类（Bian & Song，2019；陈坤和武立，2013）。但也有部分学者选择采用十三类商品价格指数（Su & Liang，2021）。从实际运用该方法的文献来看，除少部分测算运用了所有省份配对外（付强和乔岳，2011），大部分研究都采用相邻省份（城市）配对来进行计算。除了控制距离因素对结果带来的差异，这种计算方法使得两地存在商品流动的假设更为合理。从测度的结果来看，刘小勇和李真（2008）认为，采用地理相邻地区匹配与采用全部地区匹配的价格波动方差基本一致。

作为区域一体化最主要的测度方法，相对价格法（或称一价法）在国内外的文献中得到广泛应用。Li 和 Lin（2017）采用相对价格法测度了中国 1995~2012 年各省份的区域一体化程度，发现其呈现出波动上升的态势，从 2012 年的绝对值来看，中部>东部>西部，东部省份可能由于对外开放的便利性，国内区域一体化程度较低。He 和 Wang（2018）也通过相对价格法测度了 2002~2011 年中国各省份的区域一体化程度，发现除 2003~2004 年和 2006~2009 年外，2002~2011 年中国的区域一体化程度确实在提高，其测算结果与 Li 和 Lin（2017）的结果一致。李浩等（2020）将研究对象细化到以长三角城市群为代表的地级市。刘建华（2014）从时间和空间两个方面对研究对象进行聚焦，时间方面考察 37 种农产品 161 周的价格波动情况，摆脱以往研究以一年为时间间隔的情况；在空间方面，同样为长三角城市群，将研究对象定位为 224 个市场，其研究表明，影响农产品区域一体化的主要因素在于行政边界和运输条件。

（五）政策冲击的角度

政策冲击并不是区域一体化的测算方法，但随着跨国和国家内部一体化政策的部署和出台，对其政策效应的评估成为相关研究的重点（尤济红和陈喜强，

2019；Ma & Jia，2021）。王贤彬和谢小平（2012）认为，以政策冲击角度进行的区域一体化可称为区域市场的行政整合，其中包括行政区划调整措施，这是解决由于政府决策带来的市场分割问题的重要途径。分析已有文献可知，双重差分法（DID）常被学者采用，将区域一体化视作外部的政策冲击，选定实验组和对照组进行实证检验，通过平行趋势验证、安慰剂检验和倾向匹配法等方法验证是否符合双重差分法的前置条件及解决内生性问题。单期 DID 代表政策影响的时间一致，代表为北美自由贸易协定的签署；多期 DID 代表政策影响的时间存在差别，如欧盟的后加入成员国、长三角的扩容（李国平和李宏伟，2019；Luo et al.，2019）。

（六）研究评述

区域一体化的测度方法各有优劣。综合评价法的优势在于能够尽可能地从更加全面的角度对研究地区的区域一体化程度进行测度，但其受到质疑之处在于：尽管学者采用无量纲处理的方法避免数据对结果的冲击并详细论证指标的选取依据指标选取和权重确定的科学性能否得到保证（吕承超和崔悦，2020）。生产法测度区域一体化的优点在于可以较好地反映出区域差异性，相较于其他测度方法，数据获取最为简便，不仅在国与国之间的区域一体化程度测度中得到应用，也用来测度一国都市圈或城市群的区域一体化程度（周韬，2017）。但其不足之处在于：①产业集聚和产业结构差异化不是区域一体化的必然结果，也可能来源于地区自身的资源禀赋优势和跨国公司的外部投资（Dunning et al.，1987）。②生产法中厂商建设的核心指标为城市建设用地，较难实现跨区配置和跨区整合；中国特有的经济体制转轨带来的调整对产业的分布产生较大冲击，这些因素均对测度结果产生影响（Fathipour & Ghahremanlou，2014）。尽管贸易流法和边界效应法可较好地刻画不同区域相对状态，从动态流量的角度剖析区域一体化程度。但其不足之处在于：①引力模型作为从地理学引申来的概念，缺乏对应的微观经济基础。②当前针对中国的区域一体化研究，研究对象已细化到地级市，但尚无可靠的地级市贸易流量数据获取来源。相对价格法作为目前最常用的测度区域一体化的方法，其优势在于借助经济模型的搭建，从结果向导入，方便而快捷地计算出各个地区独立的区域一体化程度，若相对价格差值趋向于零，意味着两地的资源配置状态逐渐趋于有效率的配置状态，符合帕累托改进的经济学思想。但其缺陷在于：受限于数据可得性，只能从产品或商品市场进行测算，而较难通过要素价格进行测算。以政策冲击的视角研究区域一体化，其出发点在于回答区域一体化过程中各参与方最关心的两个问题：是否有效？效果几何？这是学者选用其作为区域一体化研究视角的最重要的原因。无论是对发达地区发展成果的进一步促进，还是对后发地区的命令式要求，政策规划暗含了当下区域一体化过程中无法回避的一个问题：在实际研究过程中，不少区域受到多次政策的冲击，无法剔除原有政策带来的趋势变动，并不满足平行趋势假设。导致该方法在应用的过程中也存在滥用的现象（黄文和张羽瑶，2019）。同时，难以进一步研究影响机制也是其不足之处。

本书从市场一体化和政策规划两个角度出发，分别以相对价格法和政策冲击作为区域一体化的测度方法，相对价格法不仅有"冰山模型"这一巧妙的经济思想作为其微观基础，且结果向的切入角度在后续的影响机制研究中更具有优势；政策冲击的视角不仅符合后发地区在面对发达地区示范效应时的行动策略，也符合在中国实践中，区域一体化应与政府干预协调相结合的实践方式。

二、绿色发展效率的测度方法

（一）测度方法的文献综述

已有文献关于衡量绿色发展效率的研究多借鉴绿色经济、可持续发展和高质量发展的测度方法可分为以下四种：

1. 构建综合指标体系测度

李晓西等（2014）从社会经济可持续发展和生态资源环境可持续发展两个角度出发，选用 12 个指标构建指标体系，对 123 个国家的绿色发展指数进行了测度。Licastro 和 Sergi（2021）以巴尔干半岛为研究对象，对 2015~2020 年巴尔干国家绿色发展效率的研究文献进行梳理，发现在欧盟成员国，向绿色发展的过渡正在积极推进；非欧盟成员国缺乏适当的政策和认识以及外部资源分配效率低下仍然是绿色发展效率提升的障碍。在以中国为研究对象的文献中，徐晓光等（2021）从社会发展、经济效率、创新驱动、生态建设和惠民工程 5 个角度出发，选用 20 个指标构建指标体系，通过无量纲处理后线性相加，测度了中国 2013~2018 年 30 个省份的绿色经济发展水平，并通过地理回归加权模型分析了其影响因素。在城市层面，舒成等（2021）通过熵权法研究了 2009~2019 年江西省 11 个地级市的绿色发展水平，并通过泰尔指数和莫兰指数进行趋势分析，在指标体系构建方面，从绿色环境、绿色生产、绿色生活和绿色政策四个层次入手，共选择了 49 个测度指标。巩前文和李学敏（2020）将研究视角放至产业层面，从低碳生产、经济增收和安全供给三个角度选取 10 个需测算的间接指标，对中国农业绿色发展状况进行了测度。

在黄河流域的相关研究中，徐辉等（2020）从经济发展、创新驱动、民生改善和环境生态状况四个层次入手，以 2008~2017 年黄河流域 9 省份为研究对象，以高质量发展为导向，构建评测指标体系，不仅对黄河流域整体的绿色发展水平有清晰的反映，也能反映流域所在省份的优势和短板。周清香和何爱平（2020）基于新发展理念，从动力转化、结构升级、成果共享和环境保护四个角度选用24个指标对黄河流域的高质量发展进行了测度，并验证了其在绿色发展过程中是否存在政策红利。

2. 随机前沿分析法

Zhu等（2020）使用随机前沿分析法（SFA）来量化中国东部地区、西部地区、中部地区和东北地区的ETFP水平，其将区域异质性引入实证检验，在衡量每个地区的绿色发展效率水平时，分别调查人力资本和物质资本的输入偏差，从而通过不同的随机前沿生产函数描绘异质技术前沿。范建双等（2017）从资源利用效率和要素投入规模两个角度入手，在采用超越对数面板随机边界模型测度绿色经济效率变化的基础上，研究人口城镇化对中国30个省份绿色经济效率变化的影响。谢宜章和赵玉奇（2018）在对多种测度方式的优劣进行剖析的基础上，选择SFA考察中国的工业绿色发展效率，并基于空间计量模型发现其具有显著的空间溢出效应。展进涛等（2019）通过SFA测度中国2000~2015年的农业绿色发展变化情况，尽管相较于DEA，SFA在测度过程中仅将环境因素作为投入指标，但其具有可解释噪声的优点。

3. 绿色GDP法

Kunanuntakij等（2017）以温室气体排放为侧重点，通过从传统GDP中减去环境成本来计算绿色GDP。环境成本可以根据环境经济会计体系（SEEA）进一步分为三个组成部分，包括耗竭成本、退化成本和防御成本。在利用生命周期评估方法和SEEA概念计算环境成本的基础上，建立了泰国的绿色GDP模型测算泰国1990~2013年的绿色GDP并对2015~2020年绿色GDP进行预测。Hoff等（2021）采用SEEA体系测算绿色GDP，但其指出了SEEA体系的缺点：如果通过开采原材料耗尽了可再生和不可再生自然资源的存量，则对自然资本的投资为负值，但这个负值在很大程度上是不可逆的；GS和GNNP只是"弱"可持续性的指标，即人造资本和自然资本是替代品。生态经济学家对这一假设持批评态度，认为这两种形式的资本通常是互补的，并主张"强可持续性"，即要求自然资本存量不下降。

在国内的研究文献中，沈晓艳等（2017）从资源环境视角构建了绿色GDP核算体系，在对自然资源和环境污染损失价值进行核算的基础上，对1997~2013年我国31个省份的绿色GDP进行了核算，以人均绿色GDP与绿色GDP指数对地区绿色发展效率水平进行了评价。Wu（2020）以中国工业部门作为研究对象，在环境经济核算体系的基础上，运用经济投入产出生命周期评价模型，测算了我国 27 个部门 1991~2016 年的绿色 GDP 和绿色产值，以反映我国温室气体排放的环境成本。

4. 数据包络法（DEA）

数据包络法是直接测度绿色发展效率的非参数方法，以绿色全要素生产率为代表，其基于传统的全要素生产率核算框架，考虑能源和环境约束，重视能源消耗和环境污染的作用，故可以用来评估一个国家或地区是否能够实现长期可持续的绿色发展（Zhang et al.，2021）。赵任洁（2021）基于经济效率和环境效率的兼顾是绿色发展的前提，从绿色全要素生产率的动态变化和动态分解的角度对中国 2000~2016 年 30 个省份的绿色发展效率进行测度。Wu 等（2020）以绿色经济效率的动态变化测度了中国的绿色发展效率，利用环境 DEA 技术，采用 Super-PEBM 模型，系统分析了 2008~2017 年中国各省份环境经济的序列演化特征、空间分异特征和动态演化特征，发现中国总体绿色发展效率正在缓慢增长，区域差异仍然显著；绿色发展效率的改善有助于缩小区域差异。在样本更细化的地级市研究中，Liu 和 Dong（2021）以中国 278 个地级市为例，采用数据包络分析博弈交叉效率模型对 2003~2017 年的绿色发展效率进行了测度，并依据城市发展程度异质性对中国东中西部城市的绿色发展前景进行了探讨。

在对黄河流域的相关研究中，岳立和薛丹（2020）克服地级行政区层面数据缺失的问题，基于 2005~2017 年黄河流域 57 个城市的面板数据，从经济、社会和环境三个角度选择期望产出指标，以 Super-SBM 模型测度黄河流域绿色发展效率，发现全流域的绿色发展效率呈波动上升趋势。俞树毅和田彦平（2020）采用超效率 SBM 模型测度黄河流域上游地区的绿色发展效率，并通过对比传统经济效率、资源经济效率、狭义绿色发展效率和广义绿色发展效率之间的差别，发现黄河流域上游大部分城市，目前正处于绿色发展效率的改进阶段。

（二）研究评述

沿用上述四种方法，学者通过两种思路测算绿色发展效率。第一种思路遵循绿色发展的理论内涵，对已有的关于绿色经济和可持续发展的指标体系进行改进，形成能体现绿色发展效率动态变化特征的指标体系。采用指标体系的综合评价法以指数理论为基础，从资源投入、生态破坏、污染排放、循环经济、绿色产出等角度选取能够代表绿色发展内涵的评价指标，构建绿色发展效率综合评价指标体系，运用统计上的综合评价方法计算绿色发展效率综合指数，以此测度评价单元的绿色发展效率现状。但由于指标选取及评价方法（如综合指数法、层次分析法、模糊综合评价法、因子分析法、TOPSIS 法、人工神经网络法等）各异，已有研究并没有得出一致性的结果（D'Amato & Korhonen，2021；刘琳轲等，

2021）。综合评价方法虽然简单易行，但在指标权重选择及对指标重要性的判断主观性较强，实际应用中受到一定的限制（马海涛和徐植钣，2020）。第二种思路使用非参数方法，通过基于数学规划效率评估的数据包络分析（DEA）进行测度，其优点在于测量具有多个输入的决策单位（DMU）的相对效率和产出。Chung 等（1997）在引入方向性距离函数的基础上，将传统 Malmquist 生产率指数进行扩展，创新性地提出了解决"坏"产出时的 Malmquist-Luenberger（ML）生产率指数，该指数可以测度综合考虑"好"产出增长和"坏"产出减少情形下的生产率，奠定了将生产率变动作为测算绿色发展效率的基础。当采用 DEA 方法评价决策单元（DMU）的相对效率时，可以方便地度量和评价绿色发展效率，但最终的结果很可能是多个单元同时相对有效，而不能对这些有效单元进行进一步的评价和比较。为了弥补这一缺陷，Tone（2001）提出了基于修正松弛变量的 Super-SBM 模型，可以比较有效决策单元之间的效率。相关测度方法在有关绿色发展效率的研究中得到大量应用（Cheng & Jin，2020）。受限于绿色 GDP 概念的界定差异和统计数据的获取难度，采用绿色 GDP 法表示黄河流域绿色发展效率的研究较少。

本书首先选择非参数估计方法测度黄河流域绿色发展效率，选用 Super-SBM 模型。理由如下：第一，Super-SBM 机制可以同时模拟多种污染排放和社会福利的预期产出。通过 SBM 模型将松弛变量加入 DEA 模型，解决了投入产出的松弛性问题。同时克服了测度效率值时会出现多个决策单元效率值均为 1 而无法排序的问题。第二，采用 Super-SBM 测度的绿色发展效率是一个综合考虑经济增长、资源节约和环境保护的指标，即生产过程中投入要素的利用效率。也可充分考虑资源投入和不良产出，将资源利用和环境成本纳入生产过程。得到的效率值是在原有经济效益的基础上，综合资源利用和环境损失值后的"绿色"经济效益值。同时，本书通过进一步选用绿色 GDP 作为黄河流域绿色发展效率的测度方式，已有研究较多采用 SEEA 框架测算绿色 GDP，本书基于黄河流域主体功能区的分布和黄河流域高质量发展的定位，从碳汇碳源角度出发测算绿色 GDP。

第三节　区域一体化对绿色发展效率的影响研究

一、直接影响

（一）文献梳理

（1）区域一体化阻碍绿色发展效率。安虎森和蒋涛（2006）认为，对于区域一体化而言，由于要素自由流动和贸易壁垒取消带来的动态调整过程，并不会在可见的研究时间内完成效率提升和协调发展两个任务，当存在"拥挤效应"时，区域一体化对绿色发展效率会起到反作用，把高发展程度和低集中度的均衡推向低发展程度和高集中度的均衡。Mahon 和 Fanning（2021）以全球 20 个区域的海洋为研究对象，研究其区域一体化的进程和协调机制，发现虽然仅有 4 个区域尚未存在区域一体化的倾向，但是已有一体化地区由于协调机制欠缺，污染扩散转移和多部门、多中心、多层次带来的低效率，使绿色发展水平受到了阻碍。邓慧慧和杨露鑫（2019）发现，在一体化过程中不仅存在要素流通和贸易往来加强的情况，也存在明显的地方竞争，以 2006~2016 年中国 30 个省份为研究样本，发现地方竞争抑制了中国工业绿色转型的效果。

（2）区域一体化促进绿色发展效率。杜宇等（2020）将区域一体化视作地区市场分割的反面，通过研究长江经济带市场分割对绿色发展的作用，发现市场分割与绿色发展效率状况呈倒"U"形关系，其中区域一体化带来的市场追赶效应是绿色发展效率状况改善的主要原因。李宏伟和李国平（2021）以 2005~2018 年黄河流域 62 个地级市为研究对象，基于黄河流域已有的经济区规划，采用多期 DID 模型，发现政策冲击主导的区域一体化进程能够改善地区的绿色经济效率，进而促进黄河流域绿色发展效率，意味着落后地区能够通过政策模仿实现对发达地区的追赶。Quan 等（2021）以长三角地区为研究对象，认为区域一体化可助力以国内发展为主体、国内与国际发展相互促进的二元循环，以长三角一体化为背景推进海洋生态环境跨区域治理是实现其绿色发展的必由之路。

（3）区域一体化对绿色发展效率的影响具有阶段性、非线性等特征。宋周莺等（2020）以中老"磨憨—磨丁"经济合作区为研究对象，发现区域一体化中的尺度困境来源于双边治理结构的匹配程度，两者在可持续发展目标上的不一致导致多尺度协调程度的下降。Chen 和 Miao（2021）利用 2000~2017 年中国省级均衡面板数据，运用工具变量估计和中介效应模型，揭示了多中心集聚对绿色发展效率的影响、作用路径以及区域一体化的协同效应。研究表明，多中心集聚背景下的区域一体化与绿色发展效率呈显著的倒"U"形关系。

（4）区域一体化对绿色发展效率的影响存在不确定的关系，这种不确定主要源自异质性问题的讨论。可分为两个方面：一是地区异质性。张跃等（2021）以长三角经济协调会所属城市为研究对象，将 2010 年前入会的城市视作原位城市，2010 年后入会的城市视作新进城市，考察 1994~2016 年区域一体化对长三角经济高质量发展的影响，发现区域一体化显著促进了原位城市的高质量发展，但对整体城市和新进城市的高质量发展并未产生显著作用。二是行业异质性。

Chen 和 Maggie（2009）研究了优惠贸易协定（PTAs）政策对跨国公司投资动力的影响，发现 PTA 的形成导致外部跨国公司外国直接投资的增加，但其影响随着综合市场的规模和国家的比较优势而急剧变化，区域一体化带来的市场准入改善导致跨国公司外部活动的增加。

（二）研究评述

从区域一体化对绿色发展效率直接影响的文献中可知：①区域一体化对绿色发展效率的影响并不是线性的。从理论角度来看，在区域一体化方面，参与地区最好完成工业化阶段并拥有不同的生产专业知识，通过这种方式，该地区的国家也可以依靠比较优势进行生产和技术改进，提高要素使用效率，实现经济增长和污染治理双重目标。但在实际实践中，各个地区的自身经济社会发展情况、地理特征和所处发展阶段，都会对研究结果产生影响。在研究区域一体化对绿色发展效率的影响时，需对样本的背景和研究时间段的特点进行阐述。②区域一体化收益的分配方式。结果取决于各地区之间相对于其他地区的相对优势。已有研究表明，低收入地区之间的区域一体化过程往往会导致不平衡和不发达的危机同时存在，而高收入地区之间的区域一体化会导致趋同。这些比较优势引起的变化可能会被集聚效应放大。③要求区域一体化创造预期结果，一个不可或缺的条件是构成区域一体化的地区宏观经济平衡的相似性，或者换句话说，如果经济水平不相同，则也应具有相似的福利水平。防止存在由于差距明显而产生的经济冲突，只有在这种情况下才能采取共同目标的行动，且不会产生高发展水平地区利用生态环境资产较难计算的特点，对低发展水平地区的生态环境资源进行侵占。

二、影响路径

（一）区域一体化的经济效应

1. 区域一体化对传统经济增长的影响

对区域一体化能否带来经济增长这个问题，已有研究尚未有统一的结论。Anthony（1999）在对欧盟的区域一体化研究中发现，由于爱尔兰、西班牙和葡萄牙的强劲表现，爱尔兰、西班牙、葡萄牙在缩小与欧盟较富裕成员国的差距方面取得了实质性进展。在 20 世纪 80 年代中期，爱尔兰、西班牙、葡萄牙的人均收入分别占欧盟大国收入的 61%、49% 和 27%。到 90 年代末，这一数字已上升到 91%、67% 和 38%，欧盟内部的区域一体化使整体的经济水平都得到了提升。Fathipour 和 Ghahremanlou（2014）以伊朗和印度为研究对象，发现两国的区域一体化进程不仅改变了两国的进出口货物类型，更基于比较优势，促进了两国的经济增长。程学伟等（2020）以中国 286 个地级市为研究对象，将 2008～2017 年出台的 8 个区域一体化规划视作政策冲击，采用 PSM-DID 评价区域一体化的经济增长效应，结果显示，区域一体化能够显著提升地区的经济增长水平，但在政策实施两年后才显著提升人均 GDP。

也有研究证明，区域一体化并未带来经济增长。Obasaju 等（2021）考察了 2000～2015 年区域一体化对东非共同体、南部非洲关税同盟和西非国家经济共同体经济发展的影响。运用最小二乘虚拟变量（LSDV）研究，证明区域一体化并不对经济发展产生显著影响。考虑到全要素生产率为被解释变量，区域一体化可产生微弱的正向显著影响。异质性研究表明，区域一体化显著影响了东非共同体和南共体的劳动生产率，但不影响西非经共体的劳动生产率。

区域一体化的经济效应也体现在对产业结构的影响。李郇和殷江滨（2012）从产业空间集聚和边界效应两个角度对国外区域一体化对产业结构的影响进行了梳理，发现基于地方专业化和原有空间分散企业的集聚，区域一体化使产业结构的分布更加合理。唐亚林（2015）从累积性发展的视角看待区域一体化，认为产业升级是从市场经济视角下的"区域一体化"到更具有内涵的"区域经济社会一体化"过程中的必备环节。陈喜强等（2017）以珠三角地区的制造业为研究对象，从区域分工、制造业结构合理化和制造业高级化三个角度，通过动态 GMM 研究区域一体化对制造业的影响，发现在不考虑省份治理影响的条件下，其效应并不显著；在考虑省份治理影响条件下，区域一体化使制造业合理化水平能够得到显著提高，但会降低制造业高级化水平。

2. 区域一体化对绿色经济增长的影响

对区域一体化能否显著改善绿色经济，已有研究也存在分歧。孙瑾等（2014）认为，对外开放带来的贸易壁垒消除和要素流动是区域一体化的有效途径，在选用绿色 GDP 测度绿色经济增长的基础上，以 2000～2010 年全国 29 个省份为研究对象，实证研究发现，对外开放带来的区域一体化对绿色经济产生显著的负向作用，后续的机制验证表明，环境污染的溢出和重污染产业搬迁带来的"污染避难所"效应是产生这种结果的主要原因。也有文献基于省级面板数据，用绿色全要素生产率（GTFP）作为绿色经济的衡量标准，发现区域一体化对绿色经济的影响并不是线性的，而是呈"U"形的非线性影响；基于东中西部的行政划分和资源禀赋多寡的省域划分进行异质性研究，发现经济越发达、资源禀赋越好的地区，区域一体化的影响更趋近于线性。黄小勇等（2020）突破了已有研究多停留在商品市场和要素区域一体化两个方向的情况，从互联网对信息市场的整合出发，研究互联网影响绿色经济的具体机制，发现互联网可显著正向促进绿色经济的同时，其溢出效应和网络效应是保证影响效用的关键。黄磊和吴传清

（2022）将研究视角聚焦于更加细致的长江经济带污染密集型产业，通过对这些产业的区域一体化进行了分析，研究伴随区域一体化而出现的产业集聚对绿色经济的作用。以 2002~2019 年长江流域 11 个省份为研究样本，发现区域一体化在短期内对绿色经济会产生抑制作用，但从长期来看可推进绿色经济发展。

（二）区域一体化的环境效应

区域一体化的环境效应可分为"促进说"和"抑制说"。"促进说"认为，区域一体化具有地区协调发展和减排的双重红利。Wong（2020）认为，在市场一体化的背景下，绿色消费者的意识将转化为实际消费，在此过程中绿色供应链的形成会显著减少产品交易中对环境的污染。Zhang 和 Shao（2020）以相对价格法测算区域一体化，选取 2007~2016 年中国长江三角洲地区 18 个地级及以上城市为研究样本，用动态空间面板 Durbin 模型和广义空间两阶段最小二乘法研究市场一体化对环境污染的影响及其机制，发现污染物排放与市场一体化呈倒"U"形曲线关系，当市场一体化达到一定程度时，其能够对污染物排放产生显著的抑制作用，长江三角洲大多数城市都处在市场一体化减排状态阶段。张可（2018）以 2003~2014 年的长三角（跨省一体化代表）和珠三角（省内一体化代表）城市为研究对象，从工具变量法和 DID 两个研究角度，对区域一体化的减排效应进行了评估，研究表明，区域一体化不仅能减少环境污染的绝对值，还能促进污染排放强度向低水平收敛。

"抑制说"认为，区域一体化伴随着污染转移，可能并不会显著减少污染物的排放，甚至可能会因为污染转移目的地的规制强度较低，满足污染天堂假说，即使能够改善部分发达地区的污染状况，但在整个区域中也只有少数地区获得显著收益（李衡和韩燕，2020）。尤济红和陈喜强（2019）从政策冲击的视角出发，以长三角城市扩容这一区域一体化政策为研究对象，发现长三角城市扩容减少了整体城市和原位城市的环境污染，但增加了新进城市的环境污染，高污染产业转移带来的污染转移是产生这种现象的主要原因，新进城市并未享受区域一体化带来的环境福利。赵领娣和徐乐（2019）通过对水污染的研究证实了尤济红和陈喜强（2019）的观点，同样以长三角扩容作为区域一体化的准自然实验，发现短期内一体化程度的增强产生了负的环境效应，伴随着扩容而放松的环境规制政策，是原位城市和新进城市水污染状况均恶化的主要原因。

（三）区域一体化对要素配置的影响

张辽和杨成林（2013）发现，在市场一体化的过程中，劳动力要素的流动和政府对企业区位的安排存在密切的联系，在短期内，产业空间的调整必伴随着劳动力要素扭曲，且恢复至有效率状态的速度要明显慢于资本要素扭曲，但体制性分割带来的限制会长期阻碍劳动力的有效配置。Bian 等（2019）基于对中国市场分割和环境污染实证事实的研究，从资源配置不当的角度分析了市场分割对环境污染的影响。市场分割大大加剧了劳动力和资本的不当配置，由于政府干预，劳动力等有形因素的价格被强行压低到均衡水平以下。这将使企业更倾向于增加有形资源的投入，提高经营绩效，降低自主创新的主动性。更重要的是，这也不利于清洁生产技术的利用、污染处理设备的开发和单位产量能耗的降低，从而可能加剧环境污染。吴青山等（2021）采用合成控制法，以长三角扩容为政策背景，在用劳动力相对价格扭曲指数表示劳动力扭曲配置的基础上，研究了区域一体化对劳动力扭曲配置的影响，发现自 2010 年长三角扩容后，显著了改善所有城市的劳动力错配情况，从改善程度来看，新进城市比原位城市更加明显。在以黄河流域为研究对象的文献中，刘华军等（2020）以水资源扭曲配置为出发点，发现在黄河流域上中下游各自俱乐部化的情况下，区域一体化的进程中要素的扭曲情况为上游>中游>下游，相较而言，长江流域的水资源要素扭曲状况则较为接近。

（四）区域一体化对技术扩散的影响

已有文献对区域一体化创新效应的传导路径尝试做出解释。Behrens（2009）认为，区域一体化带来的技术市场的整合有利于新技术的应用和推广，如新的环境保护技术可以迅速传播并应用于中间技术市场和区域合作渠道；同时，区域一体化带来的示范效应可以使非中心地区的企业以较低的成本获取中心地区的技术。陆军和毛文峰（2020）从城市网络外部性出发，认为区域一体化存在弱化边界和增强节点两大优势，这不仅强化了知识扩散和技术溢出，更能实施"借用规模"行为，促进跨区域市场的互动和整合。

验证区域一体化的技术扩散效应是否存在是相关文献的另一个研究方向。袁茜等（2019）以长江经济带为研究对象，在测度高技术研发效率的基础上，以政策冲击的视角来定义长江经济带区域一体化，发现长江经济带区域一体化的进程对高技术研发效率产生了显著的促进作用，但主要政策效应集中在中游和下游地区。进一步的机制研究表明，当研发强度较低时，长江经济带区域一体化的创新效应显著为正，但在高技术研发强度下，其创新效应为负。邵汉华等（2020）采用合成控制法，通过对长江三角洲的研究发现，区域一体化能够显著促进城市的创新水平，以长三角原位城市和新进城市分别作为样本，发现新进城市的创新效应显著高于原位城市。雷娜和郎丽华（2020）以出口技术复杂度为研究视角，以 2003~2016 年中国 30 个省份数据为样本，发现区域一体化能够显著提高出口技术复杂度，但沿海地区的系数并不显著，仅内陆地区具有显著的效果。邹晨等

（2021）将科技创新视作科技人才总量、科技人才质量和科技人才潜力的乘数，发现在长三角区域一体化程度逐渐极化的背景下，区域一体化对科技创新的影响存在显著的门槛效应：经济发展水平越强，对科技创新的影响显著为正；收入水平较弱，对科技创新的影响显著为正。从已有研究结果来看，对区域创新的定义不同，则创新效应的验证结果差距明显，且采用专利申请或科技人才等指标来表示区域创新，代表性较弱，进一步的研究需要更有代表性的指标。

（五）其他影响路径

Galiakberov 和 Abdullin（2014）认为，可持续的区域一体化系统起到协调作用。这使不同的国家能够在全球层面上将自己呈现为一个统一的结构，以保护它们的共同利益。其制度建设的决定因素在于经济成熟度和要素自由流通程度，这也是独联体模式的区域一体化向欧共体模式的区域一体化学习的方面。尽管区域一体化促进了要素自由流动，但作为发达地区最重要的资源，城市建设用地尚未能实现自由配置，Zhao 等（2021）以城市土地使用效率为切入点，研究区域一体化能否对当前土地制度产生影响，对长三角地区 29 个城市的研究表明，尽管区域一体化可以显著提高土地利用效率，大城市的城市土地使用效率在规模和技术方面都有所改善，但小城市的城市土地使用效率只在技术方面有所改善，由于大城市严格的限制措施，土地制度的规制强度依然很高。陈甫军和丛子薇（2017）以 2003~2014 年中国三大增长极 38 个城市为样本研究了政府公共支出和区域一体化的关系，在以相对价格法测度区域一体化的基础上，发现其与政府公共支出呈倒"U"形关系，但几乎所有城市都处在拐点之前，即处在爬坡阶段，研究表明，依靠区域一体化实现政府管理成本的下降尚需时间。陈东（2020）通过分析以强中心为典型特征的区域一体化模式认为，在已有模式成本收益不合理的情况下，必须通过新的制度建设推动该进程中的分配机制，如强化不同主体功能区的功能导向和利益均衡机制。

（六）研究评述

区域一体化不仅具有直接效应，还能够通过间接传导机制影响地区的绿色发展效率。从区域一体化对绿色发展效率影响机制的文献中可知：①由于地方政府以追逐本地区财政收入和经济增长为目标而不是以社会公共绿色发展福利为目标，从而决定了地方政府和中央政府目标函数的不一致，导致地方政府行为表现出一定的"趋利性"动机。这种"趋利性"动机使地方政府对中央政府政策采取非完全执行甚至不执行，使区域一体化对绿色发展效率的影响随着地区产业结构调整、能源结构优化、技术创新能力、人力资本水平、地方政府行为及外资质量的变化而变化。虽然已有文献对此已有关注，但对此的分析却浅尝辄止，缺乏对区域一体化如何通过中介机制促进绿色发展效率的理论及实证研究。②从研究目标来看，现有研究多集中在区域一体化的经济效应和环境效应两个方面。研究大多基于市场一体化或政府政策的本源，较多关注区域一体化对地区经济和环境系统的影响，即重点关注区域一体化进程能否带来经济增长和污染减排成果，并对不同地区的增长和减排效应进行比较分析；较少关注区域一体化对政府行为和绿色创新的影响，这为本书提供了较大的探索空间。③从研究方法来看，现有文献大多基于空间均质性假设构建静态计量模型，较少考虑区域一体化过程中绿色发展效率的空间外溢性。从研究内容来看，少许文献关注区域一体化对绿色发展效率的直接效应，对于区域一体化是否以及如何通过中介机制影响绿色发展效率的研究尚显不足，一个地区经济的绿色发展效率并不仅仅受本地区绿色发展的影响，还会受到周边地区绿色发展带来的"搭便车"行为的影响；适宜的绿色发展措施不但能够倒逼企业通过技术创新实现清洁增长，还能够通过倒逼产业结构和能源结构的绿色化调整，并优化外商投资结构，进而降低污染排放量，对经济绿色可持续发展起到积极的作用。

第四节　黄河流域区域一体化与绿色发展效率研究的新进展

一、黄河流域区域一体化与绿色发展关系

已有文献对区域一体化与黄河流域绿色发展的定性研究大多停留在理论论证和路径构思上。任保平和张倩（2019）认为，黄河流域的绿色发展必须同时满足两个条件：生态环境的修复和制造业的高质量发展，区域一体化的过程不仅能满足地区经济协同发展的需要，更能满足环境治理协同的需要。徐勇和王传胜（2020）认为，黄河流域存在生态功能区和非生态功能区的显著划分，区域一体化在非生态功能区适用，而生态功能区的功能依然是提供生态产品。杨开忠和董亚宁（2020）基于"要素—空间—时间"的三维分析框架发现，空间格局低效是黄河流域绿色发展水平较低的主要原因，降低流域内部和对外的空间交往成本，加快区域一体化进程是黄河流域目前的主要任务。孟望生等（2023）从产业集聚的角度出发，发现由于区域一体化过程中产生的制造业集聚现象，城市间绿色发展程度的差距逐渐扩大，且制造业集聚对不同城市绿色发展的作用呈现显著的差异，在上游地区呈现先下降后上升的趋势，而对下游地区表现为显著的正面

作用。于法稳等（2023）将研究视角放在更细致的县域领域，通过讨论黄河流域县域之间在生态治理问题上的先有缺陷，阐明区域一体化带来的科技创新和人才培养是实现黄河流域高质量发展的必由之路。

二、黄河流域绿色发展效率的经验证据

已有文献在实证方面取得的成果较少，刘华军和曲惠敏（2019）在采用MinDS 模型测度黄河流域省域绿色全要素生产率的基础上，分析了黄河流域绿色全要素生产率的空间流动和分布演进趋势，发现以流域中下游为中心的区域，呈现多中心一体化的趋势。郭付友等（2021）在采用熵值法测度黄河流域绿色发展的基础上，对黄河流域生态经济走廊的空间一体化程度进行了测度，并采用地理探测器分析其驱动因素。师博和何璐（2021）从高质量发展的角度出发，通过构建指标体系并采用熵权法对黄河流域高质量发展情况进行了测算，发现其存在显著的区域集聚和强省会的特点，认为生态成果是黄河流域城市高质量发展水平差距的主要结构性来源。张泽楚和李巍（2024）通过对黄河流域内 39 座资源型城市绿色效率的测度发现，2003~2020 年黄河流域资源型城市的绿色效率值先上升后趋于稳定，下游城市优于中上游城市，且石油型和再生型城市分别在资源类型和发展阶段类别中最高。韩叙等（2023）以黄河流域绿色金融和高质量发展耦合为切入视角，通过对 2010~2020 年黄河流域沿线 36 个地级城市的测算发现，黄河流域绿色金融发展水平与经济高质量发展水平耦合协调由濒临失调阶段上升为勉强协调阶段，尽管这种测度方法并不是对黄河流域绿色发展效率的直接测度，但从其测度结果中也能反映出目前黄河流域绿色发展效率相关测度较为缺乏的现实。

三、研究评述

已有关于黄河流域区域一体化与绿色发展效率研究方面的文献较少，尽管已有研究在发展规划和理论论证的过程中取得了一些成果，但仍然存在以下不足之处：①从理论论证来看，已有研究对区域一体化与黄河流域绿色发展效率的论证大多集中在经济领域，而非环境领域，在生态保护和黄河流域高质量发展成为国家战略后，区域一体化如何通过环保技术进步，污染治理外部性的内部化和环境规制等途径促进环境领域的改善，是更加重要的论证方向。②从测度方面来看，已有研究对黄河流域绿色发展效率进行了一定的测度，并对测度结果的时空演变和趋同情况进行了分析刻画，但尚未有文献对黄河流域区域一体化进行测度。仅有的少数几篇文献也仅仅将黄河流域区域一体化视作一种政策冲击，使后续的实

证研究缺乏数据支持。③从实证研究来看，尚未有文献对黄河流域区域一体化能否改善绿色发展效率这一命题进行实证研究，也缺乏对影响路径的分析研究。鉴于此，本书的相关研究不仅能回答区域一体化对黄河流域绿色发展效率的影响这一命题，同时也能通过影响机制的梳理，厘清其中的影响路径，对已有的研究进行补充。

本章小结

本章首先综述了区域一体化的内涵和常见的五种测度方式，之后综述研究绿色发展效率的理论基础和用于表述绿色发展效率的四种测算方法，并从直接影响和影响机制两个方面，综述已有文献对区域一体化与绿色发展效率关系之间的论证。

本章就与本书选题相关的经典理论与文献进行了梳理与回顾，认为既有文献的缺陷表现为：第一，就切入角度而言，有关区域一体化与绿色发展效率的文献主要从单一视角进行考察。第二，就对象选取而言，区域一体化对绿色发展效率的影响随着地区产业结构调整、能源结构优化、技术创新能力、人力资本水平、地方政府行为及外资质量的变化而变化。虽然已有文献对此已有关注，但对此的分析却浅尝辄止，缺乏对区域一体化促进绿色发展效率影响路径的理论及实证研究。已有文献的理论分析虽然阐述了经济效应和环境效应，但并未进一步对其中的影响路径形成较深入的认识。第三，就概念的界定和变量测度而言，以黄河流域为对象的相关文献大多停留在概念辨析、理论论证和前景规划上，缺乏对黄河流域区域一体化和绿色发展效率两个核心概念的测度研究。

本书将从以下三个方面对已有文献的不足进行补充：第一，在对已有测度方法进行辨析的基础上，结合黄河流域自身的发展特点和约束条件，从市场一体化和政策规划两个角度出发，分别以相对价格法和政策冲击作为区域一体化的测度方法。以考虑水资源和能源约束的 Super-SBM 测度绿色发展效率，这是一个综合考虑经济增长、资源节约和环境保护的指标。得到的效率值是在原有经济效益的基础上，综合资源利用和环境损失值后的"绿色"效益值。同时，本书基于黄河流域主体功能区的分布和黄河流域高质量发展的定位，从碳汇碳源角度出发，测算以绿色 GDP 作为绿色发展效率的变量的效益值。第二，已有以区域一体化为出发点的相关文献，多致力于政策效应的估计，市场视角下的研究较少。本书将区域一体化前后的均衡状态下福利的变化情况，作为理论分析的出发点。

本书在实证过程中，考虑在区域一体化背景下，绿色发展效率的空间溢出效应。同时以地理条件下的上中下游为研究样本，进行异质性研究。第三，从理论上厘清了区域一体化对黄河流域绿色发展效率的影响路径，并对各种样本条件下绿色发展效率的变化规律进行理论分析。

第三章　理论分析与研究假设

现阶段黄河流域生态保护和经济高质量发展战略研究已取得丰硕的成果，但对这一重大战略的理论研究相对不足，一方面在于该战略提出时间较短，另一方面在于现阶段的区域合作研究更多的是基于地缘相近进行的，缺乏对大区域、大流域范围内统一市场构建以及区域分工合作的研究积累。在此背景下，本章拟通过对黄河流域区域一体化影响绿色发展效率的机理与路径的理论研究，构建黄河流域区域一体化对绿色发展效率影响的理论分析框架，克服现有黄河流域区域一体化与绿色发展系统研究的不足。一是基于扩展的区域分工理论、外部性理论、知识关联理论，构建区域一体化影响绿色发展效率的理论分析模型，数理推导地区内高绿色技术驱动低绿色技术增长以消除技术鸿沟，实现地区绿色发展效率趋同的机理。二是基于机理分析，厘清黄河流域区域一体化对绿色发展效率影响的绿色经济、污染治理、绿色技术扩散和要素配置优化四个路径。

第一节　黄河流域区域一体化和绿色发展的特征事实

一、黄河流域区域一体化的特点

在讨论黄河流域区域一体化之前，需对黄河流域市场有效性做出科学评价，这是讨论黄河流域区域一体化的基础。黄河流域的绿色发展既具有与发达地区已有发展阶段的相似性，也有基于其自身状况的特殊性。深入剖析黄河流域绿色发展阶段及特征事实，清楚阐释新时代新阶段黄河流域绿色发展的基本出发点和新特点，准确识别黄河流域与其他流域不同的独特发展条件，是构建黄河流域绿色发展理论的前提，也是探讨区域一体化与黄河流域绿色发展效率的基本条件。

（一）黄河流域区域一体化的背景

与经验直觉相反，研究人员发现，随着我国越来越积极地参与世界市场，国内市场一直处于分裂状态（吴楚豪和王恕立，2019）。最近的经验还表明，国内区域经济一体化的过程不是线性的。最明显的是，2008 年的全球金融危机不仅导致了全球范围内的严重衰退，还导致了许多政府实施了更多的贸易保护。同一时期，中国大多数省份公开实施限制性采购政策，以保护当地企业和市场。正如新贸易和新增长理论所表明的那样，区域经济一体化促进国家和地区实现规模经济和比较优势，并吸收新技术。鉴于区域经济一体化的好处在理论上是可预期的，因此，我国的区域经济一体化已成为学术研究的一个活跃领域，也吸引了决策者的关注（朱兰等，2020）。作为一个地理单元，黄河流域区域经济一体化一方面可放松区域间生产要素的流动限制，实现区域经济平衡发展的效果，促进地区协调联动发展和减排的双重红利，改善高质量发展水平。另一方面黄河流域现有发展水平呈"低增长"与"不平衡"的双重特征，且技术效率恶化成为高质量发展掣肘因素。

（二）黄河流域区域经济一体化的特殊性

黄河流域区域经济一体化有别于已有文献其他研究区域的特点，为流域的绿色发展转型提供可行的路径。第一，黄河流域区域经济一体化的发展任务重。发达地区可以关注基于可持续性的绿色增长，而在发展程度较低的地区，在增长过程中需要解决经济发展不平等问题，同时避免无限增长造成不必要的社会和环境负担。流域绿色发展的不平衡和不充分是顽症（赵建吉等，2020）。第二，黄河流域区域经济一体化的"强政府"特征明显，总体进程主要有以下三个特点：一是将分散部分综合到整个区域；二是消除地区间的歧视和差异，实现商品和生产要素的自由流动；三是强调协调宏观经济政策。区域经济一体化的市场和政府两大支柱的结合是有效的。第三，地方保护和行政分割是黄河流域区域经济一体化难以进一步提升的根本原因。以邻为壑的政策在每个地区都很常见，因为地方政府有明确的动机将稀缺原材料的生产留给自己，或者防止其他省份生产的商品流入。已有研究表明，2008 年后，我国区域经济一体化速度放缓，提高区域经济一体化水平、减少市场分割仍然是区域经济发展过程中亟待解决的重要问题（皮亚彬和陈耀，2019）。

二、黄河流域市场有效性分析——基于市场化指数

（一）黄河流域市场化指数的变化趋势

讨论黄河流域区域一体化的前提在于，需对黄河流域现有的市场有效程度进行分析。鉴于此，本书参考樊纲（2021）的中国市场化指数，在图 3-1 中描述了黄河流域的 2005~2019 年平均市场化指数，来评价黄河流域市场有效性。指数的最大作用在于比较，故同时计算了 2005~2019 年全国以及长江流域的平均市场化程度,从图 3-1 可以看到,黄河流域的市场化指数呈现波动下跌后缓慢爬升的态势。2005~2007 年,黄河流域市场化指数从 5.56 上升至 6.25,达到最大值,之后下跌至 4.61,并于 2019 年缓慢爬升至 5.60。此时,长江流域的市场化指数和全国的市场化指数虽然与黄河流域的变化趋势一致,但其均显著大于黄河流域,且长江流域的市场化指数大于全国的市场化指数,2005 年长江流域和全国的市场化指数分别为 7.00 和 6.82,2019 年分别为 7.67 和 7.09。值得注意的是,黄河流域和全国层面的市场化指数在 2018~2019 年下降,而长江流域的市场化指数依然上升,呈现与黄河流域不同的发展趋势。这也表明自 2018 年开始市场有效性程度较好的长江流域与市场有效性程度一般的黄河流域呈现相对分离的发展趋势。

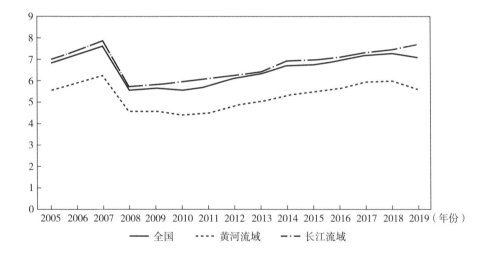

图 3-1　2005~2019 年黄河流域市场化指数演进及同期比较

从市场化指数的角度来看,黄河流域市场有效性程度的降低和市场有效性进程的不平衡是黄河流域区域一体化的最大障碍。市场有效性进程的不平衡不仅体现在黄河流域及其他经济发达地区,也体现在黄河流域内部。从改善程度来看,黄河流域市场有效性也未得到显著改善,甚至在 2018 年后出现了下降趋势。

(二)黄河流域市场分割的"逐底竞争"效应

市场分割带来的低端锁定和地方政府的"逐底竞争"是黄河流域市场有效性不足的主要原因。市场分割为地方政府"逐底竞争"培育了土壤,地方政府通过地方政策、法规和其他相关措施保护对地方财政及经济增长贡献大的产业与企业(王钺,2021)。而一些缴纳财税较多的行业往往是重化工业等重污染行业。

研究发现，地方政府纷纷降低当地环境标准来吸引污染产业和企业入驻。如果充分考虑环境的溢出效应，市场分割还可能导致跨地区污染的"搭便车"行为，从而给区域整体环境质量带来不利影响。当然，市场分割也可能促进局部地区经济增长和环境质量的改善，因为并非所有的财政分权都会产生"逐底竞争"效应，也可能产生"邻避主义"效应。当环境污染产生的社会成本太高时，地方政府可能会提高本地环境标准，通过采取更严格的环境政策迫使污染物转移到其他地区，从而提高地区环境质量。对于地方政府而言，则需要权衡吸引企业在地建立工厂获得的消费者剩余与工厂产生的环境污染。如果消费者剩余比较大，两个地区都会对"游移性"企业以较低环境标准为筹码展开引资竞争，即"逐底竞争"，这将导致环境管制标准降低，从而产生环境污染。但是如果污染成本较高，两个地区都会试图使环境管制标准提高，并将排污企业驱赶到其他地区，即"向好竞争"（郝宪印和邵帅，2022）。黄河流域由于在资金、技术、管理等领域存在先天短板，仅在廉价劳动力和资源要素上占有比较优势。然而，比较优势战略的两个明显弊端制约了黄河流域市场化建设。第一，"污染避难所"效应。由于承接了发达地区"梯度转移"的大批落后产能，外部投资主要集中于污染型行业，由此导致黄河流域大部分地区的产业集群处于价值链低端环节，突出表现为资源能耗高、环境污染重、技术含量低、产品附加值低，面临严峻的绿色化转型升级任务。第二，"低端锁定"效应。由于受"收入性"和"替代性"的双重挤压，传统制造业长期被锁定于价值链低端，陷入低水平竞争的困境，难以实现由要素驱动向创新驱动的转型。

三、黄河流域绿色发展的特点和阶段识别

从国际国内发展的经验来看，类似黄河流域的后发地区要实现"落后发展水平→后发赶超→较高发展水平"的跃迁过程，其主要任务在于以下两点：其一，经济发展水平逐渐攀升，这不仅是对经济发展效率的追求，也是黄河流域多数区域摆脱绝对贫困的现实要求。其二，发展水平相对均衡，避免落差过大产生经济社会矛盾，这不仅是不同行政区划和地理风貌地区之间的要求，也是区域内部城乡之间的要求。绿色发展的要求来源于发展过程中对外部性问题的担忧，而非在发展起始阶段的规划，发展过程中对生态环境的破坏引发的效用损失和人民群众对"绿水青山"的向往，促进了发展模式从"黑色"到"绿色"的转变（李国平和李宏伟，2018）。已有的区域经济学理论和经济发展实践均证明，对于欠发达地区而言，培育增长极是实现快速增长的有效途径，但这往往以牺牲公平为代价，尽管黄河流域由于发展条件限制，无法基于全流域培养增长极，但其差异化

发展也建立在培养行政区划内的中心城市上（陆大道和孙东琪，2019）。黄河流域的绿色发展涵盖了"生态环境保护"和"经济社会发展"两个维度，从这两个维度出发，区域的绿色发展进程呈现"U"形规律，可分为低水平发展阶段、非协调绿色发展阶段、绿色发展转型阶段和高质量绿色发展阶段。如图 3-2 所示。

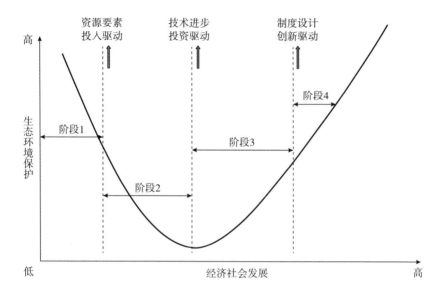

图 3-2　黄河流域绿色发展阶段

（一）低水平发展阶段

经济发展水平低和生态环境资源尚未大规模开采是其主要特征。该阶段黄河流域的人民生活水平和社会发展程度均较低，产业结构以农业和劳动力密集型产业为主，水资源供应不足和利用率低是其发展的障碍，以水定城是流域城镇的分布特征（钞小静和周文慧，2020）。

（二）非均衡绿色发展阶段

黄河流域欠发达地区通常会选择基于效率导向或产出导向的非均衡发展方式，非均衡不仅意味着选择重点地区和特定产业进行优先发展，也意味着在绿色和发展两个方向上，更倾向于发展。这样的措施促进了地区经济发展水平的快速提升，但同时由于技术水平远离前沿边界，对生态环境的开发利用仅考虑其资源价值并未考虑其生态价值，产业结构在逐渐摆脱农业依赖的基础上，以劳动力密集型和资本密集型为主。值得注意的是，在这个发展阶段，黄河流域内的资源型城市逐渐利用自身的资源禀赋优势，成为流域内经济发展的头部地区（阎晓和涂建军，2021）。但作为后发区域，黄河流域在吸收发达地区发展经验的同时，也要注意到发达地区历史上由于忽视生态环境保护而付出的代价，所以对生态环境质量的要求一致存在，客观上导致其拐点早于发达地区的历史拐点，同时也会出现经济发展水平较低与高生态环境保护意愿共存的情况。这是后发区域对原有"黑色"发展模式的部分修正。

（三）绿色发展转型阶段

黄河流域经济发展水平显著提高，在部分地区保留劳动力密集型产业的同时，资本密集型和技术密集型产业成为经济发展的主要动力，但与发达地区相比仍有很长的距离。这个阶段黄河流域发展模式从"黑色发展"模式向"绿色发展"模式逐渐转型，从核心城市增长向带动周边区域协调增长转型，从只注重效率到兼顾效率和公平转型，故称为绿色发展的转型阶段。绿色发展的转型动力不仅来源于挖掘黄河流域经济发展潜能的有效路径，还来源于防止不均衡发展造成生态环境不可逆破坏和区域城乡差距不可逆扩大（张鹏岩等，2017）。对于黄河流域而言，跨越转型阶段不仅依靠自身的内在驱动力，也十分依赖政策环境的帮扶和设计。

（四）高质量绿色发展阶段

在黄河流域的经济发展水平达到较高水平的同时，生态环境保护和生态修复工作的效果显著，在产业结构保留部分资源型城市资本密集型企业的基础上，以技术密集型和知识密集型为主，技术水平贴近国内的前沿边界。黄河流域生态保护和高质量发展战略的提出，基于黄河流域后发区域和生态地理条件限制过大的前提，让黄河流域的绿色发展保持较高水平，发挥生态功能区、能源和产粮的支撑区等的现实作用，而非打造新的经济带，事实上由于没有航运，客观上也不存在建设流域经济带的条件（张贡生，2020）。故高质量绿色发展更侧重于经济发展水平和生态环境保护治理达到一定门槛值后的协调耦合性。

四、黄河流域绿色发展阶段划分

（一）低水平发展阶段（1949~1992年）

尽管在计划经济阶段，由于三线建设，黄河流域的部分地区承接了部分产业转移。同时，自1978年改革开放以来，随着国家退出、经济转型和国际开放，国内市场空间一体化得到了推进。但在这个阶段，黄河流域整体处在低水平发展阶段。

（二）非均衡绿色发展阶段（1993~2010年）

随着社会主义市场经济的确立，黄河流域的经济发展水平得到了显著提高，这不仅得益于部分资源型城市的高速发展和地方中心城市的经济集聚，也得益于劳动力自由流动带来的效率提升，劳动力流动不仅代表着农业部门的多余劳动力向非农部门转移，为制造业和服务业的发展提供劳动力，同时劳动力向流域外的流动也是解决劳动力冗余的关键路径。

（三）绿色发展转型阶段（2011~2018 年）

本书选择以 2010 年为时间分界点，理由如下：2010 年是"十一五"规划的收官之年，2011 年是"十二五"规划的开启之年，我国国家战略部署和政府工作重点均依照五年计划进行，黄河流域所属省域和市域也均按照五年规划来部署工作，以五年规划的时间交接点作为划分时间点符合我们经济社会建设规划的客观规律。2011 年 6 月 8 日，国务院正式下发《全国主体功能区规划》，以可持续发展为原则，坚持禁限政策和限制开发，是在黄河流域生态保护和高质量发展战略提出前，最具有政策效力的区域生态环境保护规划。黄河流域主要途径秦巴生物多样性生态功能区、黄土高原丘陵沟壑水土保持生态功能区等，重点生态功能区规划政策效果的落实不仅对中上游地区意义重大，对于中原城市群、环渤海城市群等优先发展区域也意义重大（盛广耀，2020）。

（四）高质量绿色发展阶段（2019 年至今）

2019 年 9 月，黄河流域生态保护和高质量发展被列为重大国家战略，黄河流域面临生态环境脆弱、区域发展不平衡问题突出和水资源短缺的现实问题，以现有的绿色发展程度来看，黄河流域将长期处于绿色发展转型阶段。

第二节　区域一体化对黄河流域绿色发展效率影响的理论分析

一、理论解析

（一）马克思政治经济学

绿色发展虽然是一个现代概念，但在马克思主义理论的发展与传承中却蕴含着丰富的绿色发展思想，形成了其科学的绿色发展观。

马克思恩格斯所处的时代正是工业革命的上升阶段，工业文明带来的自然破坏和环境污染日益显现，马克思恩格斯敏锐地觉察到资本主义生产方式的逐利性与环境保护的矛盾，他们在对资本主义社会进行逻辑考察和理性审视的基础上，从历史唯物主义和实践的角度对人与自然的关系进行深刻阐述和科学预见，形成了生态问题研究的基础和起点，也表明了人与自然关系是生态环境问题中最原始、最根本的关系。马克思恩格斯从资本主义制度的本质特征揭示了生态环境问题产生的根本原因是资本主义私有制下对利润的无度追求和对资源的无节制攫取，资本主义国家如果不改变当前的生产方式，"不以伟大的自然规律为依据的人类计划，只会带来灾难"。马克思把实现人类同自然的和解以及人类本身的和解确立为正确处理人与自然、社会三者关系的最高价值目标，并围绕这个目标提出了"使自然界真正复活""使任何自然矛盾真正解决"的历史使命。可以通过技术进步更有效的利用和节约资源，促进资源的循环使用，因为"机器的改良，使那些在原有形式上本来不能利用的物质，获得一种在新的生产中可以利用的形态；科学的进步，特别是化学的进步，发现了那些废弃物的有用性质"，从根本上要彻底推动社会制度的变革，只有选择适合人与自然和谐发展的生产方式和发展制度，只有"对我们的直到目前为止的生产方式，以及同这种生产方式一起对我们现今的整个社会制度实现完全变革"。

（二）区域分工理论

1. 传统比较优势论

比较优势论源于亚当·斯密，其认为基于各区域劳动生产率差异而形成商品的绝对优势是区域经济一体化的前提。为了满足区域各方的需求，各区域通过贸易实现商品交换，达到区域资源优化配置，推动区域分工专业化发展，并产生持续性的帕累托改进，创造参与各方都受益的经济效应和福利效应。因此，各区域应发挥自身的绝对优势，大力推进一体化进程，持续增加国民财富，促进经济增长（亚当·斯密，1776）。Ricardo（1817）继承了亚当·斯密的研究成果，提出在资本和劳动力等要素资源无法大面积自由流动的现实情况下，只能优先利用本国持有比较优势的资源或商品在区域经济一体化进程中占得先机。两位重量级经济学家的理论构成了古典经济学中有关区域经济一体化研究的基本框架，也成为支撑一体化进程的重要基础。从古典经济学理论来看，无论是依托绝对优势还是比较优势而形成的经济一体化都能够促进经济增长。穆勒（1848）提出的基于比较优势或绝对优势的理论认为，经济一体化能克服参与各方国内市场空间较小的限制，进而减少对商品产生的约束，带动商品互通到更大的市场空间，实现生产效率和技术的提高，以促进经济增长。这一论断成为区域经济一体化理论的雏形。

然而，在一体化过程中，伴随着自由贸易和要素的自由流通，当参与方的优势商品进入对方区域时，有可能给对方的劣势商品造成竞争，从而使对方企业或产业受到影响。为此，各区域通常会设置一定的贸易进入壁垒，如关税政策、配额政策等来保护本区域企业或产业体系、技术等不受影响，并限制他国出口，这就无法获得更多的一体化效应。为合理解决这一问题，并有效保护本区域产业，各区域以协议的形式通过削减关税、扩大配额等政策工具逐步消除贸易壁垒，或通过关税同盟搭建共同的具有准自由贸易性质的统一市场（Viner，1950），从而更好地解决本国民众对具有优势商品的庞大需求和现实供给的短缺的问题。在人力资源等要素无法自由流动的约束下，借助技术扩散带动对方薄弱产业发展，进而使商品进入对方市场的成本大幅下降，这不仅满足了本区域市场需求，也借鉴对方优势技术等逐步完善本区域劣势产业，最终达到一个增加彼此福利的双赢结果。从某种意义上看，这就是建立一个跨国、覆盖彼此全境的一体化组织带来的好处。

2. 新贸易理论

新贸易理论是在新古典贸易理论的基础上发展起来的，与内生经济增长理论密切衔接。1979年，Krugman提出了产业内贸易学说，认为规模经济与比较优势的结合是国际贸易发生根本原因，一国始终存在一定的规模报酬递增。只有扩大具有比较优势商品的出口量，才能降低商品生产成本，推动经济持续增长。Romer（1986）通过引入知识投资的外部性和内生技术，有效解决了报酬递增生产函数的竞争性均衡解、报酬递增与平衡增长路径稳定性之间的问题，形成了内生性增长模型。

新贸易理论认为，区域经济一体化能够通过自由贸易程度的增加促进经济增长。许多学者从不同视角运用内生经济增长模型研究自由贸易的增长效应。首先，区域经济一体化带来的自由贸易具有很强的增长效应和资本积累效应。新贸易理论认为其既有水平效应又有增长效应，不仅能使不同国家经济增长率保持一定的趋同性，并通过"干中学"等学习效应，提升发展中国家的短板，进而形成经济赶超，使发展中国家获得更多的比较优势（Jones，1990）。其次，区域经济一体化带来的自由贸易程度上升具有很强的比较优势效应和外部溢出效应。自由贸易的根源是发挥各国的比较优势，通过比较优势商品的出口，实现各自贸易利益，而且比较优势明显的国家，其经济增长速度可能更快，这就产生了明显的比较优势效应。而外部溢出效应体现在干中学、示范带动、竞争方面，一国可以通过不同的渠道和途径，持续提升本国生产率、技术水平、创新等，进而降低要素生产的成本，提升出口商品的竞争力，实现追赶。实际上，区域经济一体化促进了知识的跨国传播与溢出，加速技术扩散与模仿，加快了进口国专业化的模仿与学习，使进口国的生产效率得到提升，促进了技术进步，最终提升经济增长率。其根源是区域经济一体化扩大了商品的市场，形成更广范围的规模收益和国际技术的外溢效应，从而加速生产效率和资本的快速积累，推动经济持续增长（Findlay，1978）。

3. 扩展的区域分工理论

传统的区域分工理论侧重于比较优势的发挥（Ricardo，1817）。区域一体化能克服参与各方国内市场空间较小的限制，进而减少对商品产生的约束，带动商品互通到更大的市场空间，实现生产效率和技术的提高，以促进经济效率（穆勒，1848）。本书从扩展的区域分工理论出发，将空间重构视作区域分工的结果。依照扩展的区域分工理论，经济活动和资源存量的地理集聚性并没有改变，改变的仅仅是生产空间与消费空间互动的尺度。地区市场带来的资源环境要素流动，改变了辨识比较优势的空间尺度，拓展了环境问题的空间尺度，尤其是生产和消费的空间分离突破了资源环境与经济互动的空间尺度及模式，导致认识和解决区域环境问题变得更加复杂，而以往就城市论城市、就污染论污染的环境治理模式也失去了效果。在这个背景下，区域一体化以互补性、可转移性和干预机会为基础，重塑绿色发展空间，影响绿色发展效率。互补性是一种空间供求关系，地区的比较优势和生产规模优势是区域之间互补的基础。地区之间构成了地理上的供求关系，这种供求关系由区域之间的人流、物流、信息流、资金流以及知识流等构成。这些"流"组成"流空间"，而"流空间"在为区域带来互补的同时，也推动了资源、污染在区域之间的流动，改变了两地的绿色发展格局。可转移性是指两地之间通过转移物资的基础设施进行连接，同时转移成本不高于从互补性中所获取的利益。干预机会是指对两地之间的互补性成为现实的干预，其影响取决于空间相互作用的其他地点的多少及影响力。互补性、可转移性和干预机会导致绿色发展的地理格局不断重构以及资源与污染格局的不断调整，使其在空间格局调整过程中靠近最优状态，提升地区绿色发展效率。

（三）外部性理论

区域一体化的重要理论基础就是外部性理论，区域一体化的重要驱动力就是内生化外部性，而区域一体化成败的关键也在于对生产活动中外部性的有效利用。Pigou（1920）研究了经济活动经常存在的私人边际成本与社会边际成本、边际私人净收益与边际社会净收益的差异，断定不可能完全通过市场模式优化各种资源的配置，从而实现帕累托最优。Pigou以灯塔、交通、污染等问题的案例分析佐证了自己的观点和理论，指出外部性反映一种传播到市场机制之外的经济效果，其改变了接受厂商产出与投入之间的技术关系，这种效果要通过政府的税收或补贴来解决。以私人和社会为基础的分析方法可扩展到以本地区和整体区域为基础的问题框架下。具体而言，以技术溢出为代表的正外部性溢出和以跨界污染治理为代表的负外部性内部化是分析区域一体化对绿色发展效率影响的重要内容。

1. 技术溢出效应

技术溢出是区域一体化改善绿色发展效率的重要途径。技术溢出体现在干中学、示范带动、竞争各个方面，一个地区可以通过不同的渠道和途径，持续提升本地区生产率、技术水平、创新等，进而在降低要素生产成本的同时，利用科学的规划减少资源的投入，依靠先进的科学技术和设备提高资源的利用效率，进行清洁生产，尽可能达到生产过程的减物质化和物质的循环利用，进而提升地区绿色发展效率。

2. 负外部性内部化

负外部性内部化是区域一体化改善绿色发展效率的重要途径。空间外部性可能是空间自然扩散的结果，而非本地区完全主观的行为。环境是典型的公共品，环境污染会产生高昂的社会成本，因而具有负外部性。在尚未区域一体化、地区无法对排污行为完全监督时，污染的私人成本就不能充分反映其社会成本。以利润最大化为目标的企业，缺乏将环境污染负外部性内部化的动机，可能会选择"搭便车"行为——偷排污染物。而对于既想降低本地环境污染水平，又希望留住企业的地方政府而言，将污染型企业布局在行政区边界是最优的策略，因为这样能使部分污染物扩散至相邻行政区，从而降低本地承担的污染危害。由于行政边界环境监管力度较弱，污染型企业在行政区域边界处的排污成本更低。区域一体化对污染治理的作用不仅体现在环境治理的协调，更体现在让企业可选择更优的区位，进一步提升其要素利用水平和生产效率，进而改善地区绿色发展效率。

（四）知识关联理论

知识关联理论认为，对区域一体化影响绿色发展效率的理论构建不应该仅限于"经济关联"的领域，更应关注知识创造和传播扩散过程中所产生的关联。"知识外部性"强调知识在区域一体化过程中发挥作用的同时，带有一种被动影响和传播的意味，不能准确刻画知识创造和扩散对经济空间发挥的作用，因此Berliant 和 Fujita（2009）提出了知识关联理论。

区域一体化使各地区通过不同的渠道实现知识传播或交流，不同地区在已有既定的知识技术基础上，交流其在绿色发展导向下新的独有知识，从而产生绿色知识创新。在绿色知识传播和扩散的过程中，存在一个"最佳"的共有绿色知识存量。若地区之间共有绿色知识存量较多、地区间绿色知识存量相近，则地区间缺乏合作生产新绿色知识的动力，绿色知识的流量大减，地区间进入存量博弈的模式，依照自身的绿色知识存量决定自身绿色发展路径，从这个角度来看，绿色发展效率的改进将是短期行为。若共有绿色知识存量太少，则缺少合作交流的知识基础，各地区无法开展合作博弈，也难存在绿色发展效率的改进空间。因此，知识关联理论强调知识创新和扩散的效率是动态可变的。当区域一体化促使不同地区开展绿色发展项目的合作时，高效的绿色知识创新和扩散存在类似累积循环因果关系的自我强化效应，使不同地区各自的独有知识与共有知识达到均衡时，知识创新和扩散效率最高，进而提升绿色发展效率。同时，绿色知识所有者和绿色产业从业人员进行跨区域流动，使区域的创新部门市场规模增加，在本地市场效应和生活成本效应的共同作用下，形成累积循环因果关系。长此以往，核心地区的企业逐渐开始使用区域产生的新知识作为中间投入，从而形成两区域间对"知识"的投入产出关系。在合适的运输成本水平下，区域成为知识创新部门的集聚区，随着知识所有者不断进入区域，最终实现创新核心区和边缘区的"核心—边缘"结构，契合现有以城市群为主体的多中心布局。

（五）可持续发展理论

1. 可持续发展理论的提出

绿色发展转型思想的另一个理论基础是1987年正式提出的可持续发展思想，并由国内外学者或研究机构取得了丰硕的成果。从研究范式上看，目前对可持续发展的研究大致可分为弱可持续和强可持续两类。前者的理论基础是新古典经济学，认为经济可以无限增长，不受生态系统的约束，强调人工资本与自然资本之间的可替代性（陈诗一和程时雄，2018）。后者的理论基础是生态经济学，又称可持续发展经济学，强调经济系统是生态系统的一个子系统，经济增长受生态规模、人工资本和自然资本不可替代性的制约（Jacobs，1994）。根据新古典经济学的观点，环境问题是由于自然资源的低效利用和自然资本的低估。基本假设为人工资本和自然资本是可以替代的，这个观点的主要假设之一是可以同时实现经济增长和资源的可持续利用。波特假说值得特别关注，因为它假设经济和环境都可以获胜，它提出环境监管可以刺激创业创新，提高企业绩效，从而不仅有利于环境，而且有利于经济层面。这种观点对人类解决资源枯竭可能出现的任何问题的能力持乐观态度。环境经济学的起点是外部效应的概念。因此，环境经济学所追求的策略是通过提供对该资本的准确估值来设定价格。为了评估自然资本，使用不同的方法估算外部影响，并提出将这些影响内化的建议。这些方法的基本假设是，一旦整个社会的价格正确，自然资源的不可持续利用就会停止。这一假设暗示了弱可持续性的概念：第一，可通过用人工和人力资本替代自然资本获得恒定的福利；第二，自然资本的特征不是临界阈值，因此环境退化是可逆的。环境经济学中的弱可持续性理论认为，"人力资本"和"自然资本"是可以替代的，不需要彻底改变我们的经济体制。因此，与环境经济学相关的概念和方法的某些要素，即清洁生产、生物经济或废物等级制度，假定自然资本可以被人力资本取代。

2. 绿色经济概念的提出

随着人类发展与环境的矛盾愈演愈烈，越来越多的学者对发展方式进行了反思，从环境与生态的角度提出新型发展方式，如"绿色经济""循环经济"和"绿色增长"等。其中代表性机构是罗马俱乐部，1972 年，德内拉·梅多根等在《增长的极限》一书中首次提出了"持续增长"和"均衡发展"口号，认为"盲目的经济快速增长，将导致人类达到危机水平"，这种危机意识可看作绿色发展理论的思想基础；Pierce（1989）在《绿色经济蓝图》一书中提出了"绿色经济"的概念，主张建立一种"可承受的经济"，并提出将有害环境和耗竭资源的活动代价纳入国家经济平衡表，认为经济发展应该充分考虑自然生态环境的承受能力。Reardon（2007）从资源的角度出发，进一步将"绿色经济"定义为"资源、生态限制内最大化人类幸福"。Barbier（2011）呼吁"低碳革命"，认为全球绿色新政是各国经济成功复苏的关键因素。Nataraja（2011）指出，发展中国家可以通过摒弃高污染、低效率的生产技术和能源转向，实现低碳高效发展。而绿色低碳是面对新能源与气候危机时，人类必须尽快适应未来的"绿色前景"进行的变革。

3. 生态经济学视角下的可持续发展

生态经济学中经常发现的强可持续性假设是，人工资本和自然资本是互补的，但不是无限互换的。根据这一观点，概念和方法试图找到解决办法，通过关闭物质吞吐量环路（循环经济和工业生态）并尊重自然资本存量的临界门槛，甚至通过促进对自然资本存量的投资（基于自然的解决方案），找到解决办法，将人类维持在安全的作业空间内。从经济学角度讲，人工资本和自然资本之间的替代弹性小于 1，这意味着自然资本的损失不能被人工资本的收益所抵消，它们的投入是互补的。因此，这些更多的生态观点主要揭示了一个宏观观点，涉及生产系统的最大系统边界。这些相应的解决方案需要人类社会进行更多的结构性改变，因为它们涉及生活方式的长期和实质性的改变。

二、区域一体化促进黄河流域绿色发展效率的数理分析

（一）基本模型假设和求解

Martin（1996）通过构建数理模型论证了中东欧国家和欧盟国家都从区域一体化中获益，区域一体化被认为是直接扩张的不完美替代品。这是因为它消除了

中东欧国家之间在吸引企业的政策上的低效竞争。由于这种竞争对欧盟有负面影响，取消这种竞争对所有国家都有利。因此，在过渡时期应鼓励中东欧国家之间的合作。本书借鉴该论文的分析思路，将大区域内的各个区域分为高绿色发展效率区域和低绿色发展效率区域，构建一个区域内高绿色发展技术带动低绿色发展技术趋同的增长模型，论证区域一体化对绿色发展技术和效率的影响机理。

假设黄河流域可分为地区 a 和地区 b，其中，地区 a 为绿色发展效率较高的地区，代表性生产部门为高技术部门（HT），具有绿色技术优势，生产高绿色技术产品；地区 b 为绿色发展效率较低的地区，代表性生产部门为低技术部门（LT），不具有绿色技术优势，生产低绿色技术产品。假定两个地区只有一个生产部门，依照新经济增长理论，则地区 a 和地区 b 的生产函数分别为：

$$Y_{HT}(t) = K_{HT}(t)^{\alpha} \left[GA_{HT}(t) L_{HTP}(t) \right]^{1-\alpha} \tag{3-1}$$

$$Y_{LT}(t) = K_{LT}(t)^{\alpha} \left[GA_{LT}(t) L_{LTP}(t) \right]^{1-\alpha} \tag{3-2}$$

其中，$Y_{HT}(t)$ 和 $Y_{LT}(t)$ 分别为地区 a 和地区 b 在 t 期的绿色发展水平；$K_{HT}(t)$ 和 $K_{LT}(t)$ 分别代表地区 a 和地区 b 在 t 期的资本投入；$GA_{HT}(t)$ 和 $GA_{LT}(t)$ 分别代表地区 a 和地区 b 在 t 期的绿色技术水平；$L_{HTP}(t)$ 和 $L_{LTP}(t)$ 分别代表地区 a 和地区 b 在 t 期的投入生产的人力资本。其中人力资本 $L_{HT}(t)$ 和 $L_{LT}(t)$ 构成如下：

$$L_{HT}(t) = H_{HT}(t) G(E_{HT}) \tag{3-3}$$

$$L_{LT}(t) = H_{LT}(t) G(E_{LT}) \tag{3-4}$$

$H_{HT}(t)$ 和 $H_{LT}(t)$ 分别为地区 a 和地区 b 在 t 期的总就业人口，在充分就业的情况下，劳动力市场以固定速率 n 增长，$G(E_{HT})$ 和 $G(E_{LT})$ 分别为地区 a 和地区 b 的人力资本函数，其中 E_{HT} 和 E_{LT} 分别为地区 a 和地区 b 接受的平均教育量，并假定均为外生固定，有 $E_{HT} > E_{LT}$。进一步假定 $H_{HT}(t) = H_{HTP}(t) + H_{HTR}(t) = \varphi_{HT} H_{HT}(t) + (1 - \varphi_{HT}) H_{HT}(t)$，$H_{LT}(t) = H_{LTP}(t) + H_{LTR}(t) = \varphi_{LT} H_{LT}(t) + (1 - \varphi_{LT}) H_{LT}(t)$。即就业人员可分为生产人员和研发人员，其中 φ_{HT} 和 φ_{LT} 分别为高技术部门 HT 和低技术部门 LT 中研发人员的占比，假定其为固定常数。

在区域一体化的背景下，构建地区 a 和地区 b 的绿色技术产出函数：

$$\dot{GA}_{HT} = \left[L_{HTP}(t) K_{HT}(t) \right]^{\delta} \cdot \left[L_{HTR}(t) GA_{HT}(t) \right]^{\theta} \tag{3-5}$$

$$\dot{GA}_{LT} = \left[L_{LTP}(t) K_{LT}(t) \right]^{\delta} \cdot \left[L_{LTR}(t) GA_{LT}(t) \right]^{\theta} \cdot GA_{HT}(t)^{\tau} \tag{3-6}$$

其中，$\dot{GA}_{HT}$ 和 $\dot{GA}_{LT}$ 分别代表地区 a 和地区 b 在 t 期的绿色技术产出；$L_{HTR}(t)$ 和 $L_{LTR}(t)$ 分别代表地区 a 和地区 b 在 t 期研发部门的人力资本投入。$L_{HTR}(t) + L_{HTP}(t) = L_{HT}(t)$，$L_{LTR}(t) + L_{LTP}(t) = L_{LT}(t)$。$\delta$ 和 θ 分别代表干中学和研发对绿色技术的生产弹性，在区域一体化的过程中，低绿色技术部门受到来自高绿

色技术部门的技术溢出效应影响，τ 代表地区 a 的绿色技术存量对地区 b 绿色技术生产的弹性。

当 $\delta+\theta<1$ 时，高技术部门的绿色技术生产存在规模递减效应，在储蓄率外生且固定为常数的条件下，高技术部门所在地区 a 的稳定增长率为：

$$g_{GA_{HT}}{}^* = \frac{2\delta+\theta}{1-\delta-\theta}\times n \tag{3-7}$$

$$g_{K_{HT}}{}^* = \frac{1+\delta}{1-\delta-\theta}\times n \tag{3-8}$$

将高技术部门的平衡增长结果代入低技术部门的生产函数中，可知：

$$g_{GA_{LT}}{}^* = \frac{n(2\delta+\theta)}{1-\delta-\theta}\times\left(1+\frac{\tau}{1-\delta-\theta}\right) \tag{3-9}$$

$$g_{K_{LT}}{}^* = n\left[\frac{(1-\delta-\theta)(1+\delta)+\tau(2\theta+\delta)}{(1-\delta-\theta)^2}\right] \tag{3-10}$$

由式（3-9）可知，$g_{GA_{LT}}{}^*$ 的实现与 δ、θ 和 τ 相关。当 $\delta+\theta<1$ 且 $n\neq0$ 时，$g_{GA_{LT}}{}^*>0$。$\tau=0$ 表示中低绿色技术部门与高绿色技术部门的平衡增长路径要么重合，要么平行。由于两个地区只有一个生产部门，重合路径意味着中低绿色技术地区与高绿色地区在平衡增长的某个时刻完成了产业融合，高低绿色技术地区界限消失。在产业融合点，地区间绿色技术存量差距为零，两个地区的绿色发展效率趋向一致。平行路径代表高绿色技术地区和中低绿色技术地区知识存量的差距保持固定值，存在一条低绿色技术地区难以跨越的"知识鸿沟"，尽管两地的绿色发展效率的绝对值可能会缩小，但低绿色技术地区无法实现跨域式发展。区域一体化可促使重合路径的达成，但在尚未区域一体化的情况下，只能保持平行路径。

（二）基本假设的提出

尚未区域一体化时，平行路径的情况如图3-3所示，低绿色发展效率地区的起始效率值为 $GA_{LT}(0)$，高绿色发展效率地区的起始效率值为 $GA_{HT}(0)$，绿色技术外溢等影响因素使低绿色发展效率地区的效率值以较快的速度向高绿色发展效率地区的效率值靠拢，但在 t^E 时间点后，由于技术鸿沟的存在，无法继续改进低绿色发展效率地区的增长速率，当绿色发展效率值在 E 点处达到 $GA_{LT}(t^E)$ 时，两地区的绿色发展效率路径无法重合，之后保持对应的技术差距。此时，两地区之间的绿色发展效率差值无法继续缩小，低绿色发展效率地区在最优增长路径下无法实现绿色发展效率的趋同，未达到显著提升黄河流域整体绿色发展效率的作用。

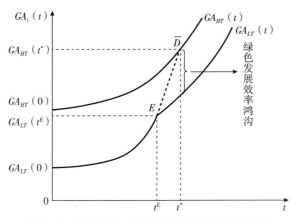

图3-3 尚未区域一体化时的绿色发展效率路径

图3-4表示区域一体化后，低绿色发展效率地区的效率向高绿色发展效率地区靠拢，从而促进黄河流域绿色发展效率提升的过程。在图3-4中，低绿色发展效率地区的起始效率值为 $GA_{LT}(0)$，高绿色发展效率地区的起始效率值为 $GA_{HT}(0)$，绿色技术外溢等影响因素使得低绿色发展效率地区的效率值以较快的速度向高绿色发展效率地区的效率值靠拢。在整个过程中，区域一体化使得两个地区的绿色发展效率的增长路径逐渐重合，在时间 t^* 上，两地区的绿色发展效率均达到 $GA_i(t^*)$，并在之后保持同一绿色发展效率。此时，两地区之间的绿色发展效率一致，低绿色发展效率地区在最优增长路径下实现绿色发展效率的重合，达到显著提升黄河流域整体绿色发展效率的作用。

因此，本书提出以下研究假设：

H1：区域一体化能够促进黄河流域绿色发展效率提升。

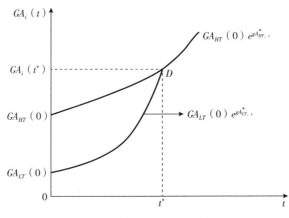

图3-4 区域一体化使绿色发展效率路径重合

第三节　区域一体化对黄河流域绿色发展
效率的影响路径

本章第一节讨论了区域一体化对绿色发展效率的影响机理，得到区域一体化能够提升绿色发展效率的结论。本节进而研究区域一体化对绿色发展效率的影响路径。绿色发展效率提升主要体现在环境污染治理、绿色技术扩散以及整体绿色经济发展等方面，而区域一体化着重强调地区生产要素的优化配置。因此，本节从整体绿色经济发展、环境污染治理、绿色技术扩散和生产要素优化配置四个路径研究区域一体化对绿色发展效率的影响。

一、影响路径的选择依据——基于环境约束的内生增长模型

（一）模型的构建

为论证区域一体化对黄河流域绿色发展效率的最优影响路径。在 Romer（1986）研究成果的基础上，在内生经济增长模型中加入生态环境部门，构建了一个包含生态环境约束的五部门增长模型。具体假设如下：该生产系统包含五种投入要素，分别为资本（K）、劳动力（L）、绿色技术（GA）、生态环境（E）和人力资本（H），只生产一种产品，产出为 Y。中间产品不消耗生态环境要素，只有最终产品在产出 Y 的同时，也带来污染物等负外部性。经济系统分为五个部门：人力开发部门、绿色技术部门、中间产品部门、生态环境部门和最终产品部门，假定总人口为 N，且劳动力 $L=N$。具体如下：

1. 人力开发部门

定义人力开发部门的生产效率为 μ_H，其在部门内部的自投入为 HR_H，则人力资本的增量为 $\dot{H}$：

$$\dot{H}=\mu_H \times HR_H \qquad (3-11)$$

假设人力资本存量为 HR，其中投入最终产品部门的人力资本为 HR_Y，投入绿色技术部门的人力资本为 HR_{GA}，则黄河流域的人力资本情况为：

$$HR=HR_H+HR_{GA}+HR_Y \qquad (3-12)$$

2. 绿色技术部门

假定黄河流域绿色技术部门的研发使用人力资本和已有的技术积累即可完成技术改进，并不使用劳动力、资本。在技术更新迭代的过程中，绿色技术的效力

也会产生磨损，则技术部门的技术累计为：

$$\dot{GA} = \mu_{GA} HR_{GA} GA - \tau GA \tag{3-13}$$

其中，$\dot{GA}$ 为技术积累的增量，μ_{GA} 为绿色技术部门的生产效率，HR_{GA} 为绿色技术部门投入的人力资本，τ 为绿色技术的磨损效率，GA 为现有绿色技术存量。由式（3-13）可知：$\dot{GA}/GA = \mu_{GA} \times HR_{GA} - \tau$，其中 τ 显然大于 0. 要实现 $\dot{GA}/GA > 0$，则 $\mu_{GA} \times HR_{GA} > \tau$，即在不存在技术引进的情况下，绿色技术研发的速度大于绿色技术磨损的速度才能保证绿色技术的无限积累。

3. 中间产品部门

中间产品部门生产中间产品 M，M 作为生产要素投入最终产品部门。中间产品的生产需要从研发部门购买绿色技术方案 GA，并投入人均资本 K，假设每个生产商只生产一种中间产品，且中间产品互不相同，而无数个生产商分布在区间 $[0，GA]$ 上。依照 Barro 和 Sala-I-Martin（1995）的设定，黄河流域生产 1 个单位的中间产品 $x(i)$ 对应消耗 1 个单位的资本 K。可得生产函数如下：

$$K = \int_0^I x(i)\,di = GAM \tag{3-14}$$

4. 生态环境部门

如何界定生态环境部门在产出中的作用？Liu 和 Dong（2021）在索洛模型中加入了环境污染因素，但由于将环境污染视作外生变量，其仅在全要素生产率的测度过程中产生作用，无法明确其影响产出的程度。但在现实情况中，除了对污染主体征税，生态环境部门通过对生态环境的投资和转移支付也发挥着十分重要的作用，且从黄河流域的已有实践来看，政府更倾向于使用投资的方式来对环境进行治理，因而引入环保投资作为衡量政府管理环境的变量，更为合理和符合现实。参考人力部门和绿色技术部门，本书加入环境规制的强度指标（葛世帅等，2021）。

对生态环境部门而言，其功能在于以下两点：第一，生态环境部门将生态环境资源（或生态环境产品）ER 出售给最终产品部门。最终产品部门在生产的过程中，产生污染物，假设生态环境资源消耗的污染产出弹性为 $\bar{\omega}$，此时环境污染存量 $\dot{P} = ER^{\bar{\omega}}$。第二，生态环境部门在出售生态环境资源时，也面临着约束条件，以在保证避免生态环境资源过度消耗的情况下，尽可能实现可持续发展。假设黄河流域的所有污染物的最大阈值为 P^{max}，污染物一旦超过这个值，将对黄河流域的发展产生不可逆的生态灾害。在此约束条件下，生态环境部门需对生态环境污染物进行管理，以避免对生态资源的无节制消耗和污染的无节制排放，保障生态环境能够支撑整个黄河流域生产的进行：一是进行环保投资，假定环保投资系数

为 φ，则环保投资额为 φK；二是通过制度建设，提高环境保护投资的使用效率，定义污染治理的效率值为 $b(b>0)$，在环保投资和制度建设的干预下，环境污染存量为 $\dot{P}=\varphi^{-b}K^{-b}ER^{\bar{\omega}}$。

相较于其他资源，生态环境资源具有一定的自我修复能力和再生能力，假定生态环境的再生能力是线性的，其系数为 σ，则环境污染存量的最终方程为：

$$\dot{P}=\varphi^{-b}K^{-b}ER^{\bar{\omega}}-\sigma P \tag{3-15}$$

5. 最终产品部门

最终产品部门的投入要素包括投入最终产品部门的人力资本 HR_Y、劳动力 L、生态环境资源 ER 和中间产品 GAM，得到最终产出 Y，依照 C-D 生产函数，最终生产函数如下：

$$Y=HR_Y^{\alpha}L^{\beta}ER^{\gamma}\int_0^{GA}x(i)^{\delta}\mathrm{d}i \tag{3-16}$$

换算后可得：

$$Y=GA^{\alpha+\beta}HR_Y^{\alpha}L^{\beta}ER^{\gamma}K^{\delta} \tag{3-17}$$

其中，$0<\alpha$、β、γ、$\delta<1$，且假定 $\alpha+\beta+\delta=1$。

对于一个地区而言，其资本 K 和消费 C 均直接来源于最终产出 Y。此外，假定资本存在折旧率 ε，考虑到环保投资和资本折旧，则资本 K 的累计方程为：

$$\dot{K}=Y-C-\varphi K-\varepsilon K \tag{3-18}$$

6. 目标函数

从上文论述可知，经济水平发展和生态环境保护是黄河流域绿色发展必须满足的两个目标，对应于微观层面，即效用的提升不仅仅依靠传统的方式：消费水平的提高，生态产品带来的精神需求和生活环境改善也能实现效用的提升。即在现实的黄河流域，效用函数是包含消费和生态环境的多元函数（师博等，2021）。本书建立一个同时依赖消费和生态环境水平的、可加的等弹性效用函数如下：

$$U(C,P)=\frac{C^{1-\epsilon}-1}{1-\epsilon}-\frac{P^{1+\theta}-1}{1+\theta} \tag{3-19}$$

其中，ϵ 为消费跨期替代弹性的倒数，θ 为生态产品偏好系数。当 $\epsilon>0$ 时，边际效用随其增加而递减；当 $\theta>0$ 时，边际效用随其增加而递减。ϵ 和 θ 越大，边际效用的递减速度越快，即消费者增加当期的消费的意愿越小，经济主体对环境污染的忍耐程度越大。故一个理性决策者，在生态环境约束条件下进行跨期规划时，会选择使上一代和未来所有代人的效用限值最优的动态规划，在满足生态环境约束的条件下，可持续发展效用的最大化。假设跨期效用的贴现率为 ϑ，则无限时域下的效用函数为：

$$TU = \int_0^\infty U(C, P) e^{-\vartheta t} \mathrm{d}t \qquad (3-20)$$

其中，$\vartheta > 0$，代表消费者对当前消费的偏好程度，$e^{-\vartheta t}$ 为折现因子。构建目标函数和约束条件，环境约束下的内生增长模型如下：

$$\max_{C, ER, HR_{GA}, HR_Y} \int_0^\infty \left(\frac{C^{1-\epsilon}-1}{1-\epsilon} - \frac{P^{1+\theta}-1}{1+\theta} \right) e^{-\vartheta t} \mathrm{d}t$$

$$\text{s.t.} \quad Y = GA^{\alpha+\beta} HR_Y^{\alpha} L^{\beta} ER^{\gamma} K^{\delta}$$

$$\dot{K} = Y - C - \varphi K - \varepsilon K$$

$$\dot{P} = \varphi^{-b} K^{-b} ER^{\bar{\omega}} - \sigma P$$

$$\dot{GA} = \mu_{GA} HR_{GA} GA - \tau GA$$

$$HR = HR_H + HR_{GA} + HR_Y$$

$$\dot{H} = \mu_H \times HR_H \qquad (3-21)$$

（二）模型求解

1. 建立 Hamilton 函数

基于已有文献的研究论证（严成樑，2020），假定所有变量的增长率均为常数，假定长期增长稳态。建立 Hamilton 函数如下：

$$H = \frac{C^{1-\epsilon}-1}{1-\epsilon} - \frac{P^{1+\theta}-1}{1+\theta} + \pi_1 \left(GA^{\alpha+\beta} HR_Y^{\alpha} L^{\beta} ER^{\gamma} K^{\delta} - C - \varphi K - \varepsilon K \right) + \pi_2 \left(\mu_{GA} HR_{GA} GA - \right.$$
$$\left. \tau GA \right) + \pi_3 \mu_H (HR - HR_H - HR_{GA}) + \pi_4 (\varphi^{-b} K^{-b} ER^{\bar{\omega}} - \sigma P) \qquad (3-22)$$

其中，C、ER、HR_{GA} 和 HR_Y 为各个状态变量的中间变量；K、GA、HR 和 P 为状态变量；π_1、π_2、π_3 和 π_4 分别为状态变量 K、GA、HR 和 P 的影子价格。

2. 一阶求导

函数 H 分别对 C、ER、HR_{GA} 和 HR_Y 求一阶导数，方程如下：

$$\frac{\partial H}{\partial C} = C^{-\epsilon} - \pi_1 \qquad (3-23)$$

$$\frac{\partial H}{\partial ER} = \pi_1 \gamma GA^{\alpha+\beta} HR_Y^{\alpha} L^{\beta} ER^{\gamma-1} K^{\delta} + \pi_4 \bar{\omega} \varphi^{-b} K^{-b} ER^{\bar{\omega}-1} \qquad (3-24)$$

$$\frac{\partial H}{\partial HR_{GA}} = \pi_2 \mu_{GA} GA - \pi_3 \mu_{GA} \qquad (3-25)$$

$$\frac{\partial H}{\partial HR_Y} = \pi_1 \alpha GA^{\alpha+\beta} HR_Y^{\alpha-1} L^{\beta} ER^{\gamma} K^{\delta} - \pi_3 \mu_{GA} \qquad (3-26)$$

令其一阶导数为 0，则有：

$$\pi_1 = C^{-\epsilon} \tag{3-27}$$

$$\pi_1 \gamma Y = -\pi_4 \overline{\omega} \, \varphi^{-b} K^{-b} ER^{\overline{\omega}} \tag{3-28}$$

$$\pi_2 \mu_A GA = \pi_3 \mu_H \tag{3-29}$$

$$\pi_1 \alpha Y / HR_Y = \pi_3 \mu_H \tag{3-30}$$

欧拉方程式为：

$$\dot{\pi}_1 = \vartheta \pi_1 - \frac{\partial H}{\partial K} = \vartheta \pi_1 - \frac{\pi_1 \delta Y}{K} + \pi_1 \varphi + \pi_1 \varepsilon - \pi_4 b \varphi^{-b} K^{-b-1} \tag{3-31}$$

$$\dot{\pi}_2 = \vartheta \pi_2 - \frac{\partial H}{\partial GA} = \vartheta \pi_2 - \frac{\pi_1 (\alpha+\beta) Y}{GA} - \pi_2 (\mu_{GA} HR_{GA} - \tau) \tag{3-32}$$

$$\dot{\pi}_3 = \vartheta \pi_3 - \frac{\partial H}{\partial HR} = \vartheta \pi_3 - \pi_3 \mu_H \tag{3-33}$$

$$\dot{\pi}_4 = \vartheta \pi_4 - \frac{\partial H}{\partial P} = \vartheta \pi_4 + P^\theta + \pi_4 \sigma \tag{3-34}$$

横截性条件为：

$$\lim_{t \to \infty} \pi_1 K e^{-\vartheta t} = 0; \ \lim_{t \to \infty} \pi_2 GA e^{-\vartheta t} = 0; \ \lim_{t \to \infty} \pi_3 HR e^{-\vartheta t} = 0; \ \lim_{t \to \infty} \pi_4 P e^{-\vartheta t} = 0 \tag{3-35}$$

3. 变量求解

基于一阶条件、欧拉方程计算求解变量在稳态经济增长中的增长率，为最优增长路径分析奠定基础。以 $g_x = \frac{\dot{X}}{X}$ 表示变量 X 的增长率，即 $g_C = \frac{\dot{C}}{C}$，$g_{ER} = \frac{\dot{ER}}{ER}$，

$g_{HR_{GA}} = \frac{\dot{HR_{GA}}}{HR_{GA}}$，$g_{HR_Y} = \frac{\dot{HR_Y}}{HR_Y}$，$g_K = \frac{\dot{K}}{K}$，$g_{GA} = \frac{\dot{GA}}{GA}$，$g_{HR} = \frac{\dot{HR}}{HR}$，$g_P = \frac{\dot{P}}{P}$ 等。

第一步，确定各增长率之间关系。由式（3-18）可知，$g_K = \frac{\dot{K}}{K} = \frac{Y}{K} - \frac{C}{K} - \varphi - \varepsilon$。依照动态优化理论，在最优增长路径下，各变量增长率为常数，则 $\frac{Y}{K} - \frac{C}{K} - \varphi - \varepsilon$ 为常数。令 $Co_1 = \frac{Y}{K}$，$Co_2 = \frac{C}{K}$，$Co_3 = \varphi$，$Co_4 = \varepsilon$。两端取对数后对时间求导，可得：

$$g_K = g_Y = g_C, \ g_\varphi = 0, \ g_\varepsilon = 0 \tag{3-36}$$

由式（3-13）可知：

$$g_{GA} = \frac{\dot{GA}}{GA} = \mu_{GA} HR_{GA} - \tau \tag{3-37}$$

由式（3-15）可知，$g_P = \dfrac{\dot{P}}{P} = \dfrac{\varphi^{-b}K^{-b}ER^{\bar{\omega}}}{P} - \sigma$，$g_P$ 和 σ 均为常数，令 $Co_5 = $

$\dfrac{\varphi^{-b}K^{-b}ER^{\bar{\omega}}}{P}$，两边求导可知：

$$g_P = \bar{\omega}g_{ER} - bg_K \tag{3-38}$$

将式（3-28）代入式（3-31）可得，$g_{\pi_1} = \dfrac{\dot{\pi_1}}{\pi_1} = \vartheta - \dfrac{\delta Y}{K} + \varphi + \varepsilon + \dfrac{b\gamma Y}{\omega ER^{\bar{\omega}}K}$，$g_{\pi_1}$、

ϑ、φ 和 ε 均为常数，则令 $Co_6 = \dfrac{b\gamma Y}{\omega ER^{\bar{\omega}}K}$，两边取对数后求导，并将式（3-36）

和式（3-38）代入可知：

$$g_{ER} = 0, \quad g_P = -bg_K \tag{3-39}$$

由式（3-11）和式（3-12）可知，$g_H = \dfrac{\dot{HR}}{HR} = \dfrac{\mu_H \times HR_H}{HR} = \dfrac{\mu_H\ (HR - HR_{GA} - HR_Y)}{HR} = $

$\mu_H - \dfrac{\mu_H HR_{GA}}{HR} - \dfrac{\mu_H HR_Y}{HR}$，其中 g_H 和 μ_H 均为常数，令 $Co_7 = \dfrac{HR_{GA}}{HR}$，$Co_8 = \dfrac{HR_Y}{HR}$，$Co_9 = $

$\dfrac{HR_H}{HR}$，两边取对数后对时间求导，可得：

$$g_{HR_{GA}} = g_{HR_Y} = g_{HR_H} = g_{HR}, \quad g_{\mu_H} = 0 \tag{3-40}$$

依照式（3-33），得到影子价格 π_3 的增长率 g_{π_3}，可知：

$$g_{\pi_3} = \dfrac{\dot{\pi_3}}{\pi_3} = \vartheta - \mu_H \tag{3-41}$$

对式（3-27）和式（3-30）两边取对数后求导，并将式（3-36）代入，

可得：

$$g_{HR_Y} = (1 - \epsilon)g_Y + \mu_H - \vartheta \tag{3-42}$$

第二步，确定效用函数中参数 ϵ 和 θ 的关系。从式（3-34）中可知，$g_{\pi_4} = $

$\dfrac{\dot{\pi_4}}{\pi_4} = \vartheta + \dfrac{P^{\theta}}{\pi_4} + \sigma$，已知 g_{π_4}、ϑ 和 σ 均为常数，定义 $Co_{10} = \dfrac{P^{\theta}}{\pi_4}$，两边取对数后对时间

求导，将式（3-36）代入后，整理得：

$$g_{\pi_4} = -\theta bg_Y \tag{3-43}$$

对式（3-27）取对数后求导，将式（3-36）代入后，整理得：

$$g_{\pi_1} = -\epsilon g_Y \tag{3-44}$$

依据式（3-31）可知，$g_{\pi_1} = \dfrac{\dot{\pi}_1}{\pi_1} = \theta - \dfrac{\delta Y}{K} + \varphi + \varepsilon - \dfrac{\pi_4 b \varphi^{-b} K^{-b-1}}{\pi_1}$，已知 g_{π_1}、θ、φ 和

ε 均为常数，定义 $Co_{11} = \dfrac{\pi_4 b \varphi^{-b} K^{-b-1}}{\pi_1}$。两边取对数后对时间求导，将式（3-38）

代入整理得：

$$g_{\pi_1} = g_{\pi_4} - (1-b)g_Y \tag{3-45}$$

将式（3-43）和式（3-44）代入式（3-45），可得：

$$\epsilon = \theta b + 1 - b \tag{3-46}$$

第三步，得出稳态变量的结果。定义人口增长率 $n = \dfrac{\dot{N}}{N}$，则有 $g_L = n$，对生产

函数两边取对数后求导，可知：

$$g_Y = g_K = g_C = \frac{(\alpha+\beta)(\mu_{GA}HR_{GA}-\tau) + \alpha(\mu_H - \vartheta)}{\beta + \alpha\epsilon} + \beta n \tag{3-47}$$

$$g_P = -b g_Y = -\frac{b(\alpha+\beta)(\mu_{GA}HR_{GA}-\tau) + \alpha(\mu_H - \vartheta)b}{\beta + \alpha\epsilon} - b\beta n \tag{3-48}$$

$$g_{HR_{GA}} = g_{HR_Y} = g_{HR_H} = g_{HR} = (1-\epsilon)g_Y + \mu_H - \vartheta$$

$$= \frac{(1-\epsilon)(\alpha+\beta)(\mu_{GA}HR_{GA}-\tau) + \alpha(1-\epsilon)(\mu_H - \vartheta)}{\beta + \alpha\epsilon} + (1-\epsilon)\beta n + \mu_H - \vartheta \tag{3-49}$$

黄河流域绿色发展效率提升，可表述为在资本、劳动力、绿色技术、生态环境和人力资本的投入量恒定的情况下，同时满足两个条件：作为期望产出的经济产出增长；作为非期望产出的污染产出减少。区域一体化对黄河流域绿色发展效率的影响路径必须满足这两个条件。本书从数理推导的结果出发，发现满足条件的影响路径为绿色经济路径、污染治理路径和绿色技术扩散路径，具体分析见下文。

二、绿色经济路径

（一）绿色经济路径的数理推导

绿色经济意味着促进经济的同时，确保自然资产可持续提供我们福祉所依赖的资源和环境服务。首先，绿色经济满足黄河流域经济增长为正的条件，即 $g_Y = \dfrac{(\alpha+\beta)(\mu_{GA}HR_{GA}-\tau) + \alpha(\mu_H - \vartheta)}{\beta + \alpha\epsilon} + \beta n > 0$，而 α、β 和 ϵ 均大于零，则分母 $\beta + \alpha\epsilon > 0$，最优增长路径存在的临界条件为：

$$(\mu_{GA}HR_{GA}-\tau)+\frac{\beta(\mu_{GA}HR_{GA}-\tau)}{\alpha}+\mu_H+\frac{\beta n(\beta+\alpha\epsilon)}{\alpha}>\vartheta \tag{3-50}$$

其中，$\mu_{GA}HR_{GA}-\tau$ 代表技术积累速度，$\frac{\beta(\mu_{GA}HR_{GA}-\tau)}{\alpha}$ 为技术与劳动对经济增长的促进作用，即技术的传播作用，μ_H 为人力部门内的生产效率，$\frac{\beta n(\beta+\alpha\epsilon)}{\alpha}$ 为劳动增长率对经济增长率的贡献，ϑ 为跨期效用的贴现率，即消费者的时间偏好率。

在经济增长率为正的情况下，实现污染增长率为负值是绿色经济的必然要求，即 $g_Y>0$ 的前提下 $g_P=-bg_Y<0$ 成立。此时，生态环境约束下的最优增长路径的必要条件为：

$$g_P=\frac{\varphi^{-b}K^{-b}ER^{\overline{\omega}}}{P}-\sigma>-\sigma \tag{3-51}$$

则有：

$$g_P=-bg_Y=\frac{b(\alpha+\beta)(\mu_{GA}HR_{GA}-\tau)+\alpha b(\mu_H-\vartheta)}{\beta+\alpha\epsilon}+\beta nb>-\sigma \tag{3-52}$$

$$g_Y=\frac{(\alpha+\beta)(\mu_{GA}HR_{GA}-\tau)+\alpha(\mu_H-\vartheta)}{\beta+\alpha\epsilon}+\beta n<\frac{\sigma}{b} \tag{3-53}$$

由式（3-50）和式（3-52）可知，满足生态环境可持续增长的条件为 $g_Y<\frac{\sigma}{b}$，而经济增长的前提是 $g_Y>0$，故可得黄河流域满足生态环境约束的经济发展条件为：$0<g_Y<\frac{\sigma}{b}$。绿色经济满足作为期望产出的经济产出增长、作为非期望产出的污染产出减少这两个条件。可视作显著促进黄河流域绿色发展效率的影响路径（吕有金等，2021）。

（二）绿色经济路径的理论论证

区域一体化对黄河流域绿色经济影响体现在以下三个方面：首先，区域一体化可加快整个经济系统的绿色化过程（Ying et al.，2021）。即在经济活动中，能源资源消耗降低、污染排放降低、碳排放降低等，通过资源使用量和环境污染量的减少达到经济活动事半功倍效应。绿色经济是在人类绿色发展模式下，一种以市场为导向、以循环经济与低碳经济为基础、以经济与环境的协同发展为目的新的经济形式，是产业经济为适应人类环保与健康需要而产生并表现出来的一种经济状态。黄河流域依然面临整体发展水平不高和部分地区贫困脆弱性较明显的现实，牺牲未来经济发展空间和居民福利的做法不符合高质量发展的目标。

其次，区域一体化能够提高整个经济系统中，以绿色科技、绿色能源和绿色资本带动的低能耗、适应人类健康与环保的产业或者部门比重。市场未整合时，黄河流域呈现"非均衡赶超"的特点，表现为过度依靠投资拉动、过度依靠拼资源拼环境，最终走出一条粗放式发展的路子（廖文龙等，2020）。这种情况在资源型城市中更加明显，大力发展重化工业使钢铁、水泥、化工等高耗能产业迅速扩张，导致大量的能源消耗和资源投入，在促进产业集群蓬勃发展的同时，呈现"低小散乱"等特征。大批企业均是从家庭作坊起步，生产技术落后、企业规模小、产品附加值低、布局分散无序，成为制约绿色经济的主要障碍。区域一体化不单纯带来经济体制以及产业结构的转型，而是在社会、经济、环境承载能力之内的协同发展。其经济系统中绿色产业和部门处在动态调整的过程，并且要保证转型的过程及阶段性成果的"绿色"性。此外，衡量城市绿色经济的成果要从城市的整个生命周期出发，阶段性成果的衡量更应注重转型的成本支出而不是通过消耗资源取得的效益。

最后，区域一体化可扩大绿色市场的规模，进而对绿色经济产生积极影响。实现绿色经济面临两个障碍：经济系统的物质规模增长受到自然系统资源供给能力的制约，这就是所谓的生态门槛；经济增长能否带来社会福利的持续改善，这就是所谓的福利门槛（宋马林和刘贯春，2021）。无论是从个人消费者还是其他经济参与者的角度出发，其缺乏主动扩大绿色市场规模的动机，因为在现有市场规模下，无法在保持社会福利的同时降低生态成本（向更少的物质支出转型）。区域一体化扩大了绿色市场规模，较大的市场规模是企业实现规模化生产的重要条件，通过区域一体化可以降低企业的生产和交易成本。此外，绿色市场的扩大更有利于实施统一的环境法规。当绿色经济参与者的环境诉求利益一致时，环境保护政策的实施成本和效果会更好，并反过来进一步强化绿色市场的规模。

因此，本书提出以下研究假设：

H2：区域一体化可通过促进绿色经济，进而提升黄河流域绿色发展效率。

三、污染治理路径

（一）污染治理路径的数理推导

污染治理的作用：环境保护与经济增长双赢的可行路径。当 $g_Y > 0$ 时，在式（3-47）和式（3-48）中，分别对 b 求偏导，可知：

$$\frac{\partial g_Y}{\partial b} = 0, \quad \frac{\partial g_P}{\partial b} = -\frac{(\alpha+\beta)(\mu_{GA}HR_{GA}-\tau)+\alpha(\mu_H-\vartheta)}{\beta+\alpha\epsilon}-\beta n < 0 \tag{3-54}$$

$\dfrac{\partial g_Y}{\partial b}=0$ 意味着环境规制的效率 b 对最优经济增长不产生直接影响。$\dfrac{\partial g_P}{\partial b}<0$ 意味着环境规制的效率 b 能够显著减少黄河流域环境污染存量。提升污染治理能力可满足绿色发展效率提升的两个条件。污染治理可视作显著促进黄河流域绿色发展效率的影响路径（贾卓等，2022）。

（二）污染治理路径的理论论证

区域一体化对黄河流域污染治理水平的影响体现在以下两个方面：第一，区域一体化可抑制污染物排放量和污染物排放强度。通过区域一体化，抑制污染物排放总量是区域一体化改善污染治理的基本诉求（Hamulczuk et al.，2019）。从当前世界和国家内部空间发展特征来看，点状的地区污染治理逐渐被块状的区域污染治理协作所取代。在不改变行政区划的基础上，通过地区间污染治理协同合作的加强，区域一体化已经成为突破治理瓶颈约束、解决跨区域污染治理问题、提升地区整体和各个部分竞争力的重要途径。黄河流域各经济主体分布在黄河两岸，拥有共同的生态系统，也面临着类似的发展困境，区域一体化是实现可持续发展目标的重要途径。区域一体化促进了清洁技术的全球性扩散，有利于黄河流域污染型企业的节能减排。同时，区域的发展模式具有惯性，黄河流域覆盖的很多地区并不是区域的增长极，缺乏足够的内生驱动力短时间内完成从"黑色模式"到"绿色模式"的转变，故区域一体化的目标可以聚焦在能否抑制污染物排放强度上，污染物排放强度的改善体现了在区域一体化过程中，治理状态的逐步优化，同时也更符合现有黄河流域的污染治理状态。

第二，区域一体化有助于破解污染治理跨界属性增强与协同治理程度低的矛盾，提升黄河流域环境规制水平（贾卓等，2021）。污染治理由于地理阻隔、产业集聚等因素影响存在连片特征，具有很强的跨界属性。生态环境部公布的《2019中国生态环境状况公报》显示，在环境质量较差的168个重点城市中，中原城市群占10个，山东半岛和关中平原城市群各占2个。在区域一体化过程中，环境规制水平的提升是污染治理水平提升的重要组成部分。区域一体化可发挥环境规制的制度外溢效应，对于黄河流域而言，本地性污染主要影响本地环境，治理责任由本地承担。全域性污染物具有跨界效应，部分地区需要承担来自其他地区排放物的污染治理责任。当面临本地性污染时，区域一体化迫使黄河流域提高环境规制以避免新企业的进入，本地企业污染排放减少，环境质量改善。当面临全域性污染时，在流域各地均不愿意为跨界污染支付治污费用的情况下，区域一体化程度越高，地区间交易成本越低，越容易诱发企业重新选址进而引起"逐底竞争"，但这种情况可通过转移支付进行规避。此外，要实现以生态优先、绿色发展为导向的区域高质量发展，必须打破梯度发展的惯性思维模式，勇于成为制度供给的改革先行者，制度要素的供给是生产要素供给的基础，制度本身的创新，会带来其他生产要素的流动。

因此，本书提出以下研究假设：

H3：区域一体化可通过强化污染治理，进而提升黄河流域绿色发展效率。

四、绿色技术扩散路径

（一）绿色技术扩散路径的数理推导

绿色技术扩散：突破黄河流域绿色发展效率提升瓶颈的路径。由于 ϵ 和 ϑ 在现实世界中通常保持不变，即为既定参数，则提高经济增长速度的方式有三种：提高绿色技术部门的生产效率（μ_{GA}）、加大绿色技术部门的人力资本投入（HR_{GA}）力度和提高人力部门的生产效率（μ_H）。最关键的为绿色技术部门生产效率（μ_{GA}）的提高，因为加大绿色技术部门的人力资本投入（HR_{GA}）力度及提高人力部门的生产效率（μ_H）的本质在于获得更多的绿色技术产出，通过技术和知识外溢抵消其他生产要素规模效益的递减，使经济持续增长。对黄河流域而言，绿色技术和知识外溢无疑是绿色发展效率提升的根本动力，这是基于环境约束的内生增长模型对增长路径的指导。依照式（3-53）以及最优增长路径下 $g_Y > 0$ 的约束，进一步分析 μ_{GA} 的影响：

$$\frac{\partial g_Y}{\partial \mu_{GA}} = \frac{(\alpha+\beta)HR_{GA}}{\beta+\alpha\epsilon} > 0 \tag{3-55}$$

$$\frac{\partial g_P}{\partial \mu_{GA}} = -\frac{(\alpha+\beta)HR_{GA}b}{\beta+\alpha\epsilon} < 0 \tag{3-56}$$

由此可知，绿色技术创新满足绿色发展效率提升的两个条件。绿色技术扩散可视作显著促进黄河流域绿色发展效率的影响路径（许玉洁和刘曙光，2022）。

（二）绿色技术扩散路径的理论论证

区域一体化对黄河流域绿色技术扩散的影响体现在以下四个方面：

第一，区域一体化符合绿色技术扩散影响非对称性的特质（白俊红和刘怡，2020）。黄河流域不同地区在绿色技术密集度、绿色创新资源占有度、绿色技术改善便捷性和绿色经济结构等方面存在巨大的差异，使不同地区的绿色技术创新具有不对等的影响力。在这种不对等的体系结构中，黄河流域高绿色技术创新的地区处在强势位置，低绿色技术创新地区处在弱势位置。处在强势地位的地区引领弱势位置地区的绿色技术创新改进，使弱势位置地区在绿色技术方面开始追随和模仿强势位置地区。

第二，区域一体化可提高绿色技术创新成果的流动性。黄河流域绿色技术创新成果的来源可分为私人部门和公共部门两大部分。对于私人部门而言，尽管存在严格的绿色技术保密行为，但创新成果可以通过专利购买等市场交易行为或者其他无形的绿色技术交流行为，在黄河流域不同创新主体之间流动。对于公共部门而言，其部分绿色技术创新的出发点就在于流域或者流域分段区域内的绿色发展要求。通过不同行政主体之间的合作，实现绿色技术流动（侯世英和宋良荣，2021）。在上述过程中，高绿色技术地区通过绿色技术流动，强化其影响力，巩固其在黄河流域全流域治理方面的领先地位和政策设计能力；对于低绿色技术地区而言，尽管其议价能力尚无显著提升，但其通过承接绿色技术和相关的人员流动，可在相对成本较少的条件下实现由"黑色发展"到"绿色发展"的跨越式发展。

第三，区域一体化伴随着绿色技术的植入性（杨振兵，2016）。绿色技术不同于传统发展模式下的技术，其核心是对基于化石能源的"黑色发展"模式的扬弃。黄河流域有35个城市为资源型城市，其发展模式具有极大的惯性。绿色技术的植入可能会改变其固有生产环节中的诸多部分，促使其整个生产环节发生系统性的改变。在原有技术创新系统被现有绿色技术创新系统植入打破时，区域一体化使绿色技术强势方植入并破坏绿色技术弱势方的创新系统，使其在动态调整后更加符合绿色技术的创新和发展过程。

第四，区域一体化能发挥绿色技术创新的动态适应性。相较于传统创新系统，绿色创新系统不仅需要新的技术，也需要新的创新（张桅和胡艳，2020）。绿色技术创新离不开"绿色"，所以原有的技术创新核心地区未必会保留其自身的先发优势，黄河流域内杨凌所辖的绿色产业中心将会发挥更大的作用。区域一体化使不同地区的绿色技术创新达成一种新的平衡。在这种平衡下，区域一体化的结果体现为低绿色技术地区创新系统的改善和提升。这种适应性的发生，使区域一体化呈现正反馈效应，进而使得黄河流域绿色发展过程中绿色技术创新的特性越来越明显。

因此，本书提出以下研究假设：

H4：区域一体化可通过促进绿色技术扩散，进而提升黄河流域绿色发展效率。

五、影响路径的进一步分析——生产要素配置优化路径

本书依据基于环境约束的内生增长模型，选择并论证了区域一体化对黄河流域绿色发展效率的三条影响路径：绿色经济、污染治理和绿色技术扩散。但已有研究表明，对生产要素配置的优化是区域一体化的必然结果（Christian，2021；唐为，2021），且上述三条路径均未从要素投入视角进行论证，因此本书进一步从要素配置优化角度，分析其作为区域一体化影响黄河流域绿色发展效率的可行路径。

（一）要素配置优化对绿色发展效率的影响

要素配置优化对黄河流域绿色发展效率的影响可分为两个方面：

第一，高流动要素的配置优化可显著改善黄河流域绿色发展效率。高流动要素的代表为劳动力和资本投入，资本、劳动力、技术等生产要素自由流动达到配置优化，可使产业分工合理、优势互补，基本公共服务均等化。

第二，非流通要素的配置优化可显著改善黄河流域绿色发展效率。非流动要素的代表为生态禀赋和土地。生态禀赋是在自然系统中，与人类生产生活密切相关的部分，包括阳光、空气、山河、矿藏、植物、动物、微生物等，是一种看不见、未被统计或未被价值化的生态财富，却是日益稀缺、更加珍贵的人类生存、生产、生活的物质基础，同样也是人类整体财富的重要组成部分。黄河流域生态要素配置优化，一方面，实现经济增长与不可再生资源消耗的脱钩，减少过度垦殖，减少资源损耗，以利于自然系统自身的修复；另一方面，通过主体功能规划等方式保护自然、反哺自然，以物质资本、技术资本的投入换取生态资本，进而改善绿色发展效率。国土空间作为不可移动的生产要素，加上交通运输硬件条件和贸易政策软件条件的不同程度的限制，都严重地制约着产品和服务，以及人力资金、技术和自然资源等生产要素在区域空间上的合理流动和有效配置，其配置优化可影响黄河流域绿色发展整体布局效率的实现和发挥。

（二）区域一体化对要素配置优化的影响

区域一体化可促进黄河流域要素配置优化程度。

第一，区域一体化有助于破解行政区经济对资源要素空间层面配置的制约。在很长一段时期内，地区之间的横向竞争激励地方政府通过财政补贴、税收减免、土地优惠等特惠政策招商引资，以带动当地经济发展。这一区域发展模式与当时人均资本水平低、农村剩余劳动力多、要素流动集聚效应强的发展阶段相适应，能够有力促进物质资本积累，吸引农村劳动力进入城市；但也产生行政区经济，导致地区间市场分割、产业同构等负面后果长期存在。基于体制、机制、政策等不合理形成的人为壁垒，即由地方立法、地方"红头文件"形成的行政壁垒，以及计划经济时期中央立法遗留的权力经济痕迹等带有强烈政策偏好的倾斜式优惠政策限制了中小企业或其他地方产业的公平竞争机会，不仅扭曲市场机制对生产要素的配置，引发体制性产能过剩，还导致各地方产业发展异化为地方政府政策优惠甚至地方政府财力的竞争（葛世帅等，2021）。在新的发展条件下，黄河流域绿色发展要从依靠物质资本积累和劳动力投入转向要素优化配置，通过推进区域一体化，打破行政区经济壁垒，让资源要素在自由流动中实现优化配置，促进毗邻地区产业分工和创新协作，释放出增长新动能（师博和何璐，2021）。

第二，区域一体化有助于要素跨区域高速流动和流动空间半径的扩张。区域一体化减少了市场信息不对称，促进不同市场主体之间沟通交流，相互学习，促使知识和技术的扩散和累计，使要素流动加速，引导生产要素从低效率地区流向高效率地区，减少资源闲置浪费，使要素配置趋于合理化，从而提高资源利用程度，提升生产效率。区域一体化可以提高生产要素供求的匹配度。同时，区域一体化有利于形成管理标准和生产标准，可以降低企业内外部交易成本，提高生产要素利用效率。此外，区域一体化可以帮助企业更准确地识别消费者需求，有利于实现精细化生产，降低经营风险，提高生产效率。因此，要素分布和生产效率越合理，地区的绿色发展效率就越高（邓楚雄等，2021）。具体到黄河流域，区域一体化随着流域绿色发展阶段的演进，人均资本逐步增加，物质资本回报率开始下降；同时，劳动力供求出现转折，"城城流动"对绿色发展效率的贡献显著提升（汪泽波，2016）。在传统经济模式下，人口、产品等要素的跨区域流动，通常会随着地区经济规模的扩大、交通基础设施体系的完善而增长。但黄河流域要素的流动在基础设施条件显著改善的情况下却出现了与之相反的趋势。主要的原因是新一轮生产方式、经济活动组织模式的变革。由于经济数字化水平的提高，发达地区工业、服务业等领域信息技术的应用更加广泛，产生了显著的劳动力替代效应，同时一些传统的服务部门和专业技术服务等服务性产品的数字化，都在一定程度上减少了劳动力跨区域流动的需求。

第三，在区域一体化后，尽管基于体制、机制、政策等不合理形成的人为壁垒会相对缩小，但由区域内部的山川、河流等自然因素形成的空间阻隔，以及历史人文、习惯差异等形成的流通阻隔带来的要素流通阻隔不会消失（董景荣和郭明诏，2021）。整体来看，区域一体化对要素配置优化的作用是显著的。

因此，本书提出以下研究假设：

H5：区域一体化可通过促进生产要素配置优化，进而改善黄河流域绿色发展效率。

本章小结

　　本章构建了全书的理论分析框架。在评价黄河流域市场有效性和阐述黄河流域绿色发展阶段的基础上，本章拟通过对黄河流域区域一体化影响绿色发展效率的机理与路径的理论研究，构建黄河流域区域一体化对绿色发展效率影响的理论分析框架，克服现有黄河流域区域一体化与绿色发展系统研究的不足。

　　第一，基于扩展的区域分工理论、外部性理论、知识关联理论，构建区域一体化影响绿色发展效率的理论分析模型。鉴于此，本书考虑到黄河流域地区的发展阶段和地理特点，构建黄河流域绿色发展效率测度指标。

　　第二，基于高绿色技术驱动低绿色技术的增长模型，证明了区域一体化有利于绿色发展效率，区域一体化通过消除技术鸿沟，促进高绿色技术地区和低绿色技术地区绿色发展效率的趋同。据此，提出研究假设。

　　第三，从区域一体化的绿色经济路径、污染治理路径、绿色技术扩散路径和要素配置优化路径四个角度出发，论证区域一体化对黄河流域绿色发展效率的影响机制，弥补了已有文献缺乏区域一体化对绿色发展效率影响路径系统性研究的缺陷，并提出研究假设。

第四章　黄河流域区域一体化与绿色发展效率的测度

本章以黄河流域所有沿线城市为研究对象，充分考虑黄河流域地区的发展阶段和地理环境特征，采用相对价格法对黄河流域区域一体化和绿色发展效率进行测度；采用非参数方法和绿色 GDP 对黄河流域绿色发展效率进行测度。在测度基础上进一步分析黄河流域区域一体化和绿色发展效率的时序演变和空间分布演化，厘清黄河流域区域一体化和绿色发展效率的时空演化特征现状。

第一节　区域一体化的测度
——基于相对价格法

一、测度方法

（一）相对价格法的选取依据

研究区域一体化对黄河流域绿色发展效率的影响，需要地级行政区层面上的面板数据库。在已有研究中，测度区域一体化的方法有基于投入产出角度的贸易流量法和相对价格法（Burstein & Gopinath，2014）；从研究频率选择上，有基于月度波动数据和年度统计数据的计算方法（Parsley & Wei，2001；Dvir & Strasser，2018）；从实际数据选取上，有基于产品实际价格差值和价格指数差的计算方法（Parsley & Wei，2001；张昊，2016）。从第三章的理论分析中可知，区域一体化有助于降低交易成本和提高区域一体化程度，从而对经济效率产生显著影响。Parsley 和 Wei（2001）从这个角度出发，利用常见消费品的相对价格来分析交易成本的降低程度和区域一体化的提高程度，简称"相对价格法"。相对价格法的理论依据在于"冰山成本"模型（Samuelson，1964），该理论认为，由于两个区域之间存在各种形式的交易成本，商品价值在相互交易的过程中会和冰山一样融化一部分，故两个区域之间的价格在完全套利的情况下不会完全相等，必然存在相对的价格差。假设存在地区 a 和地区 b 两个地区，商品 m 在地区 a 和地区 b 的价格（或价格指数）分别为 P_a^m 和 P_b^m，假设两地的每单位商品 m 的交易成本为 θ，当且仅当

$$P_a^m(1-\theta)>P_b^m \tag{4-1}$$

或

$$P_b^m(1-\theta)>P_a^m \tag{4-2}$$

时，套利条件得到满足，a 地区和 b 地区对商品 m 进行交易。在本书中，交易成本不仅取决于两个地区的地理障碍，还取决于两个地区的行政壁垒。以黄河流域城市为例，天水市在地理位置上更加接近关中地区，在与陕西省的经济联系也较强，鉴于此，2010 年国务院批准、国家发改委规划成立了关中—天水经济区（西安市、咸阳市、宝鸡市、渭南市、铜川市、商洛市、天水市）。但由于从行政区划上，天水市属于甘肃省，已有研究证明，对于非本行政区域的城市（天水市），忽视由于行政区划所带来的政治壁垒的结果就是区域一体化政策的负向作用（李国平和李宏伟，2018）。

（二）相对价格法的测算过程

本书采用相对价格法构建区域一体化指数（陆铭和陈钊，2009）。相对价格法要求三维（$t \times n \times z$）的面板数据，其中，t 为样本年份，n 为黄河流域地级行政区，z 为商品种类。对面板数据采取如下构建方式：①原始数据选取 2005~2021 年黄河流域 62 个行政区的居民分类消费价格指数，利用相对价格法构建面板数据，进而计算黄河流域区域一体化指数。2005~2021 年涵盖了我国"十一五"至"十三五"规划的绝大多数年份，从数据可获得角度来看，地级行政区层面的价格指数数据在 2005 年后才逐渐在《中国城市统计年鉴》和各个省市统计年鉴中得到完善。以自然黄河流域为基础，基于李敏纳等（2011）对黄河流域空间单元的选取，将黄河流经的青海、四川、甘肃、宁夏、内蒙古、陕西、山西、河南和山东 9 个省份的 73 个地区（指地级市或州或盟）视作拟定研究区域，由于处于黄河流域的部分少数民族自治州和作为省属辖区的河南省济源市，数据缺失严重，故只能选择黄河流域 62 个地级单位作为研究对象。②由于《中国城市统计年鉴》在价格指数方面的统计数据缺失年份较多，而各省份统计年鉴对价格指数分类的依据不同，同时也不能保证数据的连续性，如在 2008 年以前的年鉴中将燃料类价格指数视作价格指数的重要部分，但之后的统计年鉴较少提及。故依据已有文献的做法，选用八类居民消费价格指数，分别为食品类、烟酒及用品类、衣着类、家庭设备及用品类、医疗保健类、交通和通信类、娱乐教育文化类和居住类（张可，2019）。部分地区无食品类和烟酒及用品类的价格指数，仅有食品

烟酒类价格指数这一统计项目，本书食品类、烟酒及用品类的价格指数均选择该指数。③数据处理的关键前提是对 62 个地级单位及其地理相邻地区进行匹配，本书依照 ARCGIS 软件对黄河流域的地级市及其邻近地区进行匹配，将匹配限定在相邻地区有两个理由：第一，本书可以利用相邻地级市的区域一体化指标，进一步计算出每一个地级市的区域一体化状况，构建相应的区域一体化的面板数据；第二，从实际运用该方法的文献来看，除少部分测算运用了所有省份配对以外（付强和乔岳，2011），大部分研究都采用相邻省份（城市）配对来进行计算。除控制距离因素对结果带来的差异外，这种计算方法使两地存在商品流动的假设更为合理。从测度的结果来看，刘小勇和李真（2008）的研究表明，采用地理相邻地区匹配和采用全部地区匹配的价格波动方差基本一致。具体匹配情况如表 4-1 所示。

表 4-1　黄河流域地级市及其相邻城市

地区	ID	相邻城市	地区	ID	相邻城市
太原市	1	阳泉、晋中、忻州、吕梁	包头市	13	呼和浩特、鄂尔多斯、巴彦淖尔、乌兰察布
大同市	2	朔州、忻州、乌兰察布	乌海市	14	鄂尔多斯、石嘴山
阳泉市	3	太原、晋中	鄂尔多斯市	15	乌海、石嘴山、银川、吴忠、包头、呼和浩特、巴彦淖尔、榆林、忻州
长治市	4	晋城、晋中、临汾、安阳、新乡	巴彦淖尔市	16	鄂尔多斯、包头
晋城市	5	长治、运城、临汾、新乡、焦作	乌兰察布市	17	包头、呼和浩特、朔州、大同
朔州市	6	大同、忻州、呼和浩特、乌兰察布	济南市	18	聊城、泰安、莱芜、淄博、滨州、德州
晋中市	7	太原、阳泉、长治、临汾、吕梁	青岛市	19	潍坊
运城市	8	晋城、临汾、焦作、三门峡、渭南	淄博市	20	济南、潍坊、莱芜、东营、滨州
忻州市	9	太原、阳泉、吕梁、大同、朔州、呼和浩特、鄂尔多斯、榆林	东营市	21	滨州、淄博、潍坊
临汾市	10	吕梁、晋中、长治、运城、晋城、榆林、延安	潍坊市	22	淄博、青岛、东营
吕梁市	11	太原、忻州、晋中、临汾、榆林	济宁市	23	泰安、菏泽、濮阳
呼和浩特市	12	包头、乌兰察布、忻州、朔州、鄂尔多斯	泰安市	24	济南、莱芜、济宁、聊城、濮阳

地区	ID	相邻城市	地区	ID	相邻城市
莱芜市	25	济南、淄博、泰安	渭南市	44	三门峡、运城、延安、商洛、西安、咸阳、铜川
德州市	26	济南、聊城、滨州	铜川市	45	咸阳、渭南、延安
聊城市	27	德州、濮阳、泰安、济南	榆林市	46	鄂尔多斯、吴忠、庆阳、延安、忻州、吕梁
滨州市	28	济南、德州、淄博、东营	商洛市	47	三门峡、渭南、西安
菏泽市	29	济宁、濮阳、开封、新乡、商丘	兰州市	48	海东、白银、定西、武威
郑州市	30	新乡、开封、洛阳、焦作	白银市	49	平凉、中卫、武威、固原、兰州、定西
开封市	31	菏泽、商丘、郑州、新乡	平凉市	50	庆阳、固原、天水、定西、宝鸡、咸阳、白银
洛阳市	32	三门峡、焦作、郑州	天水市	51	平凉、定西、宝鸡、陇南
安阳市	33	鹤壁、新乡、长治、濮阳	武威市	52	兰州、白银、海东
鹤壁市	34	安阳、新乡	庆阳市	53	吴忠、中卫、固原、平凉、咸阳、延安、榆林
新乡市	35	安阳、鹤壁、晋城、焦作、郑州、开封、菏泽、濮阳、长治	定西市	54	兰州、天水、陇南、白银
焦作市	36	运城、晋城、郑州、新乡、洛阳	陇南市	55	定西、天水、宝鸡
濮阳市	37	济宁、菏泽、泰安、聊城、新乡、安阳	西宁市	56	海东
三门峡市	38	运城、渭南、商洛、洛阳	海东市	57	西宁、武威、兰州
商丘市	39	开封、菏泽	银川市	58	鄂尔多斯、石嘴山、吴忠
西安市	40	商洛、宝鸡、咸阳、渭南	吴忠市	59	银川、中卫、庆阳、榆林
延安市	41	榆林、吕梁、临汾、渭南、咸阳、铜川、渭南	石嘴山	60	银川、鄂尔多斯、乌海
宝鸡市	42	西安、咸阳、天水、陇南、平凉	固原市	61	中卫、吴忠、庆阳、平凉
咸阳市	43	平凉、宝鸡、渭南、庆阳、西安、铜川	中卫市	62	固原、吴忠、白银

将相邻行政区进行匹配，令：

$$|P_{imt}^z| = |\ln(P_{it}^z/P_{it-1}^z) - \ln(P_{mt}^z/P_{mt-1}^z)| \tag{4-3}$$

式（4-3）可转化为：

$$\left| P^z_{imt} \right| = \left| \ln \left(P^z_{it} / P^z_{mt} \right) - \ln \left(P^z_{it-1} / P^z_{mt-1} \right) \right| \tag{4-4}$$

其中，P 为价格指数，i 和 m 分别为各个城市，z 为第 z 类商品，t 为对应的年份，$\left| P^z_{imt} \right|$ 为相对价格的差分绝对值。黄河流域地级行政区的价格指数均来自统计年鉴，公式转化为式（4-4）可以方便地利用其环比特性，同时取对数也很好地缓解了数据异方差和偏态性，取绝对值后也解决了城市配对中摆放顺序的问题。为了更准确地度量特定市场的整合程度，还需要剔除 $\left| P^z_{imt} \right|$ 中由商品异质性导致的不可加效应。例如，同一时期黄河流域内城市 i 和 m 的食品类商品中的苹果发生价格变动，可分解为两部分：一部分变动与苹果自身的特性相关，如当地的自然条件会对苹果产量产生影响，进而影响价格；另一部分来自贸易壁垒和行政壁垒带来的市场环境影响和其他随机因素，市场环境因素有地方政府出于贸易保护主义而采取的禁令，其他随机因素如种植地自然灾害。若不消除第一部分因素对 $\left| P^z_{imt} \right|$ 的影响便与其他种类的商品价格指数加总求方差，计算值可能会高估由贸易壁垒形成的实际方差值。计算方式如下：

$$\left| P^z_{imt} \right| - \overline{\left| P^z_t \right|} = \left(\alpha^z - \overline{\alpha^z} \right) + \left(\varepsilon^z_{imt} - \overline{\varepsilon^z_{imt}} \right) \tag{4-5}$$

其中，α^z 仅与商品种类 Z 相关，为固定效应带来的系统性偏误；ε^z_{imt} 为由两个地区市场环境不同而产生的价格差别；$\overline{\left| P^z_t \right|}$ 为全部配对地区在 t 年 z 类商品 $\left| P^z_{imt} \right|$ 的平均值。计算方差 VP_{imt}：

$$VP_{imt} = Var \left(\left| P^z_{imt} \right| - \overline{\left| P^z_t \right|} \right) \tag{4-6}$$

方差 VP_{imt} 可判断不同地区价格指数的波动范围，进而判断地区市场的分割程度，VP_{imt} 越大，代表市场贸易条件越差，市场分割越严重。对 8 类商品的 VP_{imt} 取均值后再取倒数，即可得区域一体化指数 Con_{it}。为方便后续章节的回归，对其取自然对数值。

二、黄河流域区域一体化的时序变化特征

通过上述对黄河流域区域一体化的测度发现，由于各类消费价格指数在不同年份存在较为明显的波动，故观察黄河流域具体城市的区域一体化程度，发现其并未表现出很明显的趋势特征，这与研究时间段内其他经济社会变量存在明显的差异，区域一体化的这种特征也有助于文章实证部分对内生性问题的处理。

（一）黄河流域区域一体化时序变化的整体特点

从全流域和流域分段的角度看，黄河流域区域一体化程度波动上升，上中下游地区均呈现波动递增的格局，如图 4-1 所示。2005~2021 年，黄河流域区域一体化程度上升 7.3%，全流域的拐点时间为 2009 年和 2015 年。受 2008 年全球金融危机影响，黄河流域区域一体化程度的增长势头被短暂遏制，但随着中国快速

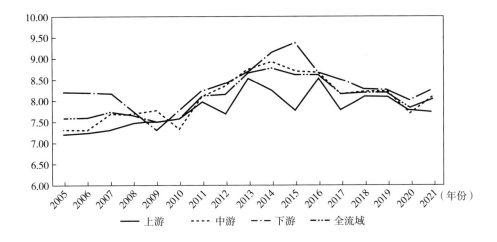

图4-1 黄河流域区域一体化程度

摆脱金融危机，区域一体化程度伴随经济复苏全面上升，直至2015年后开始逐渐下降，市场分割程度逐渐加强。造成这种情况的现实原因主要有三点：①"先试点、后推广"是中国区域发展政策的一个重要特点，得益于"长三角"地区成功的示范效应，截至2017年12月，以国务院明确批准、国家发改委明确出台的规划为依据，共有四个旨在促进黄河流域区域一体化的经济区规划，分别为关中—天水经济区（2010年）、呼包银榆经济区（2013年）、中原经济区（2013年）和山东半岛蓝色经济区（2011年）。这些规划的目的在于破除已有的行政壁垒，促进要素流通和区域合作，产生了较好的政策效果，这也是黄河流域区域一体化在2009~2014年保持稳步上升的原因。但李宏伟和李国平（2021）基于多期DID和合成控制法对这种区域一体化政策的政策效应进行评估，发现这种政策效应多集中于短期（三年内），故2015年后伴随政策作用的失效，区域一体化程度开始下降。②以高新区、开发区和国家级新区为代表的区域发展政策的兴起。这类政策与所在属地高度绑定，而非追求跨区域协调发展；区域面积较小，便于属地直接管辖和颁布类似税收优惠的措施。与属地高度绑定的政策在一定程度上满足了地方政府保护主义的要求，促进了黄河流域的市场分割，各地区将自身资源逐渐投资到当地，而非追求跨区域流动。同时，地方政府在进行区域发展的经济决策中存在明显的"同群效应"（邓慧慧和赵家羚，2018），其经济政策的决定和执行依赖周边地区的情况，在这种情况下，除了必须由国家层面进行审批和规划的国家级新区，其余类似高新区和开发区的政策被大量模仿，不仅通过行政命令阻碍资源禀赋的自由流通和区域一体化的进程，重复的大规模投资也造成了大量的资源浪费。③2015 年，生态文明建设首度被纳入国家五年规划，黄河流域区域面临从传统发展模式转型的任务，传统粗放投资和开发模式不可持续，低效率的投资逐渐被停止。淘汰落后产能和治理环境问题成为接下来一段时间政府工作的重点，各地区关停低端制造业、养殖业和高污染企业，黄河流域所处区域多有不发达地区，面临经济社会发展和生态环境治理的双重压力，在短期增长势头受挫的背景下，地方政府倾向于采用市场分割来保证现有的存量，同时在这样的政策大背景下，地方竞标赛式的竞争无法避免，"以邻为壑"的政策将被用来提高自身的相对表现（陆铭等，2019）。

（二）黄河流域区域一体化具体测度结果

黄河流域上中下游的区域经济一体化程度均在波动中上升，除了在 2009 年中游地区大于下游地区，其余年份下游地区均领先全流域和上中游。以平均值而论，2005~2021 年黄河流域区域经济一体化平均值的大小关系为下游>中游>上游，从提升速度来看，则为中游>上游>下游。中游对下游的追赶是黄河流域区域经济一体化的重要特点。黄河流域中游地区主要包括以西安和太原为中心的两大城市群，两大城市群之间被太行山脉和黄河所阻隔，相较于下游地区开阔的平原，在地理条件上存在天然的劣势。从区域经济一体化的演变程度来看，黄河流域中游依托核心城市的区域发展规划取得了较为显著的成果，在逐步缩小与下游地区的差距。表 4-2 汇报了黄河流域 62 个城市具体的区域一体化测算结果，为本书的后续研究提供了坚实的基础。

表 4-2　黄河流域区域一体化程度

城市 \ 年份	2005	2006	2007	2008	2009	2010	2011	2012	2013	2014	2015	2016	2017	2018	2019	2020	2021
太原	7.97	7.96	7.93	7.37	7.66	7.57	7.88	8.67	9.14	9.60	9.06	8.92	9.16	7.79	7.80	7.73	8.34
大同	7.13	7.12	7.87	7.85	7.92	7.40	7.43	8.24	8.88	9.14	8.44	8.62	8.64	9.15	9.16	7.42	8.42
阳泉	8.13	8.12	7.29	7.70	7.22	7.60	7.77	8.75	9.82	9.31	9.16	9.62	7.84	7.85	7.69	8.60
长治	7.88	7.86	7.51	7.81	7.85	6.99	7.99	8.17	8.42	8.86	8.30	8.09	8.94	8.39	8.40	7.49	8.06
晋城	7.11	7.09	7.58	7.99	7.26	6.65	8.27	8.46	8.61	8.81	8.39	8.26	8.89	8.18	8.19	7.46	8.05
朔州	6.84	6.83	7.89	7.73	7.88	7.42	7.54	8.45	8.85	8.94	9.10	8.81	8.15	8.66	8.67	7.48	8.30
晋中	7.31	7.30	8.41	7.60	7.29	7.29	7.83	8.39	9.37	9.12	8.76	8.65	9.79	8.03	8.04	7.56	8.38
运城	7.52	7.51	7.60	8.23	8.08	6.87	8.42	8.48	8.96	8.90	8.54	8.45	7.29	7.76	7.77	7.65	7.83
忻州	7.49	7.48	7.94	7.77	7.75	7.58	8.43	7.88	8.85	9.04	8.18	8.86	7.41	7.80	7.81	8.01	7.86
临汾	7.25	7.24	7.79	7.62	7.86	7.43	8.17	8.38	8.42	8.70	8.68	8.43	8.21	8.28	8.29	7.80	8.01

续表

年份 城市	2005	2006	2007	2008	2009	2010	2011	2012	2013	2014	2015	2016	2017	2018	2019	2020	2021
吕梁	7.11	7.10	7.43	7.84	7.43	6.90	8.34	9.18	9.17	8.25	8.11	8.10	8.37	7.74	7.75	7.62	7.80
呼和浩特	6.66	6.65	7.44	7.66	8.03	8.00	7.57	7.58	8.73	8.97	8.55	8.78	7.63	8.35	8.36	7.79	8.06
包头	8.30	8.28	8.08	7.95	7.75	8.24	7.60	7.19	8.51	9.14	7.53	9.89	6.92	8.05	8.06	7.92	7.89
乌海	8.44	8.43	7.86	8.31	8.02	8.22	7.73	7.44	9.06	9.57	7.97	10.69	7.08	8.78	8.78	7.98	8.40
鄂尔多斯	7.81	7.79	8.15	7.96	8.29	7.71	8.11	7.41	8.54	8.51	8.15	8.60	7.53	7.84	7.84	7.91	7.74
巴彦淖尔	8.01	8.00	7.73	7.34	9.05	7.94	7.81	6.51	9.70	9.08	7.48	8.28	7.71	8.89	8.90	7.88	8.15
乌兰察布	6.52	6.51	7.65	8.08	7.65	8.16	8.28	8.70	8.51	9.44	8.94	8.74	7.94	8.09	8.09	8.22	8.11
济南	8.46	8.45	8.16	7.38	7.80	8.34	8.49	8.42	8.91	8.81	9.75	8.88	7.90	8.26	8.23	8.42	8.24
青岛	7.06	7.05	7.08	7.93	5.98	7.92	7.09	7.76	9.11	9.29	8.56	7.72	8.29	9.60	9.57	7.51	8.43
淄博	9.08	9.07	8.50	7.83	6.59	7.99	7.88	8.19	8.73	8.64	9.54	8.41	8.08	8.20	8.17	7.94	8.11
东营	9.12	9.12	8.13	7.76	6.70	7.78	8.10	7.78	9.03	9.54	9.85	8.75	8.82	8.79	8.76	7.94	8.62
潍坊	8.00	7.99	7.58	7.53	7.02	8.06	7.66	7.88	8.86	8.61	9.16	8.61	8.62	7.51	7.48	7.86	7.99
济宁	7.78	7.77	8.30	7.05	6.51	7.29	8.40	8.79	8.24	8.72	9.69	8.67	8.66	7.81	7.78	7.85	8.08
泰安	8.11	8.10	8.15	7.75	7.16	7.57	7.32	8.45	8.84	8.77	9.82	8.22	7.87	8.14	8.11	7.45	8.11
莱芜	8.40	8.39	9.34	7.19	7.06	7.97	8.41	8.87	8.17	8.93	8.91	9.49	8.67	7.93	7.90	8.19	8.14
德州	8.36	8.35	7.71	9.50	7.66	7.97	8.38	8.52	8.42	9.73	9.92	9.20	8.78	8.80	8.77	8.18	8.63
聊城	7.80	7.79	8.36	7.23	6.87	7.36	7.93	8.44	8.19	9.17	9.48	8.87	8.11	7.59	7.56	7.65	8.00
滨州	8.34	8.33	8.30	7.46	8.03	8.37	8.85	9.33	8.79	8.70	10.00	8.83	8.57	8.56	8.53	8.61	8.41
菏泽	8.18	8.17	8.47	8.05	7.59	7.37	8.38	8.17	9.01	9.25	9.10	8.15	8.76	8.12	8.09	7.88	8.21
郑州	8.00	7.99	8.46	8.18	7.91	8.37	8.21	8.44	9.02	9.15	9.62	9.16	8.40	7.58	7.55	8.29	8.21
开封	8.37	8.36	8.50	7.70	7.56	7.54	8.76	8.83	9.03	9.47	9.00	8.01	8.89	8.34	8.31	8.15	8.29
洛阳	8.32	8.31	8.40	8.91	7.86	8.51	8.55	8.52	8.94	10.40	10.09	8.90	9.62	8.19	8.20	8.53	8.73
安阳	7.43	7.42	7.67	6.67	7.22	7.24	8.59	8.41	8.46	9.13	8.34	9.02	8.24	8.21	7.92	8.19	
鹤壁	8.69	8.68	7.22	7.49	8.35	9.36	8.90	8.03	8.19	9.74	9.97	9.01	8.97	10.23	10.20	9.13	9.00
新乡	7.54	7.53	7.90	7.56	7.48	7.55	8.30	8.73	8.67	9.19	9.04	8.17	8.93	8.01	7.98	7.93	8.14
焦作	7.86	7.85	8.37	8.27	7.88	6.80	8.46	8.63	8.75	8.93	8.88	8.17	8.37	8.51	8.52	7.63	8.16
濮阳	7.74	7.73	7.60	7.65	6.56	7.75	8.06	8.13	8.91	8.99	9.03	8.40	8.54	7.94	7.91	8.10	
三门峡	7.40	7.39	7.30	7.56	7.59	6.92	8.00	7.74	8.26	9.01	8.58	9.16	7.06	7.58	7.59	7.46	7.77
商丘	10.41	10.40	10.10	8.01	7.41	7.02	8.65	8.92	9.00	9.52	8.71	9.78	8.09	8.16	8.13	7.84	8.33
西安	7.35	7.34	7.99	7.78	8.10	7.73	8.23	8.51	8.56	9.03	8.82	8.93	8.59	9.20	9.21	7.98	8.46
铜川	7.13	7.12	7.83	7.62	7.69	7.22	7.85	7.90	8.05	8.79	9.51	9.58	8.08	8.85	8.86	7.54	8.38

续表

年份 城市	2005	2006	2007	2008	2009	2010	2011	2012	2013	2014	2015	2016	2017	2018	2019	2020	2021
宝鸡	6.82	6.80	6.76	6.89	7.88	7.60	7.81	8.40	9.12	8.71	9.00	8.42	7.78	7.79	7.80	7.71	7.96
咸阳	6.93	6.92	7.04	6.99	8.04	7.84	8.00	8.20	8.18	9.01	8.59	8.28	7.66	8.27	8.28	7.92	7.91
渭南	7.40	7.39	7.60	7.52	7.93	7.40	8.72	8.23	8.38	8.68	8.82	9.22	7.16	7.87	7.88	8.06	7.87
延安	7.15	7.14	7.87	7.39	7.64	7.30	8.41	8.35	8.27	8.92	8.10	8.10	7.25	8.40	8.41	7.86	7.80
榆林	7.33	7.32	7.72	7.57	7.95	7.30	8.13	7.76	8.41	8.67	8.14	8.57	7.13	8.00	8.01	7.72	7.73
商洛	7.18	7.17	7.82	8.89	8.22	7.48	8.52	8.32	8.89	9.20	9.04	9.27	7.00	8.03	8.04	8.00	8.08
兰州	6.61	6.59	6.66	6.64	6.54	6.32	8.39	7.52	8.46	5.59	5.49	8.00	8.09	9.03	9.03	7.36	7.29
白银	6.66	6.65	6.24	6.61	7.30	7.91	8.22	8.06	9.01	8.64	8.65	8.49	8.07	8.27	8.28	8.07	8.06
天水	6.60	6.59	6.39	6.59	7.10	8.09	8.43	8.77	8.06	8.40	8.90	8.59	7.86	8.79	8.80	8.26	8.06
武威	7.82	7.81	7.86	7.72	6.54	6.10	8.53	7.54	8.90	5.26	5.26	7.68	9.06	8.19	8.20	7.32	7.13
平凉	6.65	6.63	6.47	6.42	7.42	7.34	7.86	8.03	8.43	8.88	8.39	8.16	7.75	7.95	7.96	7.60	7.81
庆阳	6.94	6.93	6.91	7.24	7.58	7.62	7.86	7.77	8.31	8.44	8.62	8.32	7.74	8.38	8.39	7.74	7.90
定西	7.20	7.19	7.19	7.19	7.22	6.83	8.03	8.14	7.94	9.72	8.74	8.88	8.59	7.81	7.82	7.43	8.08
陇南	7.08	7.07	7.05	7.14	8.58	8.15	8.52	8.65	8.46	9.03	8.25	8.97	8.71	7.63	7.63	8.34	7.96
西宁	5.33	5.32	7.52	8.65	5.55	5.60	6.67	6.75	7.84	4.37	4.14	6.31	7.84	8.13	8.14	6.14	6.35
海东	5.63	6.59	6.67	6.67	6.60	6.66	6.75	7.03	7.03	7.04	7.03	7.03	7.01	6.66	6.68	6.71	6.58
银川	8.30	8.29	8.42	8.00	7.66	8.08	8.50	7.29	8.65	8.74	8.11	10.33	6.97	7.60	7.60	8.29	7.87
石嘴山	8.14	8.13	8.51	8.09	7.95	8.31	7.68	7.67	9.03	8.54	8.14	8.10	7.18	7.75	7.76	8.00	7.67
吴忠	7.59	7.58	7.10	7.91	7.76	8.06	8.62	7.67	8.07	8.56	8.10	8.64	7.53	7.83	7.84	8.34	7.68
固原	7.17	7.16	7.03	7.13	7.31	7.74	7.93	7.60	8.48	8.69	8.11	8.25	7.89	7.98	7.98	7.84	7.79
中卫	8.06	8.05	6.66	7.84	7.75	8.06	8.44	8.27	9.17	8.66	8.94	7.94	8.38	7.94	7.94	8.25	8.00

(三) 黄河流域区域一体化与其他地区的比较

指数的重要作用就是进行比较研究，在详细分析黄河流域全流域和上中下游区域经济一体化时序演变特点的基础上，一个值得关注的问题是，黄河流域的区域经济一体化程度在全国范围内究竟处在何种位置？另一个值得关注的问题是，相较于长江流域，两者一体化程度的差距会呈现怎样的变化趋势。鉴于此，本书采用相对价格法测算了全国和长江流域的区域经济一体化程度，与黄河流域进行比较。基于测算难度的考虑和数据获取的难易程度，全国和长江流域的区域经济一体化测算并非基于地级市的层面，而是基于省份层面。全国范围的区域经济一体化数据是 30 个省份区域经济一体化数据的平均值，长江流域的区域经济一体化指数是长江流域途径 11 个省份的区域经济一体化数据的平均值。具体数据如表 4-3 所示。

表 4-3 2005~2021 年全国及黄河流域区域经济一体化指数

年份地区	2005	2006	2007	2008	2009	2010	2011	2012	2013	2014	2015	2016	2017	2018	2019	2020	2021
全流域	7.60	7.60	7.73	7.64	7.52	7.58	8.11	8.15	8.66	8.78	8.63	8.62	8.16	8.19	8.19	7.84	8.04
上游	7.22	7.25	7.31	7.48	7.51	7.58	7.98	7.69	8.52	8.25	7.79	8.51	7.78	8.09	8.10	7.78	7.74
中游	7.32	7.31	7.69	7.69	7.76	7.35	8.09	8.35	8.76	8.93	8.70	8.67	8.17	8.21	8.22	7.72	8.10
下游	8.20	8.19	8.16	7.76	7.31	7.78	8.24	8.41	8.71	9.15	9.37	8.68	8.50	8.28	8.25	8.01	8.27
全国	7.97	7.75	8.65	7.43	8.51	8.51	8.94	8.70	8.78	9.79	9.26	8.71	9.01	8.76	8.81	8.34	8.91
长江流域	8.10	7.81	8.66	7.54	8.41	8.66	9.16	8.57	8.50	9.71	9.37	8.47	8.64	9.07	8.84	8.66	9.01

资料来源：依据第四章中的式（4-3）至式（4-6）计算整理，为方便后续章节的回归，表中展示的是其自然对数值。

从时序演变趋势来看，黄河流域、长江流域和全国的区域经济一体化演变趋势较为相似，均为先波动上升后波动下降，极大值点均落在 2014 年和 2015 年处。从具体区域来看，黄河流域仅下游地区在 2005~2008 年有较高的区域经济一体化程度，其他情况下，黄河流域的区域经济一体化程度不仅落后于长江流域，也落后于全国，黄河流域的区域经济一体化程度整体仍未达到全国平均水平，更与超过全国平均水平的长江流域在绝对值和相对值变化上均存在显著的差异，黄河流域区域经济一体化不仅面临内部因发展水平不一致产生的压力，也面临发达地区对流域整体的压力。

三、黄河流域区域一体化的空间特征

依据测算结果，对黄河流域区域一体化程度以 2005 年和 2021 年为考察剖面，绘制黄河流域全流域和上中下游的核密度图，以反映黄河流域区域一体化程度的空间分布特征，具体情况如图 4-2 所示，由图可知，黄河流域的区域一体化呈现"收敛"和"右移"两大特点。2005~2021 年，黄河流域区域一体化的核密度曲线呈现单波峰特征，相较于分布更加分散的 2005 年，2021 年区域一体化程度逐渐聚集在波峰附近；区域一体化程度较高的地区数量并未显著增加，但区域一体化程度较低的地区数量显著减少，曲线呈现出明显的右偏特征，表明有一定数量的城市区域一体化程度显著高于其他地区，大多数地区的区域一体化程度缓慢上升。从流域分段的核密度图可知，黄河流域上游的核密度曲线在 2021 年

呈现双波峰的特征，相较于 2005 年的曲线，上游地区在区域一体化显著增长的同时，也形成了部分区域一体化程度高的核心城市，极化效应更加明显；黄河流域中游的核密度曲线从 2005~2021 年呈现出平行移动的特点，说明中游地区不仅显著提高了自身城市的区域一体化程度，而且在提高的过程中注重区域协调，并未对中游地区内部的分布态势产生显著冲击；黄河流域下游的核密度曲线在收敛并减少部分低分布的同时，其峰值并未发生显著变化，这意味着下游区域一体化程度的提高依赖于低区域一体化程度地区自身的改善。

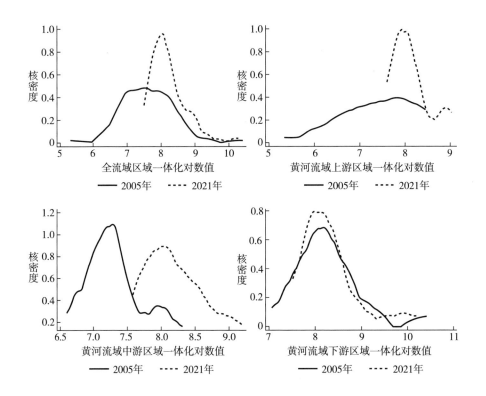

图 4-2 黄河流域区域一体化核密度图

进一步分析可知：①2005~2021 年，黄河流域区域一体化的程度整体显著提高。上游地区的各个地级行政区摆脱了低区域一体化程度的阶段；中游地区依托陕西和山西两省份的核心城市，区域一体化程度提升幅度最大；下游地区在维持已有较高水平的区域一体化的基础上，个别城市的区域一体化程度也得到了显著改善。②高区域一体化程度城市与已规划的城市群高度重合。2021 年高区域一体化程度城市所在区域基本覆盖兰—西城市群、呼包银榆城市群、关中城市群、太原城市群、中原城市群和山东半岛城市群，依托行政规划或者地理特征，呈现明显的聚集态势，表明已有的区域一体化进程依然难以跨越行政和地理边界。

第二节　黄河流域绿色发展效率的测度
——基于超效率 SBM 模型

一、测度方法

（一）超效率 SBM 的特点

相较于传统 DEA 模型，SBM 模型将松弛变量加入 DEA 模型，解决了投入产出的松弛性问题。但 SBM 模型在测量效率值时会出现多个决策单元效率值均为 1 而无法排序的问题，黄河流域区域差异巨大，为清楚反映各个地区的效率值，本书采用超效率 SBM 模型（Tone，2001）。在此基础上，将期望产出和非期望产出纳入生产率框架，构建了衡量黄河流域绿色发展效率的指数。另外，如果假设生产可能性集是有界集和闭集，它还须满足三个关键条件：一是自由处置预期产出和投入，二是非期望产出满足"弱可处置性"，三是"零组合"公理。本书使用数据包络分析方法（DEA）对方程的生产可能性集进行建模。需要说明的是，数据包络分析是一种根据要素数据得到相应的生产前沿面的方法，用于评价具有多个输入和多个输出的决策单元的相对有效性。它不需要指定投入产出生产函数，可用于评价生产关系较为复杂的决策单元的效率。此外，不需要事先设定投入产出权重，减少了人为主观因素的影响。选用超效率 SBM 模型并将水资源纳入测度模型的投入指标，因为资源与环境要素未作为投入要素考虑在内，这是主流经济学的基本逻辑。本书建立新的测度框架，把水资源作为投入要素，测度包含资源利用效率在内的经济效率，这是一种新的探索。以地级行政区为研究对象，主要理由是国家主体功能区规划的对象落到县域尺度，以地级行政区为研究对象才能恰当地反映国家主体功能区规划约束下的黄河流域内各区域的生态保护和高质量发展的差异。如果以省为尺度，会掩盖省域间因主体功能区规划不同所导致的差别，不利于强化该区域生态保护和高质量发展的政策绩效评价，对各区域发展的定量评价可能产生偏误，故选取地级市作为研究对象，着重考察各地区绿色发展效率水平，并分析其地区差距及时空收敛性，探讨现阶段推动黄河流域高质量发展的实现路径，为加快促进区域协同发展提供战略选择。

（二）测度方法

本书将黄河流域每个地级行政区视作一个生产决策单元（DMU）。假设其投

入要素为 $x=(x_1, x_2, \cdots, x_m)$，期望产出为 $y^E=(y_1^E, y_2^E, \cdots, y_p^E)$，非期望产出为 $y^{UN}=(y_1^{UN}, y_2^{UN}, \cdots, y_q^{UN})$，则超效率 SBM 模型如下：

$$\min\theta = \frac{1 - \dfrac{1}{m}\sum_{i=1}^{m}\dfrac{\bar{s}_i}{x_{i0}}}{1 + \dfrac{1}{p+q}\left(\sum_{r=1}^{p}\dfrac{s_r^E}{y_{r0}^E} + \sum_{r=1}^{q}\dfrac{s_r^{UN}}{y_{ro}^{UN}}\right)} \tag{4-7}$$

$$\text{s. t.} \begin{cases} x_0 = \displaystyle\sum_{j=1,\ \neq 0}^{n} \lambda_j x_j + \bar{s}_i \\[2mm] y_0^E = \displaystyle\sum_{j=1,\ \neq 0}^{n} \lambda_j y_j^E - s_r^E \\[2mm] y_0^{UN} = \displaystyle\sum_{j=1,\ \neq 0}^{n} \lambda_j y_j^{UN} - s_r^{UN} \\[2mm] \bar{s}_i \geq 0,\ s_r^E \geq 0,\ s_r^{UN} \geq 0,\ \lambda \geq 0 \end{cases} \tag{4-8}$$

其中，θ 为超效率值，$\bar{s}_i$、s_r^E 和 s_r^{UN} 分别为投入，期望产出和非期望产出的松弛变量，λ 为权重向量。当 $\theta \geq 1$ 时，表示黄河流域中的决策单元有效率，当 $0 < \theta < 1$ 时，表示黄河流域中的决策单元存在效率改进空间。

（三）指标选择

本书参考林伯强和谭睿鹏（2019）的研究结论，在劳动和资本作为投入要素的基础上，将能源纳入投入要素，将污染物排放视作非期望产出指标；同时依托黄河流域区域特征，对指标框架进行拓展，加入水资源作为新的投入指标，黄河水资源总量不到长江的7%，人均占有量仅为全国平均水平的27%，水资源开发利用率高达80%，远超一般流域40%生态警戒线。作为流域稀缺资源，水资源发挥的作用很难被其他要素替代。同时，在文献论证部分，本书认为黄河流域绿色发展效率的基础是强可持续发展理论，故应保证水资源的不可完全替代性。这一做法全面考虑了资源投入和非期望产出，将资源的利用及环境付出的代价纳入生产过程中，所得的效率值则是在原有经济效率的基础上综合了资源利用和环境损失值之后获得的"绿色"发展效率值。具体指标选取为区域资本存量采用永续存盘法估算（孙亚男和杨名彦，2020），区域劳动投入用年末就业人数表示、能源投入采用全社会用电总量表示，水资源投入采用水资源总量表示，期望产出选用地区 GDP 表示；非期望产出选用工业废水排放量、工业二氧化硫排放量和工业烟尘排放量表示。

（四）数据来源

相关数据源自《中国城市统计年鉴》、《中国统计年鉴》、各省的水资源公报

和各省市的统计年鉴，缺失的部分数据通过测算得出，具体测算方法如下：部分
缺失全社会用电总量数据分三部分测算，工业用电量用该地区工业增加值占全省
的比重乘以全省的工业用电量得出，居民用电量用该地区常住人口数占全省的比
重乘以全省的居民用电量得出，农牧用电量从各低级行政区的年鉴和统计公报中
得出，三者之和为测算的全社会用电总量；工业废水、二氧化硫和烟尘排放部分
缺失的数据，通过工业增加值占全省占比乘以全省的工业三废排放量分别得到。
2012~2015 年银川市全社会用电量缺失，采用移动平均法补齐。

二、黄河流域绿色发展效率的时序变化特征

（一）测算结果

测算结果如表4-4所示，通过对黄河流域绿色发展效率的测度，本书发
现：观察黄河流域具体城市的绿色发展效率，发现其并未表现出很明显的趋势特
征，这与研究时间段内其他经济社会变量存在明显的差异；同时可发现，黄河流
域绿色发展效率的个体差异性极大，这种差异性不仅体现在不同行政区划的城市
之间和不同地理条件的城市之间，也体现在黄河流域内相似城市不同的时间节
点上。

表4-4 黄河流域绿色发展效率

城市＼年份	2005	2006	2007	2008	2009	2010	2011	2012	2013	2014	2015	2016	2017	2018	2019	2020	2021
太原	1.07	1.00	1.07	1.02	1.03	1.05	1.04	1.00	0.70	0.69	0.71	0.65	0.69	0.82	0.92	0.95	1.04
大同	0.64	0.60	0.66	0.65	0.60	0.60	0.59	0.59	0.59	0.59	0.59	0.59	0.58	0.68	0.78	0.80	0.88
阳泉	1.03	1.01	0.75	0.75	1.00	0.66	0.70	0.75	0.73	0.71	1.01	0.64	0.66	0.76	0.86	0.89	0.97
长治	0.61	0.59	0.62	0.65	0.70	0.64	0.70	0.64	0.64	0.60	0.60	0.60	0.58	0.68	0.78	0.80	0.88
晋城	0.62	0.59	0.61	0.65	0.63	0.63	0.67	0.62	0.61	0.63	0.58	1.15	0.68	0.78	0.80	0.88
朔州	0.70	1.02	1.05	1.05	1.06	1.03	1.04	1.05	1.02	0.72	0.64	0.62	0.62	0.72	0.82	0.84	0.93
晋中	0.64	0.60	0.66	0.67	0.64	0.66	0.65	0.62	0.61	0.61	0.61		0.63	0.74	0.84	0.87	0.95
运城	0.81	0.60	0.64	0.62	0.60	0.59	0.62	0.61	0.60	0.59	0.58	0.59	0.57	0.67	0.77	0.79	0.87
忻州	0.59	0.58	0.61	0.63	0.61	0.67	0.62	0.63	0.64	0.60	0.60	0.65	0.63	0.74	0.84	0.87	0.95
临汾	1.04	1.02	1.01	1.02	0.81	0.73	0.78	0.66	0.61	0.60	0.61	0.59	0.56	0.66	0.76	0.78	0.86
吕梁	1.03	1.07	0.69	1.01	0.66	1.13	1.06	1.11	1.03	0.64	0.63	0.60	0.58	0.69	0.79	0.81	0.90
呼和浩特	0.71	0.70	1.07	1.03	1.03	1.02	1.04	1.06	1.03	0.82	1.02	1.01	0.63	0.69	0.74	0.76	0.84
包头	0.66	0.66	1.02	1.01	1.04	1.01	1.00	1.01	1.01	1.03	1.04	1.03	1.00	0.74	0.80	0.82	0.91

续表

年份 城市	2005	2006	2007	2008	2009	2010	2011	2012	2013	2014	2015	2016	2017	2018	2019	2020	2021
乌海	1.09	1.07	1.13	1.02	1.12	1.13	1.15	1.15	1.17	1.02	1.00	1.03	1.12	1.16	1.25	1.29	1.42
鄂尔多斯	1.06	1.10	1.13	1.16	1.10	1.12	1.16	1.15	1.16	1.17	1.17	1.14	1.10	1.15	1.24	1.28	1.40
巴彦淖尔	0.60	0.58	0.65	0.63	0.62	0.65	0.67	0.63	0.63	0.63	0.63	0.65	0.53	0.58	0.63	0.65	0.71
乌兰察布	0.67	0.63	0.68	0.74	0.66	0.65	0.64	0.70	0.68	0.65	0.71	1.03	0.62	0.67	0.72	0.74	0.82
济南	1.02	1.01	1.07	1.12	1.02	1.02	0.87	0.82	1.00	1.02	1.02	1.02	1.03	1.07	1.12	1.15	1.26
青岛	1.07	1.11	1.08	1.06	1.13	1.15	1.14	1.14	1.14	1.12	1.22	1.19	1.13	1.18	1.23	1.27	1.38
淄博	1.02	1.02	1.00	1.01	1.02	1.02	1.01	1.01	1.00	0.65	0.62	0.62	0.65	0.70	0.72	0.79
东营	1.11	1.13	1.14	1.17	1.12	1.10	1.11	1.13	1.10	1.18	1.14	1.04	1.05	1.10	1.15	1.18	1.29
潍坊	0.71	0.75	0.74	0.69	0.68	0.66	0.66	0.66	0.66	0.64	0.65	0.59	0.58	0.63	0.68	0.70	0.76
济宁	1.00	0.69	0.76	1.00	1.01	0.75	1.01	1.01	0.64	0.64	0.65	0.62	0.63	0.67	0.72	0.76	0.82
泰安	0.72	0.73	1.01	1.06	0.89	1.01	1.01	1.01	1.04	1.02	1.06	0.80	0.64	0.68	0.73	0.77	0.84
莱芜	0.64	0.61	0.66	0.65	0.64	0.62	0.68	0.61	0.63	0.62	0.60	0.58	0.60	1.21	1.26	1.32	1.44
德州	0.63	0.62	1.01	1.04	1.02	1.01	1.00	0.79	0.70	0.69	0.66	0.61	0.60	0.65	0.70	0.74	0.80
聊城	0.73	1.04	1.02	1.07	1.02	1.01	1.00	0.79	1.30	1.00	1.00	0.74	0.62	0.66	0.71	0.75	0.81
滨州	0.64	0.62	0.64	0.70	0.65	0.64	0.64	0.68	0.64	0.60	0.61	0.57	0.57	0.60	0.65	0.68	0.74
菏泽	0.65	0.63	0.63	0.67	0.63	0.72	1.00	1.02	1.04	1.05	1.05	1.05	1.05	0.84	0.89	0.93	1.02
郑州	0.71	0.69	1.04	0.69	0.71	0.70	0.68	0.71	0.77	0.71	0.69	0.69	1.04	1.04	1.06	1.11	1.21
开封	1.10	1.07	1.07	1.05	1.05	1.04	1.02	0.80	0.72	0.65	0.64	0.66	1.01	0.78	0.79	0.83	0.90
洛阳	1.01	1.00	0.77	0.66	0.64	0.64	0.65	0.66	0.66	0.67	0.66	0.64	0.68	0.69	0.70	0.74	0.80
安阳	0.66	0.62	0.66	0.66	0.68	0.61	0.61	0.61	0.61	0.61	0.62	0.63	0.62	0.63	0.65	0.68	0.71
鹤壁	0.81	0.66	0.68	0.62	0.60	0.59	0.60	0.60	0.60	0.61	0.60	0.59	0.61	0.61	0.62	0.65	0.68
新乡	0.63	0.61	0.61	0.61	0.63	0.63	0.63	0.64	0.64	0.62	0.63	0.73	0.59	0.60	0.62	0.65	0.68
焦作	1.00	0.63	0.68	0.62	0.64	0.62	0.63	0.61	0.62	0.63	0.63	0.60	0.63	0.64	0.64	0.67	0.70
濮阳	0.68	0.69	0.73	0.69	0.65	0.64	0.65	0.65	0.66	0.65	0.64	0.65	0.73	0.72	0.73	0.77	0.80
三门峡	0.63	0.59	0.62	0.61	0.61	0.62	0.61	0.65	0.64	0.64	0.66	0.58	0.63	0.64	0.65	0.68	0.71
商丘	0.90	0.66	0.72	0.64	0.66	0.68	0.65	0.63	0.63	0.67	0.65	0.63	0.65	0.66	0.67	0.70	0.73
西安	0.69	0.68	0.73	0.74	0.76	0.77	0.70	0.85	1.01	1.02	1.05	1.14	1.12	1.14	1.15	1.21	1.26
铜川	0.64	0.62	0.61	0.65	0.66	0.70	0.72	0.71	0.76	0.69	0.65	0.62	0.64	0.71	0.71	0.75	0.78
宝鸡	0.63	0.62	0.65	0.64	0.68	0.68	0.70	0.88	0.72	0.72	0.80	0.72	1.01	0.81	0.81	0.83	0.86
咸阳	0.61	1.08	1.10	1.06	1.04	1.04	1.07	1.10	1.07	1.06	1.07	1.17	1.09	1.10	1.11	1.13	1.18
渭南	1.02	0.66	1.02	1.03	0.63	0.68	1.03	1.03	1.07	1.02	1.03	0.70	0.62	0.73	0.73	0.74	0.77

续表

年份\城市	2005	2006	2007	2008	2009	2010	2011	2012	2013	2014	2015	2016	2017	2018	2019	2020	2021
延安	1.22	1.18	1.19	1.17	1.14	1.14	1.12	1.10	1.10	1.06	0.98	0.72	0.63	0.69	0.69	0.70	0.73
榆林	1.03	1.06	1.09	1.10	1.08	1.12	1.13	1.10	1.06	1.06	1.03	1.05	1.13	1.12	1.14	1.16	1.21
商洛	0.66	0.69	0.78	1.04	1.01	0.71	1.01	1.02	1.05	1.02	1.05	0.73	0.65	0.75	0.75	0.77	0.80
兰州	1.02	1.01	1.03	0.67	1.11	1.10	1.13	1.05	0.65	0.66	0.66	0.64	0.62	0.63	0.65	0.66	0.69
白银	0.60	0.60	0.62	0.60	0.60	0.61	0.62	0.64	0.73	0.70	0.65	0.62	0.64	0.64	0.66	0.67	0.70
天水	0.73	0.73	0.81	0.70	0.74	0.73	0.76	0.75	0.90	1.01	1.01	1.01	1.00	0.77	0.79	0.81	0.84
武威	1.06	1.02	1.00	0.67	0.66	0.89	1.15	1.16	0.58	0.63	0.64	0.68	0.72	0.72	0.73	0.74	0.80
平凉	0.62	0.60	0.62	0.55	0.59	0.59	0.57	0.57	0.54	0.58	0.57	0.60	0.55	0.56	0.57	0.58	0.63
庆阳	1.14	1.07	1.18	0.73	1.22	1.17	1.14	1.12	1.12	1.12	1.15	1.08	1.02	1.05	1.06	1.08	1.17
定西	1.03	0.73	0.72	1.15	1.03	0.84	1.03	1.05	1.04	0.88	1.04	1.04	0.77	0.73	0.75	0.77	0.83
陇南	0.73	1.01	1.04	1.18	1.02	1.08	0.66	1.03	0.66	0.67	0.76	0.64	0.60	0.61	0.62	0.63	0.68
西宁	0.59	0.57	0.65	0.65	0.61	0.64	0.67	0.66	0.68	0.68	0.71	0.69	0.72	0.69	0.70	0.71	0.77
海东	0.63	0.59	0.67	0.67	0.64	0.66	0.75	1.03	1.03	1.03	1.03	1.01	1.01	0.66	0.68	0.70	0.75
银川	1.02	0.76	1.03	0.72	0.69	0.66	1.03	1.15	1.03	0.64	0.63	0.60	0.62	0.62	0.63	0.64	0.69
石嘴山	0.54	0.51	0.53	0.55	0.55	0.54	0.56	0.57	0.60	0.59	0.58	0.58	0.57	0.59	0.60	0.61	0.66
吴忠	0.56	0.56	0.53	0.53	0.54	0.53	0.55	0.56	0.56	0.56	0.56	0.54	0.58	0.58	0.59	0.60	0.65
固原	0.64	0.62	0.64	0.56	0.60	0.64	0.68	0.57	0.67	0.60	0.63	1.04	0.68	0.70	0.71	0.72	0.78
中卫	0.56	0.53	0.53	0.53	0.55	0.55	0.55	0.57	0.56	0.55	0.55	0.54	0.54	0.47	0.49	0.50	0.54

（二）时序变化特征

为进一步准确分析黄河流域城市绿色发展状况，本书参考已有研究，将黄河流域整体绿色发展情况的平均值和上中下游城市绿色发展状况的平均值进行计算。图4-3表示了2005~2021年黄河流域绿色发展效率 θ 均值的变化情况，全流域的绿色发展效率在波动中低程度上升，从 0.80 上升至 0.88，上升幅度为10%；上游地区的绿色发展效率从 0.76 上升至 0.82，上升幅度为7.9%；中游地区的绿色发展效率从 0.81 上升至 0.93，上升幅度为14.8%；下游地区的绿色发展效率从 0.82 上升至 0.91，上升降幅度为11.3%。从整体来看，黄河流域的平均绿色发展效率呈现先曲折下降，后曲折上升的态势，分界点为2017年。中游地区上升幅度最大，上游地区的上升幅度最小，但最小的初始均值使上游地区在2021年的均值依旧最小。从绝对值来看，距离有效率状态存在一定差距，亟须采取政策引导和发展模式转变来改变现有绿色发展效率的增长态势。

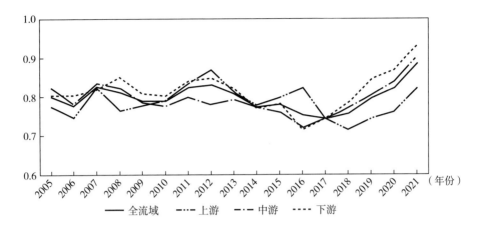

图 4-3　黄河流域绿色发展效率变化情况

三、黄河流域绿色发展效率的空间分布特征

（一）核密度图

依据测算结果，对黄河流域绿色发展效率以 2005 年和 2021 年为考察剖面，绘制黄河流域全流域和上中下游的核密度图，以反映黄河流域绿色发展效率的空间分布特征，具体情况如图 4-4 所示，由图可知，2005~2021 年黄河流域绿色发展效率呈现双波峰分布，但整体分布偏向"收敛"，双波峰意味着少量城市的绿色发展效率远高于流域其他城市，从第二个波峰附近分布的变动情况可知，高绿色发展效率的地区显著提升；黄河流域上游在双波峰的基础上呈现"收敛"和"右移"的特点，具体来看，不仅绿色发展效率的水平得到提升，其高绿色发展效率地区与其他地区的差距也逐渐拉大；黄河流域中游在双波峰的基础上仅呈现"收敛"的特点，绿色发展效率向第一个波峰处集中的同时，地区间绿色发展效率的绝对值差距逐渐缩小，黄河流域绿色发展效率得到改善的同时，更加注重地区间的协调性；黄河流域下游在双波峰的基础上仅呈现"右移"的特点，表明下游地区绿色发展效率得到稳步提升，但其分布状况并未发生显著变化。

（二）绿色发展效率空间分布的特点

资源环境禀赋较好的地区，是否拥有较高的绿色发展效率？有学者认为，资源环境禀赋的优势地位与政策支持、治理水平和技术创新等优势地位一样，对绿色发展效率有着显著影响，资源丰富且环境污染较轻的地区将会呈现较高的绿色发展效率（蔺鹏和孟娜娜，2020）。也有学者认为，资源环境禀赋较好的地区由于资本和技术匮乏，且缺乏有效的发展模式，其绿色发展效率不仅处在相对较低

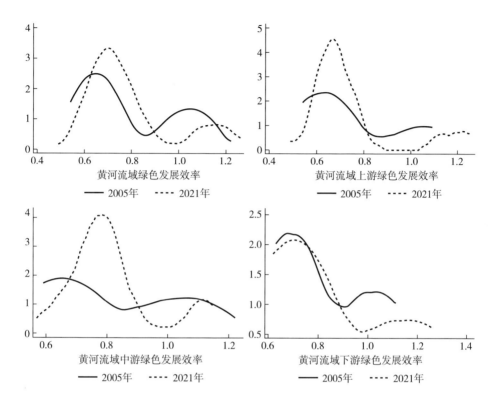

图 4-4 黄河流域绿色发展效率核密度图

的水平，且效率值不断下降（辛龙等，2020）。黄河流域流经多处国家重点生态功能区，其上游地区满足资源环境禀赋较好的要求，但也存在相关禁限政策和较低经济发展水平的制约，能否保持较好的绿色发展效率是其寻找可行的高质量发展路径、将"绿水青山"变为"金山银山"的基础。本书依照绿色发展效率 θ 的取值情况，将效率值小于 0.6 的城市视作绿色发展效率低的城市，将效率值为 0.6~0.8 的城市视作绿色发展效率偏低的城市，将效率值为 0.8~1.0 的城市视作绿色发展效率偏高的城市，将效率值大于 1 的城市视作绿色发展效率高的城市，其中玉树藏族自治州、果洛藏族自治州和阿坝藏族羌族自治州的数据缺失。2005 年，黄河流域绿色发展效率大于 1 的地区有 23 个，除源头地区水资源丰富的海西蒙古族藏族自治州外，大部分高效率地区以现有经济发达地区为中心，呈片状分布。最大的高效率区域来自黄河上游末端和中游两岸区域，包含银川、鄂尔多斯和太原等区域中心城市。下游地区的高效率呈散状分布，绿色发展效率小于 0.6 的低效率地区除忻州市处在中游地区外，其余 8 个均位于上游地区，除海北藏族自治州外，均为具备经济不发达和水资源匮乏双重属性的地区。运城市、鹤壁市和商丘市为绿色发展效率较高的地区，其余城市的绿色发展效率均处在0.6~0.8这一偏低的档次。

观察2021年各地区绿色发展效率可以发现，高效率地区减少、低效率地区减少是相较2005年最显著的变化。其中，绿色发展效率大于1的地区为13个，以散状分布。上游高效率地区以生态资源丰富地区居多；中下游包含大部分中心城市，如青岛市、济南市、郑州市和西安市。2021年低绿色发展效率城市为3个，为中卫市、吴忠市和平凉市，均为经济欠发达地区。从区域分布来看，以兰州为中心的甘肃省部分区域和以太原为中心的山西省部分区域，绿色发展效率下跌较大，但中上游多数城市的绿色发展效率得到了改善，尤其以西安为中心的关中城市群最为显著。效率值在0.8~1.0这一档次的城市多达38个，多数城市处在较高的绿色发展效率水平，印证了全流域和流域分段的效率均值上升的现状。下游地区较高的经济发展水平提升了绿色发展效率，尽管效率值大于1的高效率地区有所萎缩，但是下游大部分城市绿色发展效率的改进弥补了头部城市较少的缺陷。

对比2005年和2021年黄河流域的绿色发展效率变化情况可以发现，25个地区的效率增加值为负，44个地区的绿色发展效率增加值为正，意味着黄河流域减少的绿色发展效率地区远少于增加的绿色发展效率地区。上中下游增加值为负的城市分别为13个、6个和6个；增加值为正的城市分别为12个、19个和13个。效率改善程度最好的4个城市为郑州市、西安市、咸阳市、莱芜市；效率改善程度最差的5个城市为延安市、兰州市、武威市、银川市、焦作市。改善程度高和低的城市在上中下游均有分布。上述论证证明，黄河流域绿色发展效率表现为上中下游绿色发展效率阶梯式上升的分布态势。

（三）对黄河流域绿色发展效率的进一步讨论

从黄河流域绿色发展效率的时空变化可以得出：

（1）黄河流域的绿色发展效率尚未和其他流域一样呈现出现"中部塌陷"的状况。一般而言，河流上游自然资源丰富，人口较少，且容易受到政策倾斜，而下游则有更好的经济发展基础，在绿色发展效率上比较占有优势。而中游则面临政策支持不足和更大的周边竞争压力，尽管黄河流域常住人口占北方地区人口总量的57.7%，GDP总量占北方地区GDP总量的55.8%，但上游青海黄河源区域、宁夏西海固地区、甘肃陇东地区均为深度贫困地区，中游汾渭平原为蓝天保卫战重点治理地区，下游地区与全国发达地区也存在不小的差距，黄河径流量占我国水资源量的2%，但是承担了全国15%的耕地、12%的人口和9%的污水排放，水资源开发利用远超承载能力。除了极少数核心城市，黄河流域依然面临经济发展水平低下和生态环境禀赋不足的两大现实。但在黄河流域绿色发展效率的变迁中，呼包银榆城市群和关中城市群的改善弥补了太原城市群在绿色发展效率方面的衰退，维持了流域中游的整体增长趋势。

（2）黄河流域尚未实现生态环境资源的价值开发，从而促进绿色发展。从绿色发展效率空间差异来看，无论是绝对值还是变化值，处在第一档位的地区集中在省会城市及该地区的核心城市，说明区位因素和经济社会禀赋对于绿色发展效率的影响是第一位的。相较于 32 亿立方米的流域均值和 70% 以上地区未超过 30 亿立方米的水资源总量分布状况，上游地区在水资源方面处在十分优越的地位，但是从绝对值和变化值来看，上游地区不仅在历年绝对值上偏低，改善程度也未处在领先的地位。通过论述可知，地区为实现绿色发展效率的跃迁，可选择优先经济社会子系统和优先生态环境子系统两种路径，但在实际的操作过程中，优先生态环境子系统路径的效果不明显。可能的原因在于：生态环境系统开发利用的实现路径不足，实现绿水青山向金山银山的转变，需要可实现的发展途径，但水资源总量高的地区基本都是偏远地区，其面临区位禀赋和公共物品缺乏的双重压力，导致在本书的研究时间段内，绿色发展效率未实现较大的增长。

（3）黄河流域绿色发展效率呈现"俱乐部收敛"的特征。通过对黄河流域绿色发展效率静态和动态分析可知，由于地理位置、资源禀赋和经济发展等因素的巨大差异，各区域之间绿色发展效率存在显著差距。在黄河流域绿色发展效率自 2017 年起逐渐改善的情况下，黄河流域各个地区的绿色发展效率水平差异是否会随着时间消失？通过对其进行收敛性检验可知，黄河流域绿色发展效率存在 β 收敛。上游、中游和下游分段结果均收敛。从绿色发展效率分布的空间变化和 β 收敛的验证结果可知，黄河流域绿色发展效率存在趋同的态势，虽然上中下游都存在"俱乐部收敛"，但高效率中心城市显著减少，上游和中游的重要城市仅西安市保留中心城市的特点。形成这个特征的部分原因在于缺乏以黄河流域为整体的规划，导致生态资源禀赋较好的地区未能通过转移支付实现经济社会的改善，尽管在黄河流域发展战略前提出了主体功能区的规划，将转移支付作为国家重点功能区（县）的发展保障，但是涉及黄河流域整体，类似转移支付的落实情况并不好，影响地区的发展，造成绿色发展效率水平不高。

第三节 黄河流域绿色发展效率的测度
——基于绿色 GDP

一、测度方法

(一) 测度背景

受限于数据可得性，采用非参数法测度黄河流域绿色发展效率，未能考虑黄河流域巨大的生态价值，黄河流域中上游地区多处在国家重点生态功能区，为了保证国家重点生态功能区的发展，改善国家重点生态功能区产业结构单一、开发过度以及生态系统退化的现状，一系列禁限政策应运而生。禁限政策的主要内容是限制或禁止国家重点生态功能区大规模高强度工业化城镇化开发，并通过《重点生态功能区产业准入负面清单编制实施办法》的进一步实施和县域生态环境的定期考核逐步落实该政策，这会对当地带来经济和环境两个层面的影响。而黄河流域绿色发展效率的提升离不开这种在生态环境低污染、低碳排放和能源低消耗基础上促进经济发展的可持续发展模式。国家重点生态功能区承担水源涵养、水土保持、防风固沙和生物多样性维护等重要生态功能，自 2010 年《全国主体功能区规划》出台后，以强可持续发展为原则，坚持禁限政策和限制开发，是黄河流域生态保护和高质量发展战略提出前，最具有政策效力的区域生态环境保护规划。黄河流域主要途径秦巴生物多样性生态功能区、黄土高原丘陵沟壑水土保持生态功能区、阴山北麓草原生态功能区、呼伦贝尔草原草甸生态功能区、三江源草原草甸湿地生态功能区、祁连山冰川与水源涵养生态功能区和甘南黄河重要水源补给生态功能区，传统发展模式下的测度不能很好表现黄河流域绿色发展的特点，故选用绿色 GDP 作为黄河流域绿色发展效率的代理变量。

由于黄河流域经济发展过程中不同类型土地 (如林地、草地和耕地) 必然产生碳汇，应该将不同类型土地的碳汇贡献转化为收入项，并纳入绿色 GDP 测度方法。由于黄河经济发展过程中的一些产业部门 (如能源、冶金、建筑业等) 必然产生碳源，应该将产业部门的碳源贡献转化为成本项，并纳入绿色 GDP 测度方法。

(二) 碳汇测算

碳汇价值 P_{C-sink} 的测算：本书首先使用 InVEST 模型碳储量模块评估 2005~2021 年黄河流域 62 个地级行政区的地区碳储量，将生态系统碳储量划分为地上生物碳库、地下生物碳库、土壤碳库和死亡有机碳库4个基本碳库，地上植被碳库包括地表以上所有存活植被（树皮、树干、树枝和树叶等）中的碳储量；地下植被碳库是指植物存活根系中的碳储量；土壤有机碳库是指矿质土壤和有机土壤中的有机碳储量；死亡有机碳库是指凋落物和已死亡植物中的碳储量（黄卉，2015）。并将黄河流域依照土地利用分为耕地、林地、草地、水域和建设用地五个部分。具体测算如下：

$$C_i = C_i^{地上} + C_i^{地下} + C_i^{土壤} + C_i^{死亡} \tag{4-9}$$

$$C_{total} = \sum_i^n C_i \times A_i \tag{4-10}$$

$$P_{C-sink} = C_{total} \times P_C \tag{4-11}$$

其中，C_i 为第 i 种类型土地的碳密度。$C_i^{地上}$、$C_i^{地下}$、$C_i^{土壤}$ 和 $C_i^{死亡}$ 分别为土地类型 i 对应碳库的碳密度，单位为 t/hm^2。C_{total} 为总碳储量（t）。A_i 为土地利用类型 i 的面积（hm^2），i 选择耕地、林地和草地三种类型，通过 Landsat 遥感影像确定，栅格精度为 30m×30m（徐涵秋和唐菲，2013）。黄河流域横跨东中西部 9 省，地理风貌和生态环境差异巨大，但已有文献的研究要么集中于流域部分区域的碳密度测度，要么选择较小的自然保护区为研究对象（杨洁等，2021），为确定各个行政区耕地、林地和草地的碳密度，本书通过检索大量文献，依照行政区划相邻或者地理风貌相似的原则进行匹配，得到各个地级行政区在耕地、林地和草地的碳密度（Wang et al.，2015；王正淑等，2016；王喜等，2016；尚杰和杨滨键，2019；Zhang et al.，2020；侯建坤等，2022；王天福等，2022；杨小琬等，2022）。P_C 为每单位碳的交易价格，参考 Chang 等（2022）的研究结论，选用深圳排污权交易所市场碳交易均价 19.8 元/t CO$_2$，并按照 1t 碳 = 3.67t CO$_2$ 进行换算后，得到 P_C 的价格。最后通过计算可得到碳汇价值 P_{C-sink}。

（三）碳源测算

本书参考王韶华等（2015）和尹伟华等（2017）的研究结论，首先通过收入产出表计算各个产业部门的碳排放强度。已有研究对产业部门的选择存在一定分歧，且相关数据的获取难度较大，Chang 等（2022）通过对中国 31 个经济部门碳排放量、碳排放份额占比和直接碳排放系数进行测算发现，各指标排名前五的高碳排放部门占比达到 85%。出于数据可得性原则，本书参考其研究，选择这五个高碳排放部门：①石油加工和焦化；②非金属矿产品；③金属冶炼和压制；④电力；⑤运输、仓储和邮政部门。这些高碳排放部门是指其直接碳排放系数高于整个行业平均值的经济部门。通过计算各产业部门碳排放量并进行加总，得到该地区的碳排放量。需要说明的是：投入产出表的相关数据仅在省级层面，而本书的研究对象为地级行政区，地级行政区的数据为省级层面结果的比例区分。具体方法为：测算出黄河流域省级碳排放强度后，依据工业总产值的占比，划分黄河流域地级行政区的碳排放强度。碳源 $P_{C\text{-}source}$ 由碳排放强度乘以 P_C 获得。则绿色 GDP（G_GDP）可用以下公式测算：

$$G\_GDP = GDP + P_{C\text{-}sink} - P_{C\text{-}source} \tag{4-12}$$

二、时序变化

由测算结果可知，黄河流域各城市的绿色 GDP 呈明显的上升趋势。为便于分析，本书首先对全流域以及上中下游绿色发展效率 G_GDP 的均值变化情况进行分析，以了解流域和流域内地理单元绿色发展效率的时序演变情况。为更清晰地反映黄河流域绿色 GDP 与 GDP 之间的差异，本书选择用曲线标明黄河流域上中下游的 GDP，发现黄河流域绿色 GDP 的变化趋势与 GDP 基本一致，具体情况如图 4-5 所示。由此可知，绿色 GDP 的绝对值：下游>全流域>中游>上游。绿色 GDP 与 GDP 之间的差值代表了黄河流域各地区的"绿色价值"，其排名为上游>中游>全流域>下游，这与绿色 GDP 绝对值的排名相反，自然资源丰富的上游地区"绿色价值"更高，其占绿色 GDP 的比例更大；而经济状况更加发达的下游地区，其"绿色价值"较低，占绿色 GDP 的比例更低。

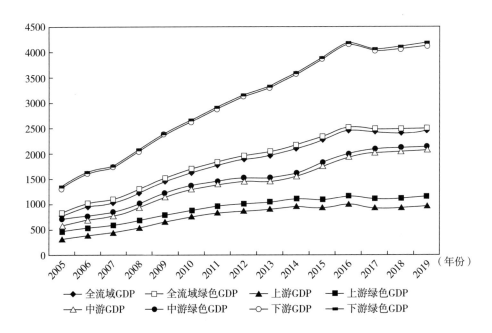

图 4-5　黄河流域绿色 GDP 的时序变化

三、空间分布特点

黄河流域绿色GDP的分布特点与黄河流域GDP的地区分布一致，呈现由上游到下游递增的趋势，且上中下游之间差距明显。为进一步清晰地分析黄河流域绿色发展效率的分布特点，本书选用绿色价值占比 = （绿色GDP－GDP）/绿色GDP作为指标，对黄河流域绿色GDP的空间分布进行进一步分析。对比2005年黄河流域绿色价值占比和2019年黄河流域绿色价值占比可知，高绿色价值占比地区的分布并未产生明显的变化，即集中在黄河流域上游地区的各个少数民族聚集区，这里也是主体功能区规划中禁限开发的自然保护区所集中的位置。同时，低绿色价值占比的地区可分为两种：一是黄河流域中下游的部分地区，这些地区行政区域和林地耕地草地的绝对面积远小于黄河流域上游地区，产生的碳汇偏少。同时，工业生产占优势的这些地区产生更多的碳源，所以其绿色GDP和GDP的相对差值逐渐降低；二是黄河流域中上游的核心城市，如西宁市、兰州市、银川市，这些地区作为核心城市，是所处省份的工业核心城市和人口聚集地。

同时，由于GDP的增长速度远快于黄河流域碳汇的增长速度，且黄河流域尚未完成绿色转型，故在碳排放方面尚未取得拐点，故黄河流域绿色GDP和GDP呈现逐渐趋同的趋势。

本章小结

本章以黄河流域62个地级行政区为样本，研究2005~2021年黄河流域区域一体化和绿色发展效率的变化情况。采用相对价格法，通过相邻区域的匹配测度黄河流域区域一体化程度，研究其时空演变特征。选用超效率SBM模型并将水资源纳入测度模型的投入指标，测度2005~2021年黄河流域62个地级行政区的绿色发展效率；从碳汇碳源角度出发，构建绿色GDP指标，作为黄河流域绿色发展效率的另一指标。研究结果表明：

（1）黄河流域区域一体化程度波动上升，上中下游地区均呈现波动递增的趋势。2005~2021年，黄河流域区域一体化程度上升7.7%，除了2009年中游地区大于下游地区，其余年份下游地区均领先全流域和上中游。以平均值而论：下游>中游>上游；以提升速度而论：中游>上游>下游；中游对下游的追赶是黄河流域区域一体化的重要特点。但黄河流域区域一体化程度仍低于长江流域和全国平均水平。

（2）黄河流域的区域一体化呈现"收敛"和"右移"两大特点。区域一体化程度较高的地区数量并未显著增加，但区域一体化程度较低的地区数量显著减少，曲线呈现出明显的右偏特征，表明有一定数量的城市区域一体化程度显著高于其他地区，大多数地区的区域一体化缓慢上升。上游地区在区域一体化显著增长的同时，也形成了部分区域一体化程度高的核心城市，极化效应更加明显；中游地区不仅显著提高了自身城市的区域一体化程度，而且在提高的过程中注重区域协调，并未对中游地区内部的分布态势产生显著冲击；下游区域一体化程度的提高依赖于低区域一体化程度地区自身的改善。

（3）黄河流域区域一体化程度整体显著提高。上游地区各个地级行政区摆脱了低区域一体化程度的阶段；中游地区依托陕西和山西两省份的核心城市，区域一体化程度提升幅度最大；下游地区在维持已有较高水准区域一体化的基础上，个别城市的区域一体化程度也得到了显著改善。高区域一体化程度城市与已规划的城市群高度重合。

（4）超效率 SBM 模型测度黄河流域绿色发展效率的结果表明，从 2005 年的 0.80 上升至 2021 年的 0.88，上升幅度为 10%；上游地区的绿色发展效率从 2005 年的 0.76 上升至 2021 年的 0.82，上升幅度为 7.9%；中游地区的绿色发展效率从 2005 年的 0.81 上升至 2021 年的 0.93，上升幅度为 14.8%；下游地区的绿色发展效率从 2005 年的 0.82 上升至 2021 年的 0.91，上升降幅度为 11.3%。从整体上看，黄河流域的平均绿色发展效率呈现先曲折下降后曲折上升的态势，分界点为 2017 年。黄河流域绿色发展效率表现为上中下游绿色发展效率阶梯式上升的分布态势，从绿色发展效率空间差异来看，无论是绿色发展效率的绝对值还是变化值，处在第一档位的地区集中在省会城市及该地区的核心城市，说明区位因素和经济社会禀赋对于绿色发展效率的影响是第一位的。

（5）绿色 GDP 测度黄河流域绿色发展效率的结果表明，黄河流域绿色 GDP 的分布特点与黄河流域 GDP 的地区分布一致，呈现由上游到下游递增的趋势，且上中下游之间差距明显。选用绿色价值占比 =（绿色 GDP−GDP）/绿色 GDP 作为指标，对黄河流域绿色 GDP 的空间分布进行进一步分析。高绿色价值占比地区集中在黄河流域上游地区的各个地级行政区，也是主体功能区规划中禁限开发的自然保护区所集中的位置。同时，低绿色价值占比的地区可分为两种：一是黄河流域中下游的部分地区，这些地区行政区域和林地耕地草地的绝对面积远小于黄河流域上游地区，产生的碳汇偏少，同时，工业生产占优势的这些地区产生更多的碳源；二是黄河流域中上游的核心城市，如西宁市、兰州市、银川市。

第五章　区域一体化对黄河流域绿色
发展效率影响的实证研究

本章在第三章分析的基础上，利用 2005~2021 年黄河流域地级行政区数据，结合第四章黄河流域市场整合和绿色发展效率的测度结果，选用空间 SDM 模型和多期 DID 模型，从市场一体化和政策冲击两个角度，实证检验区域一体化对黄河流域绿色发展效率的影响，对第三章中提出的 H1 进行验证。为证明实证检验的稳定性，本书选用地理工具变量和历史工具变量，采用 2SLS-IV 进行稳健性检验。最后，考虑到黄河流域样本的巨大差异性，本书从上中下游划分和是否为资源型城市两个角度进行异质性研究。

第一节　研究设计

一、空间计量模型

（一）计量模型设计

根据前文分析，绿色发展具有较强的空间溢出效应，考虑区域间的空间相关性，引入空间权重矩阵 W，构建了空间计量经济模型。其中，空间相关矩阵主要衡量区域间的空间关系。地理邻接是最基本的空间关系。地缘相邻的地区在经济社会发展等方面有更多相似之处，联系更加紧密。根据区域是否相邻（邻接＝1，非邻接＝0），构造基于地理邻接关系的二进制空间权重矩阵。基于对稳健性的考虑，在后续的稳健性测试中，我们使用地理距离权重对其进行了重新度量。在此基础上，本书参考韩峰和阳立高（2020）的研究结论，通过 LM 检验、LR 检验和 Hausman 检验，确定采用固定效应的空间杜宾模型（SDM），但仍保留 SLM 模型的结果作为稳健性检验。方程（5-1）是 SDM 模型。

$$Green_{i,t} = \alpha + \rho WGreen_{i,t} + \beta_1 con_{i,t} + \theta_1 Wcon_{i,t} + \gamma \sum X_{it} + \alpha \sum W(X_{it}) + \varepsilon_{it} \qquad (5-1)$$

其中，$Green_{i,t}$ 为绿色发展效率，$con_{i,t}$ 为区域一体化的对数，X_{it} 为控制变量，W 为空间权重矩阵。

（二）空间权重确定

空间矩阵 W 的确定是本节研究的另外一个重点，传统的做法是以行政区划为依据，行政相邻地区的权重设置为 1，而未相邻地区的权重设置为 0，这种空间矩阵的不足之处在于假定未相邻地区之间不存在溢出效应，故为保证验证结果的稳健性，同时使用地理距离权重矩阵和经济距离权重矩阵进行空间计量分析，地理距离权重矩阵中的元素 W_{ij}^d 设定为 $W_{ij}^d = 1/d_{ij}$，d_{ij} 为两个城市之间的距离，使用两城市经纬度坐标计算；经济距离权重矩阵中的元素 W_{ij}^e 设定为 $W_{ij}^e = 1/|Q_i - Q_j|$，Q_i 和 Q_j 分别表示城市 i 和 j（$i \neq j$）2005～2021 年人均 GDP 均值。

（三）动态空间面板模型

由于绿色发展是一个缓慢积累、逐步变化的过程，前期的绿色发展效率对当期绿色发展效率的变化具有重要影响。本书在模型（5-1）的解释变量中引入因变量的滞后一期项，构建动态空间面板模型。这样既考虑空间溢出效应和动态效应，又提高了模型估计的准确性和有效性（Elhorst，2014；Zheng et al.，2014），在对两边取对数后，空间计量模型可写作：

$$\ln Green_{i,t} = \alpha + \beta_0 \ln Green_{i,t-1} + \rho W \ln Green_{i,t} + \beta_1 \ln con_{i,t} + \theta_1 W \ln con_{i,t} + \gamma \sum \ln X_{it} +$$

$$\alpha \sum W(\ln X_{it}) + \varepsilon_{it} \tag{5-2}$$

本书从工业发展情况、地方财政的支持程度、基础设施建设的投资情况、地区绿化情况、地区环境治理情况、地区消费情况和地区产业结构七个方面选择控制变量，分别选取工业总产值、财政支出额、固定资产投资额、绿地园林面积、工业污水处理率、社会消费品零售总额和第二产业产值占比作为控制变量。

二、多期 DID 模型

区域一体化可能是市场自发结盟的结果，也可能是行政力量介入的结果，以经济区规划为代表的黄河流域区域一体化，行政力量发挥的作用更大，故应将区域一体化政策视作外生冲击来估计其政策效果。

（一）实验组城市的选取

截至 2017 年 12 月，以国务院明确批准、国家发展和改革委员会明确出台的规划为依据，共有 4 个旨在促进黄河流域区域一体化的经济区规划，分别为《关中—天水经济区发展规划》《呼包银榆经济区发展规划》《中原经济区规划》和《山东半岛蓝色经济区发展规划》。由于地方政府对经济社会活动的规划一般集中在上半年，故规划出台时间晚于 7 月，则将政策冲击视作下一年。具体情况如

表5-1所示。

表5-1　政策时间及区域

经济区规划	政策时间	城市名称
关中—天水经济区	2010年	西安市、咸阳市、宝鸡市、渭南市、铜川市、商洛市、天水市
呼包银榆经济区	2013年	呼和浩特市、包头市、乌海市、鄂尔多斯市、巴彦淖尔市、乌兰察布市、银川市、石嘴山市、吴忠市、榆林市
中原经济区	2013年	郑州市、开封市、洛阳市、安阳市、鹤壁市、新乡市、焦作市、濮阳市、三门峡市、商丘市、运城市、晋城市、长治市
山东半岛蓝色经济区	2011年	青岛市、东营市、潍坊市、滨州市

（二）计量模型

本书采用DID估计区域一体化对黄河流域绿色发展效率的影响。由于区域一体化政策实施的时间点并不一致，本书依照ThorstenBeck（2010）的研究方法，采用多期DID模型，基本模型如下：

$$Green_{it} = \alpha + \beta D_{it} + \delta Control_{it} + A_i + B_t + \varepsilon_{it} \tag{5-3}$$

其中，$Green_{it}$为绿色发展效率，本书采用双向固定效应模型控制地区自身差异和时间差异；A_i为时间固定效应；B_t为个体固定效应；$Control_{it}$为控制变量；ε_{it}为残差项；D_{it}为模型的核心变量，定义黄河流域受经济区规划影响的区域为处理组，未受影响的区域为控制组，D_{it}为"地区i为处理组"且"时间t在政策之后"则取值为1，其他情况取值为0，其系数β测度区域一体化对绿色发展效率的冲击程度。

三、变量选取

（一）核心被解释变量

Super-SBM法测度：绿色发展效率测算中需将经济生产过程中的投入综合到绿色发展效率评价中，本书在劳动和资本作为投入要素的基础上，将能源纳入投入要素，将污染物排放视作非期望产出指标；同时依托黄河流域区域特征，对指标框架进行拓展，加入水资源作为新的投入指标，选用地区GDP作为期望产出；选用工业废水排放量、工业二氧化硫排放量和工业烟尘排放量作为非期望产出。采用超效率SBM模型计算得出。具体情况见第四章第二节相关测度内容。

绿色GDP法测度可用以下公式测算：

$$G\_GDP = GDP + P_{C-sink} - P_{C-source}$$

其中，G_GDP为绿色GDP，P_{C-sink}为碳汇，$P_{C-source}$为碳源。
具体情况见第四章第三节相关内容。

（二）核心解释变量

本书采用相对价格法构建区域一体化指数，选用八类居民消费价格指数，分别为食品类、烟酒及用品类、衣着类、家庭设备及用品类、医疗保健类、交通和通信类、娱乐教育文化类和居住类。具体情况见第四章第一节相关内容。

（三）控制变量

1. 地区工业发展状况

地区工业发展状况（$\ln I$）＝地区工业总产值对数值。地区工业的发展不仅是该地区经济发展的主要动力之一，也是当地污染物的主要排放来源。黄河流域目前依然面临工业产值占比高的现实，鉴于此参考展进涛等（2019）的做法，选择地区工业生产总值对数为控制变量。

2. 地区污染治理情况

地区污染治理情况（$\ln C$）＝地区工业污水处理率对数值。本书聚焦黄河流域绿色发展效率，区域一体化的进程中，为防止污染带来的外部性问题，不同地区可能面临环境治理手段的借鉴和环境规制强度的趋同，本书参考林江彪等（2021）的做法，选择地区工业污水处理状况作为环境治理的变量。

3. 地区基础设施建设投资情况

地区基础设施建设投资情况（$\ln G$）＝地区固定资产投资额对数值。基础设施投资决定了区域一体化过程中要素、技术等流通的速度。本书参考 Xie 等（2021）的做法，选择地区固定资产投资额对数值作为变量。

4. 地区产业结构

地区产业结构（S）＝地区第二产业产值占比。区域一体化必然带来产业结构的调整，进而改变产业份额，影响黄河流域绿色发展效率。本书参考王海杰等（2022）的做法，选择第二产业产值占比表示地区产业结构。

5. 地区生态环境情况

地区生态环境情况（$\ln Y$）＝地区 PM2.5 浓度对数值。本书参考王敏和黄滢（2015）的做法，认为已有污染物排放数据由企业自行上报，可能存在由于主观隐瞒导致的数据失真，而检测数据可以避免这种情况，故本书将监测污染物数据 PM2.5 浓度作为代理变量，PM2.5 浓度数据源自加拿大达尔豪斯大学大气成分分析组提供的遥感反演数据集。

6. 地方财政的支持程度

地方财政的支持程度（$\ln W$）＝地区财政支出额对数值。黄河流域多数地区为转移支付接受地区，地方财政的支持至关重要，本书参考薛明月等（2020）的做法，选择地方财政支出额的对数值作为控制变量。

7. 地区居民消费情况

地区居民消费情况（$\ln L$）= 地区社会消费品零售总额对数值。本书参考赵瑞和申玉铭（2020）的做法，选择地区社会消费品零售总额对数值作为居民消费情况的变量，以控制居民消费的影响。

四、研究对象与资料来源

（一）研究对象的选取

本书以黄河流域为基础，将黄河流经的涉及青海、四川、甘肃、宁夏、内蒙古、陕西、山西、河南和山东9个省的73个地区（指地级市或州或盟）视作拟定研究区域，由于处于黄河流域的部分少数民族自治州和作为省属辖区的河南省济源市数据缺失严重，故选择2005～2021年黄河流域62个地级单位作为研究对象。

（二）资料来源与统计性描述

相关资料源自《中国城市统计年鉴》、《中国统计年鉴》、各省的水资源公报和各省市的统计年鉴。部分数据缺失，通过测算得出，具体测算方法如下：部分缺失全社会用电总量数据分三部分测算，工业用电量用该地区工业增加值占全省的比重乘以全省的工业用电量得出，居民用电量用该地区常住人口数占全省的比重乘以全省的居民用电量得出，农牧用电量从各地级行政区的年鉴和统计公报中得出，三者之和为测算的全社会用电总量；工业废水、二氧化硫和烟尘排放部分缺失的数据，通过工业增加值占全省占比乘以全省的工业三废排放量分别得到。2012～2015年银川市全社会用电量缺失，采用移动平均法补齐。八类居民消费价格指数均来源于地级行政区所属省域的统计年鉴，部分缺失数据依照地级市的年度统计公报补齐，2008年之前，由于统计口径未统一，部分地区的部分消费者价格指数存在空缺，采用相似种类的指数补齐。具体的描述性统计如表5-2所示。

表5-2　统计性描述

变量	变量含义	均值	标准差	最小值	最大值	样本量
$\ln Green_1$	绿色发展效率对数值	−0.27	0.25	−0.79	0.26	992
$\ln Green_2$	绿色 GDP 对数值	7.00	1.14	4.52	14.55	992
$\ln con$	区域一体化对数值	8.09	0.82	4.14	10.69	992
$\ln W$	财政支出对数值	9.58	0.89	6.67	12.08	992

续表

变量	变量含义	均值	标准差	最小值	最大值	样本量
$\ln G$	固定资产投资对数值	11.06	1.10	8.00	13.61	992
$\ln Y$	绿地园林面积对数值	7.77	1.13	3.14	10.58	992
$\ln C$	工业废弃物处理率对数值	4.18	0.65	-1.43	4.67	992
$\ln I$	工业总产值对数值	11.55	1.41	6.02	14.36	992
$\ln L$	社会消费品零售总额对数值	3.38	1.18	0.32	6.18	992
S	第二产业产值占比	0.51	0.11	1.80	0.82	992

第二节　实证检验

——市场一体化视角

一、空间相关性检验

（一）空间相关性检验的方法

为避免虚假回归，本书选择了 IPS、Fisher-ADF 和 Fisher-PP 三种方法进行单位根检验。结果显示，在全流域和流域上中下游样本中，$\ln Green$、$\ln Con$ 均为单位根过程，但其一阶差分项均通过了单位根检验，为一阶单整过程。接下来，本书主要采用 Westerlund 和 Edgerton（2007）的方法进行协整检验，结果显示，在全流域和流域上中下游样本层面，变量间均存在长期的协整关系，最后本书进一步采用传统 KAO 法验证其结论的稳健性，所得结论基本一致。因此，本书为可以采用原始数据直接进行回归分析。

（二）空间相关性检验的结果

较强的空间相关性是进行空间计量回归的基本前提。表 5-3 报告了 2005~2021 年黄河流域绿色发展效率的全局 Moran's I 指数检验结果。可以看出，年度全局 Moran's I 指数均为正，至少在 5% 的水平上显著，这意味着绿色发展效率在考察期内均具有显著的空间溢出特征，这与 Cao 等（2021）基于全国 230 个城市的测算结论一致，与李雪松和孙博文（2014）基于长江经济带城市的测算结论一致。因此，本书采用空间计量模型进行分析是必要的、合理的。对绿色 GDP 的空间相关性检验，限于篇幅未汇报。

表 5-3 2005~2021 年 Moran's I 指数

年份	2005	2006	2007	2008	2009	2010	2011	2012
Moran's I 值	0.365 *** (4.393)	0.213 *** (3.788)	0.201 *** (4.691)	0.305 *** (4.792)	0.222 ** (2.313)	0.177 *** (4.163)	0.281 ** (2.263)	0.315 ** (2.317)
年份	2013	2014	2015	2016	2017	2018	2019	2020
Moran's I 值	0.270 *** (4.331)	0.267 *** (4.772)	0.266 ** (4.531)	0.265 ** (2.393)	0.271 ** (2.223)	0.242 *** (5.692)	0.226 *** (3.793)	0.236 *** (3.921)
年份	2021							
Moran's I 值	0.232 *** (3.336)							

注：括号内为 t 值，***、** 分别表示在 1%、5% 的水平上显著。

二、实证结果检验

（一）基础回归

表 5-4 汇报了基础回归的结果，其中模型（1）、模型（2）、模型（3）分别表示以 Super-SBM 测度的绿色发展效率为被解释变量，在 SDM 模型下采用行政相邻空间矩阵、地理距离权重矩阵和经济距离权重矩阵的结果；模型（4）、模型（5）、模型（6）分别表示以绿色 GDP 为绿色发展效率的代理变量，在 SDM 模型下采用行政相邻空间矩阵、地理距离权重矩阵和经济距离权重矩阵的结果。其中，空间滞后项系数均通过了 10% 的显著性检验，证明本地绿色发展效率与周边空间存在较强的空间关联性，本书采用空间计量模型进行回归显得更加合理。绿色发展效率滞后一期 $\ln Green_{i,t-1}$ 基本通过了 10% 的显著性检验，这表明绿色发展效率具有连续性和积累性的特点，构建动态模型缓解内生性十分必要。从基础回归结果可知，模型（1）至模型（3）的 lncon 系数分别为 0.021、0.022 和 0.020，分别在 10%、5% 和 5% 的水平上显著；模型（4）至模型（6）的 lncon 系数分别为 0.015、0.019 和 0.011，分别在 10%、10% 和 5% 的水平上显著。被解释变量为 $\ln Green_1$ 和 $\ln Green_2$ 时，系数在不同空间矩阵和被解释变量下波动均较小，证明结果的稳健性。上述回归结果初步证明区域一体化能够促进黄河流域绿色发展效率的提升。这是因为区域一体化有利于在区域经济增长过程中利用规模效应。随着市场细分的缩小，绿色技术和绿色产能的应用将更加广泛，这将提高该地区及周边地区的绿色发展效率。同时，大规模的市场更有利于统一环境法规的实施，对区域环境治理具有积极意义。此外，区域一体化为企业提供了更广阔的市场。为了获得市场竞争优势，邻近地区的竞争将更加激烈，良好的市场竞

争环境将促进地区生产效率的提高。因此，区域一体化对黄河流域绿色发展效率具有促进作用。且不仅会积极促进区域绿色发展效率，还会对周边区域产生积极的空间效应。

表5-4 基础回归表格

变量	ln$Green_1$			ln$Green_2$		
	（1）	（2）	（3）	（4）	（5）	（6）
	行政矩阵	地理矩阵	经济矩阵	行政矩阵	地理矩阵	经济矩阵
lncon	0.021*	0.022**	0.020**	0.015*	0.019*	0.011**
	（1.76）	（2.03）	（2.06）	（1.78）	（1.71）	（2.28）
ln$I$	0.131***	0.126***	0.120***	0.348***	0.407***	0.496***
	（2.96）	（2.89）	（2.73）	（2.84）	（2.60）	（3.76）
ln$C$	0.028	0.079	0.059	−0.200	−0.300	−0.087
	（0.39）	（0.96）	（0.77）	（−0.89）	（−1.16）	（−0.37）
ln$G$	−0.036	−0.029	−0.031	−0.034	−0.136	−0.086
	（−0.81）	（−0.75）	（−0.86）	（−0.37）	（−1.08）	（−0.89）
S	0.001***	0.001***	0.001***	0.003***	0.003***	0.002***
	（2.86）	（2.88）	（2.61）	（3.60）	（3.40）	（2.64）
ln$Y$	0.002	0.002	0.000	0.000	−0.000	−0.003
	（1.19）	（1.47）	（0.14）	（0.01）	（−0.11）	（−1.13）
ln$W$	−0.063***	−0.076***	−0.065***	−0.061	−0.060	−0.085
	（−3.07）	（−3.86）	（−3.33）	（−1.13）	（−0.80）	（−1.08）
ln$L$	−0.076	−0.062	−0.108	0.463**	0.497**	0.407**
	（−0.76）	（−0.72）	（−1.31）	（1.98）	（2.18）	（1.99）
ln$Green_{t-1}$	0.364***	0.366***	0.333**	0.492***	0.485***	0.467***
	（3.56）	（3.83）	（2.20）	（3.18）	（4.12）	（5.12）
rho	0.145***	0.166***	0.102*	0.662***	0.852***	0.546***
	（2.76）	（3.64）	（1.90）	（4.76）	（15.14）	（4.12）
R^2	0.58	0.53	0.62	0.35	0.36	0.35

注：括号内为t值，***、**和*分别表示在1%、5%和10%的水平上显著。

表5-4的回归结果可知，SDM模型中黄河流域绿色发展效率滞后一期的参数估计均显著为正，ln$Green_1$为被解释变量时，不同空间权重矩阵下滞后项系数分别为0.364、0.366和0.333，分别在1%、1%和5%的水平上显著；ln$Green_2$为被解释变量时，不同空间权重矩阵下滞后项系数分别为0.492、0.485和0.467，均在1%的水平上显著。表明黄河流域绿色发展效率在时间上存在明显的惯性效应，上一期黄河流域绿色发展效率调整对当期黄河流域绿色发展效率具有同向作

用效果。各方程中黄河流域绿色发展效率的空间滞后项参数估计均显著为正，意味着黄河流域绿色发展效率在空间上存在正向空间交互效应或关联效应，黄河流域绿色发展效率较高的区域周边也必然集聚着大量绿色发展效率较好的地区，意味着临近区域绿色发展效率与本区域之间不仅在时间上存在明显的惯性效应，而且在空间上也具有显著的扩散效应，即邻近区域在上期推进绿色发展效率的努力对本区域产生了"示范效应"。本区域在制定绿色经济或者绿色发展政策时可能将周边地区视为"榜样"，模仿临近地区绿色发展的经验。以 Super-SBM 测度的绿色发展效率 $\ln Green_1$ 和以绿色 GDP 为代理变量的绿色发展效率 $\ln Green_2$ 的回归结果均证明，以黄河流域为研究样本，本书的基础假设 H1 成立。

（二）直接效应和间接效应

表 5-5 报告了在地理距离矩阵和经济距离矩阵情况下，依据表 5-4 空间 SDM 模型点估计结果进一步测算的区域一体化对黄河流域绿色发展效率的直接效应和间接效应。Elhorst（2014）认为，以完全依据空间 SDM 或动态 SDM 本身的点估计结果来分析解释变量对被解释变量的影响及其空间溢出效应可能会存在一定偏误，本节通过对影响效应的分解，进一步对基础回归做出解释。

表 5-5　直接效应和间接效应

变量	$\ln Green_1$				$\ln Green_2$			
	地理矩阵		经济矩阵		地理矩阵		经济矩阵	
	（1）	（2）	（3）	（4）	（5）	（6）	（7）	（8）
	直接效应	间接效应	直接效应	间接效应	直接效应	间接效应	直接效应	间接效应
$\ln con$	0.022**	0.004	0.021**	0.015	0.015**	-0.008	0.021*	-0.005
	(2.05)	(0.11)	(2.08)	(0.93)	(2.11)	(-1.15)	(1.80)	(-0.27)
$\ln I$	0.122***	0.004	0.114***	-0.085	0.425***	0.967	0.126***	-0.018
	(3.32)	(0.02)	(3.10)	(-1.14)	(3.09)	(0.93)	(3.44)	(-0.17)
$\ln C$	0.085	-0.179	0.066	-0.052	-0.219	-0.297	0.031	-0.097
	(0.96)	(-0.61)	(0.83)	(-0.47)	(-0.92)	(-0.34)	(0.41)	(-0.68)
$\ln G$	-0.025	0.106	-0.028	0.019	-0.052	-0.314	-0.031	0.032
	(-0.60)	(0.59)	(-0.72)	(0.27)	(-0.56)	(-0.81)	(-0.66)	(0.40)
S	0.001**	-0.002	0.001**	-0.001	0.003***	-0.001	0.001**	-0.001
	(2.32)	(-1.20)	(2.10)	(-1.03)	(2.77)	(-0.16)	(2.30)	(-1.60)
$\ln Y$	0.002	0.000	0.000	0.001	0.000	0.001	0.002	-0.001
	(1.60)	(0.07)	(0.25)	(0.83)	(0.11)	(0.12)	(1.28)	(-0.59)
$\ln W$	-0.074***	0.133	-0.062***	0.103***	-0.047	0.098	-0.058***	0.094***
	(-3.63)	(1.63)	(-2.96)	(2.94)	(-1.03)	(0.35)	(-2.82)	(2.62)

续表

变量	ln$Green_1$				ln$Green_2$			
	地理矩阵		经济矩阵		地理矩阵		经济矩阵	
	（1）	（2）	（3）	（4）	（5）	（6）	（7）	（8）
	直接效应	间接效应	直接效应	间接效应	直接效应	间接效应	直接效应	间接效应
ln$L$	-0.075	-0.451	-0.123	-0.395**	0.516**	1.104	-0.094	-0.237
	（-0.89）	（-1.19）	（-1.46）	（-2.17）	（2.14）	（0.90）	（-0.96）	（-1.27）
R^2	0.54	0.61	0.57	0.60	0.30	0.30	0.55	0.56

注：括号内为 t 值，＊＊＊、＊＊和＊分别表示在1%、5%和10%的水平上显著。

总体来看，在各个权重下，区域一体化对黄河流域绿色发展效率的直接效应与基础回归基本一致，均为显著的正向作用。ln$Green_1$为被解释变量时，两种矩阵下直接效应的回归系数分别为0.022和0.021，均在5%的水平下显著，间接效应的回归系数分别为0.004和0.015，均不显著；ln$Green_2$为被解释变量时，两种矩阵下直接效应的回归系数分别为0.015和0.021，在5%和10%的水平下显著，间接效应的回归系数分别为-0.008和-0.005，均不显著。由此可知，从系数来看，在不同空间矩阵下，区域一体化表现出显著的直接效应，意味着区域一体化对本区域的作用大于其产生的外溢作用，同时显著性水平之间的差异也证明了这一点。这一结论证明黄河流域现有的区域一体化过程并未达到高效率的状态，区域一体化在带来绿色发展效率"示范效应"的同时，各地区政府之间也存在着"同群效应"，即参考周边政府的决策行为进行政策设计，忽视本地区的资源禀赋条件和发展道路。区域一体化的目的在于实现资源的有效配置，但"遍地开花"式的政策设计，本质上不符合区域一体化过程中资源有效配置的要求，背离本地区比较优势和资源禀赋特征的区域一体化，其实是一种低质量多样化的区域一体化。

三、稳健性检验

本节从两个方面进行稳健性检验：首先，在不改变实证模型的基础上，更换被解释变量，看看黄河流域全流域和上中下游的回归结果是否稳健。其次，为更好地解决内生性问题，本节采用工具变量法，对区域一体化和黄河流域绿色发展效率之间的关系进行验证。

（一）更换被解释变量

1. Malmquist-Luenberger（ML）指数

由于采用价格法测算的区域一体化指数较难找到替代变量，故本书选择更换被解释变量作为基础回归的稳健性检验。ML_G 为黄河流域绿色发展效率变化指数，本书选择其为 $\ln Green_1$ 替代被解释变量，用 $\ln Green_1{}^*$ 表示。

本书借鉴已有文献（盖美等，2016），基于超效率 SBM 模型，测算从 t 期至 $t+1$ 期的 Malmquist-Luenberger（ML）指数，具体公式如下：

$$ML_G = \left[\frac{D_t^C(x_{t+1}, y_{t+1}^E, y_{t+1}^{UN})}{D_t^C(x_t, y_t^E, y_t^{UN})} \times \frac{D_{t+1}^C(x_{t+1}, y_{t+1}^E, y_{t+1}^{UN})}{D_{t+1}^C(x_t, y_t^E, y_t^{UN})} \right]^{\frac{1}{2}} \tag{5-4}$$

其中，ML_G 为黄河流域绿色发展效率的变化指数。x_t、y_t^E、y_t^{UN} 分别为 t 时期的投入、期望产出和非期望产出。$D_t^C(x_t, y_t^E, y_t^{UN})$ 为 t 时期规模报酬不变的全局方向性距离函数。在生产可能性边界的基础上，我们可以使用方向距离函数（DDF）来计算每个生产决策单元到生产可能性边界之间的距离，这就是相对效率。DDF 是通过改进 Shepard 的输出距离函数得到的，其具体形式如下。

$$D_t^C(x_t, y_t^E, y_t^{UN}) = Sup\{\beta: (x_t, y_t^E + \beta g_{y_t^E}, y_t^{UN} - \beta g_{y_t^{UN}}) \in s.t.\} \tag{5-5}$$

其中，g 是方向向量。它反映了人们在预期产出 y_t^E 和非期望产出 y_t^{UN} 之间选择的不同效用偏好。

2. 人均绿色 GDP

黄河流域上游地区的大部分区域和中游地区的部分区域位于"胡焕庸线"以西，"胡焕庸线"以西的地区具有接近全国一半的地理面积，但人口分布稀少，仅占全国5%左右，经济总量偏低，仅占全国5%左右。追求东西部区域的协同发展是我国政府一直贯彻的政策方向，但是在实施过程中，究竟是追求地区总量的趋同，还是追求人均水平的趋同，一直是具有争论的地方。陆铭（2017）认为，在地理条件差异、要素禀赋和已有城市分布的前提条件下，人均 GDP 的趋同比地区 GDP 的趋同更加符合已有发展空间格局，这是当前地区倾向性政策必须面对的现实。鉴于此，本书选择人均绿色 GDP 为 $\ln Green_2$ 替代被解释变量，用 $\ln Green_2{}^*$ 表示。参考卢丽文等（2017）的做法，依照 SDM 模型，在地理距离矩阵和空间距离矩阵下进行回归，结果如表5-6所示。

表5-6 稳健性检验：更换被解释变量

变量	$\ln Green_1{}^*$			$\ln Green_2{}^*$		
	（1）	（2）	（3）	（4）	（5）	（6）
	行政矩阵	地理矩阵	经济矩阵	行政矩阵	地理矩阵	经济矩阵
lncon	0.015*	0.017*	0.016**	0.025*	0.024*	0.027**
	（1.69）	（1.91）	（2.01）	（1.78）	（1.92）	（2.17）

变量	$\ln Green_1$ *			$\ln Green_2$ *		
	（1）	（2）	（3）	（4）	（5）	（6）
	行政矩阵	地理矩阵	经济矩阵	行政矩阵	地理矩阵	经济矩阵
$\ln I$	0.102 ***	0.097 ***	0.093 **	0.348 ***	0.027	0.049 ***
	（2.80）	（2.72）	（2.56）	（2.84）	（1.53）	（2.61）
$\ln C$	0.038	0.078	0.055	−0.200	−0.043	−0.104
	（0.64）	（1.15）	（0.87）	（−0.89）	（−0.54）	（−1.12）
$\ln G$	−0.033	−0.026	−0.029	−0.034	0.009	−0.016
	（−0.90）	（−0.82）	（−0.96）	（−0.37）	（0.26）	（−0.41）
S	0.001 ***	0.001 ***	0.001 ***	0.003 ***	0.048	0.059
	（2.93）	（2.91）	（2.77）	（3.60）	（0.79）	（0.86）
$\ln Y$	0.001	0.001	0.000	0.000	−0.003 **	−0.002
	（1.10）	（1.44）	（0.07）	（0.01）	（−2.20）	（−1.10）
$\ln W$	−0.050 ***	−0.060 ***	−0.051 ***	−0.061	−0.075 ***	−0.083 ***
	（−2.89）	（−3.64）	（−3.15）	（−1.13）	（−3.63）	（−3.62）
$\ln L$	−0.071	−0.057	−0.094	0.463 **	−0.049 ***	−0.043 **
	（−0.86）	（−0.23）	（−1.35）	（1.98）	（−3.53）	（−2.50）
rho	0.142 ***	0.053 *	0.042 **	0.662 ***	0.038 ***	0.037 ***
	（2.79）	（1.90）	（2.55）	（4.76）	（3.65）	（3.26）
R^2	0.51	0.55	0.45	0.50	0.53	0.53

注：括号内为 t 值，***、** 和 * 分别表示在 1%、5% 和 10% 的水平上显著。

模型（1）、模型（2）、模型（3）分别为在行政矩阵、地理距离矩阵和经济距离矩阵下的回归结果，系数为 0.015、0.017 和 0.016，分别在 10%、10% 和 5% 的水平上显著，证明在更换被解释变量后，区域一体化对黄河流域绿色发展效率仍然产生显著促进作用。模型（4）、模型（5）、模型（6）分别为在行政矩阵、地理距离矩阵和经济距离矩阵下的回归结果，系数为 0.025、0.024 和 0.027，分别在 10%、10% 和 5% 的水平上显著，证明在更换被解释变量后，区域一体化对黄河流域绿色发展效率仍然产生显著促进作用。从本次稳健性检验的回归结果看，其实证结果与基础回归保持一致的显著性，这说明在控制回归模型、已有控制变量及部分内生性问题后，使用 ML_G 和人均绿色 GDP 作为替代被解释变量，其检验结果一致，不存在高估和不稳健的实证结果。表 5-6 的回归结果，证实了以黄河流域为研究样本，本书的研究假设 H1 成立，符合稳健性检验要求。

（二）工具变量

在基础回归中，本书通过在模型（5-2）的解释变量中引入因变量的滞后一期项，构建动态空间面板模型。这样既考虑了绿色发展效率的空间溢出效应和动态效应，又避免了"鸡蛋相生"的内生性问题，从而提高了模型估计的准确性和有效性。但这种做法能否解决已有的内生性问题，其可靠性需要进一步验证。本书参考陈诗一和陈登科（2018）的做法，在固定效应模型的基础上，构建最小二乘回归模型以缓解反向因果的内生性问题，分析区域一体化对黄河流域绿色发展效率的影响，作为稳健性检验。模型如下：

$$\ln con_{it} = \alpha + \beta \ln IV_{it} + \delta \sum Control_{it} + B_t + \varepsilon_{it} \tag{5-6}$$

$$\ln Green_{it} = \alpha + \beta \ln con_{it} + \delta \sum Control_{it} + B_t + \varepsilon_{it} \tag{5-7}$$

其中，$Green_{it}$ 为黄河流域绿色发展效率，con_{it} 为区域一体化程度，IV_{it} 为工具变量，$Control_{it}$ 为其余控制变量，B_t 为个体固定效应，ε_{it} 为残差项。本书从工业发展情况、地方财政的支持程度、基础设施建设的投资情况、地区绿化情况、地区环境治理情况、地区消费情况和地区产业结构七个方面选择控制变量，分别选取工业总产值、财政支出额、固定资产投资额、绿地园林面积、工业废弃物处理率、社会消费品零售总额和第二产业产值占比作为控制变量。

1. 地理工具变量的选取

如何选择合理的工具变量是解决内生性的关键，已有研究通常从地理或历史的角度出发，因为地理上的指标通常天然形成的，而历史上的变量与现有研究时间相距较远，较长的时间应足以保证不会与模型残差项相关。Barone 和 Narciso（2015）从地理学角度思考，把城市坡度作为意大利黑手党活动活跃程度的工具变量来分析有组织的犯罪活动对商业补贴的影响；吴晓怡和邵军（2016）从历史角度考虑，把城市在 1933 年是否有铁路通过的虚拟变量作为经济集聚的工具变量，均取得较好的效果。本书参考封志明等（2007）的做法，选用地形起伏度作为工具变量。其由某一区域的地形起伏度是由该区域的最高与最低海拔高度、平地面积和区域总面积共同决定的，是接近客观存在的变量，因此可认为该指标不直接影响黄河流域绿色发展效率。但地形起伏度与人口密度的高低、要素流通的便利等存在较高相关性，将其作为区域一体化的工具变量是合理的。地形起伏度的测量公式为：

$$D = \frac{\left[\max(H) - \min(H) \right] \times \left[1 - P(A)/A \right]}{500} \tag{5-8}$$

其中，max（H）和 min（H）为各地区内最高海拔和最低海拔，A 为测量单元的面积，P（A）为测量单元内的平地面积。

2. 历史人口工具变量的选取

除了地理工具变量，基于历史条件而产生的工具变量也是研究者们常采用的方法。已有的研究突出历史工具变量的阶段性特征，或者选取历史发展过程中该地区是否收到有关经济社会重大事件的冲击作为构建工具变量的基础。本书在综合已有文献的基础上，参考胡雯和张锦华（2021）的做法，选择1984年黄河流域各地区人口密度作为工具变量，采用2SLS模型验证区域一体化对黄河流域绿色发展效率的影响。选择其为工具变量原因在于：①对于黄河流域，尤其是经济社会不发达且对外联系较少的上中游地区，人口是其发展起步阶段最重要的资源，其人口密度的大小决定了在必要的农业人口外，向本地工业部分输送劳动力的能力，是区域一体化的重要条件。②本书以黄河流域地级行政单位为基本的研究对象，从数据可得性方面来讲，1985年出版的《中国城市统计年鉴》是在有关城市经济社会和环境等领域指标最齐全的相关统计资料。③1984年后，地级市的行政版图才得以明确划分。1983年底，《关于地市州党政机关机构改革若干问题的通知》下发，"撤地设市"工作得以大规模展开，以黄河流域中游地区的咸阳地区为例，咸阳地区撤销后，部分县归入西安市，但宝鸡市的一县一区划入咸阳市（注：宝鸡市已于1973年完成撤地设市），行政版图的稳定有助于历史数据的使用，1984年后形成的城市级别框架也是本书研究样本的基础。

3. 实证结果

在选用地形起伏度和1984年人口密度作为工具变量后，本书对研究样本进行调整：去掉已有研究样本中的所有少数民族自治区和盟，这些地区部分数据缺失，部分地方与现有行政区划存在显著差异。本书将两个工具变量同时纳入回归方程中，回归结果如表5-7所示。本书选择能缓解反向因果内生性问题的2SLS回归，验证2005~2021年黄河流域区域一体化和绿色发展效率之间的关系，IV_1 和 IV_2 分别代表地形起伏度和1984年的人口密度。表5-7首先汇报了以全流域为研究对象的实证结果，$\ln Green_1$ 为被解释变量，在第一阶段的回归中，IV_1 的系数为-0.528，在1%的水平上显著；IV_2 的系数为0.071，在10%的水平上显著，即地形起伏度对区域一体化产生显著的负向影响；历史人口密度对区域一体化产生显著的正向影响，符合工具变量选取时的假设。通过全流域第二阶段的回归结果可知，区域一体化会对黄河流域绿色发展效率产生正面影响，其系数为0.025，在1%的水平上显著；这个回归结果证明在引入工具变量的情况下，回归结果与前文空间SDM回归结果一致，以黄河流域为研究样本，证实了本书结果的科学性，也证明了本书研究假设H1：区域一体化能够促进绿色发展效率，符合稳健性检验要求。

$\ln Green_2$ 为被解释变量，在第一阶段的回归中，IV_1 的系数为-0.525，在1%的水平上显著；IV_2 的系数为0.079，在10%的水平上显著，即地形起伏度对区域一体化产生显著的负向影响；历史人口密度对区域一体化产生显著的正向影响，符合工具变量选取时的假设。通过全流域第二阶段的回归结果可知，区域一体化会对黄河流域绿色发展效率产生正向影响，其系数为 0.052，在 1% 的水平上显著；这个回归结果证明在引入工具变量的情况下，区域一体化能够促进黄河流域绿色 GDP，再次证实了以黄河流域为研究样本，本书的研究假设 H1 成立，符合稳健性检验要求。

选用工具变量进行回归，所需的检验在表 5-7 中呈现。$\ln Green_1$ 为被解释变量时，在第一阶段，汇报以全流域为样本的 F 统计量，为 42.61；$\ln Green_2$ 为被解释变量以全流域为样本的 F 统计量，为 21.56。在第二阶段，选择 Anderson-canon. LM 作为工具变量识别不足检验，检验未被包括的工具变量 IV_1（地形起伏度）和 IV_2（历史人口密度）是否与内生变量相关，结果在 1% 的显著性水平上拒绝了"工具变量识别不足"的零假设；选择 Cragg-Donald Wald F 统计量作为弱工具变量检验，检验结果可知：拒绝工具变量是弱识别的假定；选择 Sargan 检验作为工具变量过度识别检验，发现不能在 10% 的显著性水平上拒绝工具变量是过度识别的零假设，说明工具变量是外生的。从整体回归和验证的结果来看，选择历史人口密度作为工具变量存在不显著的情况，相比较而言，选择地形起伏度作为工具变量，更符合本书研究的需求。

表 5-7　稳健性检验——基于工具变量的回归结果

变量	$\ln Green_1$		$\ln Green_2$	
	第一阶段	第二阶段	第一阶段	第二阶段
$\ln con$		0.025***		0.052***
		(2.72)		(5.81)
IV_1	−0.528***		−0.525***	
	(−8.81)		(−3.76)	
IV_2	0.071*		0.079*	
	(1.69)		(1.73)	
$\ln I$	−0.188***	0.039***	0.002	0.002*
	(−3.20)	(7.79)	(1.36)	(1.73)
$\ln C$	0.298***	−0.027***	−0.034***	−0.032***
	(3.73)	(−3.93)	(−3.08)	(−2.81)
$\ln G$	0.250***	0.021***	0.044***	0.032***
	(3.14)	(2.90)	(4.82)	(4.83)
S	−0.278	−0.219***	−0.091***	−0.086***
	(−0.79)	(−7.47)	(−5.30)	(−5.55)
$\ln Y$	−0.001	0.000	0.001***	0.001***
	(−0.79)	(0.20)	(3.01)	(3.47)

续表

变量	ln$Green_1$		ln$Green_2$	
	第一阶段	第二阶段	第一阶段	第二阶段
ln$W$	−0.089*** (−2.66)	0.002 (0.76)	0.007 (1.50)	0.009** (2.31)
ln$L$	−0.202** (2.46)	0.011*** (2.74)	0.011*** (4.52)	0.011*** (4.85)
第一阶段 F-test	42.61 (0.00)		21.56 (0.00)	
Anderson canon. LM（P 值）		78.32 (0.00)		32.28 (0.00)
C-DWaldF 统计量		42.60		21.56
Sargan 统计量（P 值）		0.018 (0.89)		0.21 (0.26)
N	966	966	966	966

注：括号内为 t 值，N 为样本数，***、**和*分别表示在1%、5%和10%的水平上显著。

四、异质性检验

（一）黄河流域上中下游异质性检验

基础回归采用地区数据为第三章的理论模型提供了一定的经验证据。然而黄河流域横跨东部、中部、西部地区9省份，各个地级行政区地理位置和经济社会发展状况差距巨大。为弥补基础回归实证分析的不足，本节分别以黄河流域上中下游为研究对象，分析区域一体化对各个区域绿色发展效率的影响，回归模型为空间 SDM 模型，选用地理矩阵和经济矩阵分别回归互为稳健性检验，实证结果见表5-8。本书以内蒙古河口镇与河南桃花峪为节点，将黄河划分上游、中游和下游。

表5-8 异质性回归结果——基于上中下游

变量	ln$Green_1$					
	地理矩阵			经济矩阵		
	(1)	(2)	(3)	(4)	(5)	(6)
	上游	中游	下游	上游	中游	下游
lncon	0.023* (1.77)	0.034* (1.71)	0.014 (1.33)	0.027 (1.01)	0.037** (2.48)	0.013 (0.75)
ln$I$	−0.002 (−0.41)	−0.011 (−1.62)	−0.045*** (−3.34)	−0.003 (−0.48)	−0.005 (−0.83)	−0.027*** (−2.69)

续表

变量	$\ln Green_1$					
	地理矩阵			经济矩阵		
	（1）	（2）	（3）	（4）	（5）	（6）
	上游	中游	下游	上游	中游	下游
$\ln C$	−0.020	0.019	0.021	−0.000	0.007	0.050
	（−1.10）	（1.04）	（0.35）	（−0.03）	（0.32）	（0.95）
$\ln G$	−0.018**	−0.009	0.028**	−0.000	0.000	0.023*
	（−2.01）	（−1.06）	（2.24）	（−0.04）	（0.09）	（1.95）
S	0.041***	0.024	0.121	0.048***	0.021	0.035***
	（4.46）	（1.03）	（1.57）	（3.23）	（1.08）	（3.79）
$\ln Y$	0.001**	0.000	0.000	−0.000	0.000*	0.000
	（2.17）	（1.19）	（0.39）	（−0.74）	（1.83）	（0.32）
$\ln W$	0.006	−0.009*	0.005	0.007	−0.011**	0.001
	（1.46）	（−1.65）	（0.56）	（1.54）	（−2.07）	（0.05）
$\ln L$	−0.000	0.003*	0.004	−0.003	0.003**	−0.006
	（−0.15）	（1.91）	（0.19）	（−1.28）	（2.01）	（−0.29）
rho	0.038*	0.035*	0.058*	0.032***	0.047**	0.053***
	（1.83）	（1.93）	（1.95）	（3.71）	（2.22）	（3.23）
R^2	0.562	0.545	0.613	0.533	0.527	0.571

注：括号内为 t 值，***、** 和 * 分别表示在 1%、5% 和 10% 的水平上显著。

在表 5-8 中，模型（1）和模型（4）分别为空间权重矩阵采用地理距离矩阵和经济距离矩阵的情况下，黄河流域上游地区的实证结果，区域一体化的回归系数分别为 0.023 和 0.027，分别在 10% 的水平上显著和不显著，故可得出结论，区域一体化未能促进黄河流域上游地区绿色发展效率。模型（2）和模型（5）分别为空间权重矩阵采用地理距离矩阵和经济距离矩阵的情况下，黄河流域中游地区的实证结果，区域一体化的回归系数分别为 0.034 和 0.037，分别在 10% 和 5% 的水平上显著。模型（3）和模型（6）分别为在空间权重矩阵采用地理距离矩阵和经济距离矩阵的情况下，黄河流域下游地区的实证结果，区域一体化的回归系数分别为 0.014 和 0.013，均未通过显著性水平检验。故可得出结论：区域一体化对黄河流域中游地区绿色发展效率产生显著的促进作用，对上游和下游未产生显著的促进作用。对于上游地区而言，在区域一体化的过程中，黄河流域已有的经济发展水平跟不上大量劳动力人员涌入带来的需求，对当地经济和自然资源的承载力造成压力和挑战；同时区域一体化过程中生产资料价格和生活成本的提升会降低企业劳动生产率，造成资源利用率降低，污染物排放加剧，不利于黄河流域上游地区绿色发展效率。对于下游地区而言，尽管河南和山东地区的发展各具优势，如山东和河南的各个地级市均面临新旧动能转换的压力，在南北地区绿色发展效率差异逐渐增大，以及绿色发展效率呈现俱乐部收敛的前提下，缺乏明确的增长极，这会使在区域一体化的背景下，下游地区的生产要素流向京津冀或长三角地区。

表5-9的实证检验结果可知，模型（1）和模型（4）分别为空间权重矩阵采用地理距离矩阵和经济距离矩阵的情况下，黄河流域上游地区的实证结果，区域一体化的回归系数分别为-0.017和-0.015，均不显著，故可得出结论，区域一体化未能促进黄河流域上游地区绿色发展效率。模型（2）和模型（5）分别为空间权重矩阵采用地理距离矩阵和经济距离矩阵的情况下，黄河流域中游地区的实证结果，区域一体化的回归系数分别为0.021和0.030，分别在10%、1%的水平上显著。模型（3）和模型（6）分别为空间权重矩阵采用地理距离矩阵和经济距离矩阵的情况下，黄河流域下游地区的实证结果，区域一体化的回归系数分别为-0.001和-0.019，均未通过显著性检验。得出结论：以绿色GDP为黄河流域绿色发展效率代理变量，发现区域一体化并未显著改善黄河流域上游和下游绿色发展效率，仅对中游绿色发展效率产生显著影响。这一结果与表5-8的实证检验结果一致。

表5-9 异质性回归结果——基于上中下游

变量	$\ln Green_2$					
	地理矩阵			经济矩阵		
	（1）	（2）	（3）	（4）	（5）	（6）
	上游	中游	下游	上游	中游	下游
$\ln con$	-0.017	0.021*	-0.001	-0.015	0.030***	-0.019
	(-1.04)	(1.91)	(-0.04)	(-0.97)	(3.12)	(-1.26)
$\ln I$	0.054*	0.048**	0.145	0.050**	0.060***	0.118
	(1.81)	(2.15)	(1.64)	(2.02)	(3.06)	(1.45)
$\ln C$	0.210*	0.309***	0.173	0.231*	0.362***	0.301**
	(1.74)	(3.92)	(1.09)	(1.92)	(5.16)	(2.03)
$\ln G$	0.094**	0.024	-0.103***	0.088*	0.036*	-0.043
	(2.16)	(1.14)	(-2.78)	(1.80)	(1.87)	(-1.27)
S	0.109	0.500***	0.162	0.081	0.485***	0.274
	(1.55)	(5.23)	(0.71)	(0.97)	(4.35)	(1.59)
$\ln Y$	0.004	-0.001	0.003	0.004	0.002*	0.002
	(1.07)	(-0.60)	(1.60)	(1.10)	(1.81)	(1.28)
$\ln W$	0.004	0.004	0.032	0.007	-0.002	0.012
	(0.19)	(0.24)	(1.41)	(0.31)	(-0.13)	(0.47)

续表

变量	lnGreen$_2$					
	地理矩阵			经济矩阵		
	（1）	（2）	（3）	（4）	（5）	（6）
	上游	中游	下游	上游	中游	下游
lnL	0.009	0.014**	0.033	0.008	0.012**	0.027
	(0.36)	(2.25)	(1.14)	(0.34)	(2.57)	(0.74)
rho	0.390***	0.624***	0.006*	−0.015	0.302***	0.007
	(5.43)	(11.00)	(1.82)	(−0.97)	(5.47)	(1.52)
R^2	0.65	0.73	0.58	0.68	0.72	0.75

注：括号内为 t 值，***、** 和 * 分别表示在 1%、5% 和 10% 的水平上显著。

区域一体化对黄河流域中游地区绿色发展效率产生显著作用，具有较强的现实背景。黄河流域中游地区的东西岸分别为陕西省和山西省，因地理屏障作用使本地的要素流失程度较低，同时两省的能源资源禀赋为两省提供了基本的工作岗位，避免劳动力的过分流失。但基本的地理格局和资源禀赋仅能在发展程度较低和信息不发达的情况下产生显著作用，黄河流域现在的发展阶段，必须摆脱资源依赖的模式。依照长三角和珠三角地区发展的成功经验，必须发挥中心城市和城市群的带动作用。黄河流域在上中下游虽然有兰州、西安、郑州、济南和青岛这样的区域性核心城市，并形成了关中—天水城市群、中原城市群和环渤海城市群等，但无一个城市可以成为全流域的增长极，甚至发展情况最好的下游地区也无法选定一个合适的增长极。从第四章的分布图可知，黄河流域各个核心城市对流域上中下游区域发展的辐射能力有限，难以成为带动区域发展的增长极。相较于长江经济带，黄河流域的流域交通主要依靠铁路和公路，不具备通航条件，这使原材料流通的成本大大增加，无法形成流域内密切的区域经贸合作体系。黄河流域缺乏协同发展的政策体系和类似长三角地区的对话机制。黄河流域城市之间的经济联系较弱，跨省域之间联系更弱，缺乏产业、要素和政策的协同使黄河流域的绿色发展效率在较低程度下，上中下游均呈现 β 趋同的态势，这对于经济欠发达的黄河流域而言并不是好现象。以上现实背景更说明推动黄河流域高质量发展的重要性，其不仅是缩小南北经济差距的破题点，同时通过相应的政策规划，打破黄河流域现有的发展格局，通过促进产业专业、人才交流和技术合作等方式，实现上中下游的协调发展，为面临流域内落后地区的可持续发展和经济增长双重约束的黄河流域提供一条可行的发展路线。

（二）资源型城市与非资源型城市的研究

异质性研究并不应局限于依照地理划分对黄河流域所在城市进行区分。对黄河流域而言，其地域内并未存在明显的增长极，也未能和长三角地区和长江经济带一样，有航运和丰富的交通网络保证要素的流通。更重要的是，虽然存在知识扩散和技术溢出，但黄河流域并未形成较好的区域分工合作。同时，从政策设计来看，黄河流域也缺乏相应的对话机制和协调机制，在政策沟通上也存在问题。基于地级市的研究也表明，要素流通对绿色发展效率的影响在不同背景下是不同的（谢贤君，2019）。以地理条件划分研究区域固然是可行的异质性研究，但黄河流域多中心的特点和复杂的地理环境，淡化了研究样本在市场层面的特质。鉴于此，本书分别以黄河流域资源型城市和非资源型城市为研究对象，分析在不同发展背景下区域一体化的效果。

黄河流域由于其自然资源条件和自身禀赋，形成了以西宁—金昌、灵武—石嘴山、内蒙古鄂尔多斯为代表的河套地区，以榆林为代表的陕北地区，内蒙古、陕西、山西三省交界处，晋中南和豫西这一整条资源型城市分布线，对于黄河流域的资源型城市而言，其面临巨大的转型压力和由规模报酬递减带来的效率损失，而由市场分割带来的要素扭曲是规模报酬递减的主要原因（王晓楠和孙威，2020）。鉴于此，本节依照2013年国务院发布的《全国资源型城市可持续发展规划（2013-2020年）》发布的，选取位于黄河流域的地级行政区为研究样本，并进行了筛选，经筛选后的黄河流域资源型城市为35个，非资源型城市为26个。本书分别以资源型城市和非资源型城市为研究对象，研究区域一体化对绿色发展效率的影响。

表5-10为该异质性研究的结果，$\ln Green_1$为被解释变量，以资源型城市为研究样本的SDM回归结果表明，无论在地理矩阵还是经济矩阵下，区域一体化可显著提高黄河流域资源型城市的绿色发展效率，影响系数分别为0.039和0.036，分别在1%和5%的水平上显著。而以非资源型城市为研究样本的SDM回归结果表明，无论是在地理矩阵下还是经济矩阵下，区域一体化未对黄河流域非资源型城市的绿色发展效率产生显著影响。同前文基于上中下游的异质性研究一样，黄河流域区域一体化的结果具有显著的区域特征。

表5-11为以$\ln Green_2$为被解释变量的异质性研究结果，以资源型城市为研究样本对其空间SDM回归结果表明，在地理矩阵和经济矩阵下，区域一体化的影响系数分别为0.497和0.476，分别在5%和10%的水平上显著，证明区域一体化能够显著促进黄河流域资源型城市的绿色发展效率。而当研究样本为非资源型城市时，区域一体化的影响系数并不显著，证明此时区域一体化不能够显著促进黄河流域非资源型城市的绿色发展效率。以$\ln Green_2$为被解释变量的实证检验结果与以

$\ln Green_1$ 为被解释变量的实证检验结果一致，证明了相关实证检验的稳健性。

表 5-10　异质性回归结果——基于资源型和非资源型城市

变量	$\ln Green_1$			
	资源型城市		非资源型城市	
	（1）	（2）	（3）	（4）
	地理矩阵	经济矩阵	地理矩阵	经济矩阵
lncon	0.039 ***	0.036 **	0.018	0.017
	（4.64）	（2.01）	（1.45）	（1.17）
$\ln I$	0.002	0.005	0.000	0.004
	（1.36）	（1.55）	（0.34）	（0.76）
$\ln C$	−0.034 ***	−0.039	−0.031 **	−0.015
	（−3.08）	（−1.47）	（−2.24）	（−0.43）
$\ln G$	0.044 ***	−0.009	0.057 ***	0.027
	（4.60）	（−0.34）	（5.25）	（0.74）
S	−0.069 ***	−0.071 ***	−0.149 ***	−0.159 *
	（−5.06）	（2.77）	（−8.10）	（1.86）
$\ln Y$	0.001 **	0.000	0.000	−0.002
	（2.28）	（0.07）	（0.02）	（−1.10）
$\ln W$	0.016 ***	−0.051 ***	0.018 ***	−0.083 ***
	（3.66）	（−3.15）	（3.56）	（−3.62）
$\ln L$	0.016 ***	−0.094	0.046 ***	−0.043 **
	（4.97）	（−1.35）	（9.74）	（−2.50）
rho	0.053 *	0.042 **	0.038 ***	0.037 ***
	（1.90）	（2.55）	（3.65）	（3.26）
C	−0.460 ***	−1.448 *	−0.730 ***	−1.322 ***
	（−6.32）	（−1.73）	（−10.01）	（−3.65）
R^2	0.427	0.450	0.715	0.527

注：括号内为 t 值，N 为样本数，***、** 和 * 分别表示在 1%、5% 和 10% 的水平上显著。

表 5-11　异质性回归结果——基于资源型和非资源型城市

变量	$\ln Green_2$			
	资源型城市		非资源型城市	
	（1）	（2）	（3）	（4）
	地理矩阵	经济矩阵	地理矩阵	经济矩阵
lncon	0.497 **	0.476 *	0.052	−0.059
	（2.37）	（1.85）	（1.00）	（−0.49）

变量	lnGreen$_2$			
	资源型城市		非资源型城市	
	（1）	（2）	（3）	（4）
	地理矩阵	经济矩阵	地理矩阵	经济矩阵
ln$I$	−0.025***	−0.016***	0.001	−0.034***
	（−3.07）	（−4.22）	（0.19）	（−7.15）
ln$C$	0.408***	0.487***	0.106*	0.599***
	（6.02）	（10.63）	（1.81）	（15.37）
ln$G$	0.217***	0.678***	0.620***	0.618***
	（2.71）	（18.61）	（13.34）	（13.42）
S	0.686***	−0.023	−0.115	0.070
	（6.36）	（−0.37）	（−1.46）	（1.13）
ln$Y$	0.002	0.000	0.004***	0.007***
	（1.53）	（0.44）	（4.88）	（8.09）
ln$W$	0.244***	0.070***	0.136***	−0.074***
	（6.15）	（4.08）	（6.18）	（−3.24）
ln$L$	0.023	0.022	0.192***	0.064***
	（1.22）	（1.40）	（9.51）	（6.00）
rho	0.053*	0.030***	0.031***	0.039***
	（1.90）	（7.54）	（3.75）	（4.26）
R^2	0.76	0.75	0.95	0.94

注：括号内为 t 值，N 为样本数，***、**和*分别表示在 1%、5%和 10%的水平上显著。

对于黄河流域资源型城市而言，其发展依靠资源及其加工产业，属于典型的重工业城市，在发展转型上存在客观的困难，但其基本发展水平仍高于除省会城市外的其他城市；同时，作为发展程度不高的黄河流域，资源型城市为其经济发展的重点城市，地方政府在实际决策过程中，不仅由于 GDP 导向的原因，以经济总量的增长而非生产效率的提高为其经济发展的目标。而且在实际操作过程中，对重资产企业更加偏好，导致资源型城市的投资具有明显的偏向性，在这样的背景下，区域一体化程度的改善可对绿色发展效率产生显著性影响，因为其具有较好的试错成本。而非资源型城市由于其特殊性，较少存在资本要素的过量投入，同时由于其多为以第三产业为主导的区域，对劳动力的利用效率较高，较难存在要素投入方面的冗余，区域一体化的改进空间有限。从分布情况看黄河流域非资源型城市可分为两种：一种是处在生态功能区，其特殊的生态地理环境注定不适合发展第二产业，第三产业的发展是其实现高质量发展的重要途径，如陇南市；另一种是仍然处在高速工业化的过程中，但城市本身也是历史文化名城，第三产业也发展迅速，如西安市，其余城市由于地理环境和自身资源禀赋的原因，经济发展模式在短期内较难实现转变，故对区域一体化的利用程度不高，使区域一体化无法显著改善绿色发展效率。

第三节 实证检验
——政策冲击视角

黄河流域区域经济区域一体化与政府干预协调高度耦合，完全依靠自发的商业和市场联系，不能有效实现区域一体化的目标（韩君，2021）。这不仅是由于商业和市场固有的利润驱动特征，任何个人公司行为和市场行为都不可能关注整个区域经济是否能够实现协调和最佳资源分配，而且由于在区域一体化过程中遵守区域发展的总体目标，许多人不可避免地受到限制和扭曲。因此，为了实现和谐的区域一体化、健康的市场统一和企业间的公平竞争，需要政府层面的积极支持和干预（徐维祥，2021）。本节将区域一体化视作政策创新，纳入到生产函数中，分析区域一体化政策对黄河流域绿色发展效率的作用。

一、实证结果

（一）基础回归

依照公式（5-3），本书验证区域一体化政策对黄河流域绿色发展效率的影响。由于黄河流域横跨我国东中西部，区域差异巨大，故分别对上中下游进行分区域验证，验证结果见表5-12。

表5-12 DID 回归验证结果

变量	$\ln Green_1$		$\ln Green_2$	
	全流域	全流域	全流域	全流域
	（1）	（2）	（3）	（4）
D	0.082**	0.071*	0.111*	0.106*
	(2.10)	(1.97)	(1.99)	(1.95)
$\ln I$		0.195**		0.212***
		(2.38)		(3.60)
$\ln C$		−0.063		0.009**
		(−1.19)		(2.11)

续表

变量	ln$Green_1$		ln$Green_2$	
	全流域	全流域	全流域	全流域
	（1）	（2）	（3）	（4）
ln$G$		−0.027		0.437***
		（−1.31）		（11.19）
S		0.032*		0.026
		（1.96）		（0.55）
ln$Y$		0.106*		−0.186***
		（1.84）		（−4.11）
ln$W$		0.062		−0.074***
		（1.02）		（−6.16）
ln$L$		−0.208***		0.034**
		（−3.57）		（2.25）
R^2		0.14		0.68

注：括号内为 t 值，***、** 和 * 分别表示在 1%、5% 和 10% 的水平上显著，限于篇幅，常数项和时间虚拟变量的回归结果省略。

依据表 5-12 可知，当 ln$Green_1$ 为被解释变量时，在控制时间固定效应和个体固定效应后，未加入控制变量时 β =0.082，在 5% 的水平上显著，加入控制变量后 β =0.071，在 10% 的水平上显著，证明区域一体化政策对黄河流域绿色发展效率产生显著正向作用；当 ln$Green_2$ 为被解释变量时，在控制时间固定效应和个体固定效应后，未加入控制变量时 β =0.111，在 10% 的水平上显著，加入控制变量后 β =0.106，在 10% 的水平上显著，证明以绿色 GDP 为被解释变量，可知区域一体化政策对黄河流域绿色发展效率产生显著正向作用。表 5-12 中无论加入控制变量与否，得到的结论均一致，且不同被解释变量时，结论仍具有一致性。实证检验的结果表明，在政策冲击视角下，本书的研究假设 H1 仍然成立，在该角度下的实证检验结果与区域一体化在市场一体化角度下的实证检验成果一致。

（二）异质性研究

基于经济基础、地理环境、要素禀赋等异质性可能会导致政策效果差异，本书对上中下游均进行回归验证（见表 5-13），从分区域的结果来看，尽管黄河流域上游和下游的回归系数均为正，但并未通过显著性检验，表明区域一体化政策并未促进上游和下游政策区域的绿色发展效率。当 ln$Green_1$ 为被解释变量时，中游的回归结果表明，加入控制变量后 β =0.093，在 1% 的水平上显著，区域一体化政策在流域中游提升了政策区域的绿色发展效率，政策效果显著高于全流域平均水平；当 $\ln Green_2$ 为被解释变量时，中游的回归结果表明，加入控制变量后 $\beta = 0.262$，在 5% 的水平上显著，区域一体化政策在流域中游提升了政策区域的绿色发展效率，政策效果依然高于全流域平均水平。从分区域回归可知，政策仅对中游地区的显著影响，可见黄河流域在绿色发展方面的协同性较差；上游和下游地区的绿色发展效率对区域一体化政策不敏感，可能因为所在区域并不处于强调绿色经济的阶段，也可能因为即便沿用经济增长价值导向的发展模式，区域一体化政策也不能产生显著正向的政策效果。在政策冲击视角下，上中下游的异质性研究结果与市场一体化视角下的异质性研究结果一致，不同研究方法得出的一致结论证明了本书研究的稳健性。

表 5-13　DID 回归验证结果—异质性研究

变量	$\ln Green_1$			$\ln Green_2$		
	上游	中游	下游	上游	中游	下游
	（1）	（2）	（3）	（4）	（5）	（6）
D	0.162	0.093***	0.015	0.276	0.262**	0.068
	(1.62)	(2.89)	(0.20)	(1.63)	(2.04)	(1.56)
$\ln I$	−0.036	0.374***	0.074	−0.105***	0.218***	0.290***
	(−0.25)	(2.73)	(0.37)	(−5.89)	(9.72)	(11.03)
$\ln C$	0.031	−0.052	−0.302**	0.051***	0.077***	0.070***
	(0.45)	(−0.77)	(−2.73)	(6.58)	(8.32)	(6.16)
$\ln G$	−0.061*	0.029	−0.083	0.068	0.140	0.339***
	(−1.97)	(0.59)	(−1.04)	(0.62)	(1.29)	(2.74)
S	0.015	0.018	−0.011	−0.449***	−0.627***	−0.434***
	(0.54)	(0.23)	(−0.03)	(−4.45)	(−5.58)	(−3.90)
$\ln Y$	0.093	0.091	0.182	0.199**	−0.222**	−0.761***
	(1.42)	(1.20)	(1.54)	(2.44)	(−2.19)	(−7.12)
$\ln W$	0.391**	0.191***	0.165***	−0.055**	0.008	−0.019
	(2.55)	(7.01)	(6.82)	(−2.39)	(0.35)	(−0.61)
$\ln L$	0.713***	0.897***	0.973***	−0.028	−0.070***	0.010
	(4.27)	(4.99)	(5.24)	(−1.10)	(−2.68)	(0.31)
R^2	0.20	0.24	0.23	0.65	0.50	0.40

注：括号内为 t 值，***、** 和 * 分别表示在 1%、5% 和 10% 的水平上显著，限于篇幅，常数项和时间虚拟变量的回归结果省略。

选用 DID 模型、将区域一体化视作政策冲击进行实证结果与选用空间计量模型、用相对价格法测算区域一体化程度的实证结果一致，均表明区域一体化可促进黄河流域绿色发展效率，但影响区域仅限于黄河流域中游地区，对上游和下游尚未有显著影响。这不仅证明了本书研究假设的成立，也证明了黄河流域区域一体化的作用过程有其自身的特点，无法按照长江流域、莱茵河流域等较为成熟的城市发展经验进行套用。

二、平行趋势检验

选用 DID 分析区域一体化政策对黄河流域绿色发展效率的影响程度，一个重要前提是受政策影响的城市和未受政策影响的城市在事前并不存在系统性偏差。如果受政策影响的城市在政策实施前绿色发展效率的提高（降低）速度明显高于未受政策影响的城市，则会影响本书的研究结论。故本书进行平行趋势检验，证明回归结果的稳健性。由于本书基础模型采用多期 DID 模型，政策冲击时间不一致，故本书将事前检验的年份统一为 4 年，事后检验的年份统一为 5 年，所有验证以实施前四年的变量为基期，限于篇幅，本书仅汇报 $\ln Green_1$ 为被解释变量时的结果，如表 5-14 所示。

表 5-14　平行趋势检验

	（1）	（2）	（3）	（4）
实施前三年	-0.001 (-0.03)	0.017 (1.03)	-0.063 (-1.03)	0.077 (0.77)
实施前两年	-0.008 (-0.26)	-0.006 (-0.25)	-0.113 (-1.07)	-0.106 (-0.69)
实施前一年	-0.014 (-0.42)	0.003 (0.16)	-0.125 (-1.14)	-0.144 (-0.98)
政策实施当年	-0.004 (-0.11)	0.004 (0.13)	-0.162 (-1.07)	-0.162 (-1.00)
实施后一年	0.022 (0.51)	0.011 (0.32)	0.266** (2.24)	-0.198 (-1.09)
实施后两年	0.049 (1.02)	0.013 (0.38)	0.347** (2.55)	-0.369** (-2.18)
实施后三年	0.124** (2.14)	0.021 (0.61)	0.494*** (2.84)	-0.463** (-2.38)
实施后四年	0.187*** (3.15)	0.016 (0.46)	0.594*** (3.58)	-0.645** (-2.57)

	（1）	（2）	（3）	（4）
实施后五年	0.207 ** （2.36）	0.052 （1.14）	0.579 * （1.92）	-0.713 ** （-2.34）
控制变量	加入	加入	加入	加入
时间效应	控制	控制	控制	控制
个体效应	控制	控制	控制	控制
R^2	0.38	0.97	0.53	0.36

注：括号内为 t 值，*** 、** 和 * 分别表示在 1%、5% 和 10% 的水平上显著。

在表 5-14 中，模型（1）至模型（4）分别代表被解释变量为绿色发展效率的情况下，黄河流域全流域和上中下游的平行趋势检验结果，涵盖基础回归和因素验证所有采用 DID 模型的情况，限于篇幅，仅汇报以全流域为研究样本的验证结果。模型（1）至模型（4）的验证结果均表明，在政策实施前实验组和对照组之间并无显著差异，符合平行趋势假设，证明本书选用 DID 的合理性。模型（1）显示政策实施后三年，回归系数开始显著并增大，表明政策实施后三年，区域一体化对黄河流域绿色发展效率的影响才开始显著。模型（2）显示政策实施后，当年的系数并不显著，且从实施后数年的情况来看，区域一体化对黄河流域上游地区绿色发展效率并无显著影响。模型（3）表明，尽管实施当年的政策效应并不显著，但从政策实施后一年来看，区域一体化政策对黄河流域中游地区绿色发展效率的影响一直显著为正，不仅政策效应的影响系数大于全流域，同时政策效应未出现衰减的趋势。模型（4）表明，区域一体化政策对黄河流域下游地区绿色发展效率未产生显著的正向作用，未达到原有的政策设计预期。

三、安慰剂检验

DID 识别区域一体化对黄河流域绿色发展效率影响的另一个问题在于，其他不可观测且随着时间推移而变化的区域特征对估计结果产生的影响。黄河流域横跨东中西部，各地区地理特征、生态环境状况具有其他许多不同的特质，虽然前文通过加入城市固定效应控制了所有不随时间推移而变化的城市特质对于黄河流域高质量发展的影响，但是部分特质可能随着时间推移会具有不同的影响，从而影响识别假设。对此，本书首先控制了一系列可观测的主要城市特征，工业发展情况、地方财政的支持程度、基础设施建设的投资情况、地区绿化情况、地区环境治理情况、地区消费情况和地区产业结构等方面，但是本书无法控制所有的特征，尤其是不可观测的特征的影响。故本书参考刘瑞明等（2020）的做法，在62 个地级市中随机产生一个政策区域名单（随机生成处理组），从而产生一个错误的估计系数 β^{random}，在随机生成处理组并进行 1000 次回归的基础上，统计这1000 个 β^{random} 对应的 t 值，并绘制其核密度图，如图 5-1 所示，限于篇幅，本书仅汇报 $lnGreen_1$ 为被解释变量时的结果。观察图 5-1 可知，t 值分布在 0 附近且符合正态分布，且与表 5-12 中真实回归系数的 t 值相比较，仅有极少 t 值小于真实回归系数的 t 值，证明了结果的稳健性。

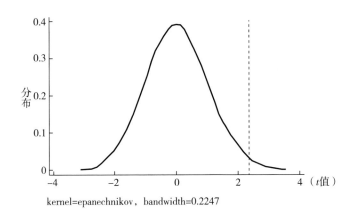

kernel=epanechnikov，bandwidth=0.2247

图 5-1　安慰剂检验

本章小结

本书依照第三章的理论分析展开实证研究。首先基于研究目的，从市场一体化和政策冲击两个角度出发，分别构建空间 SDM 模型和多期 DID 模型作为回归模型，以 2005~2021 年黄河流域 62 个地级行政区为研究对象，实证研究区域一体化对黄河流域绿色发展效率的影响效应，选用指标替换和工具变量两种方式进行稳健性检验和解决内生性问题，并依照地理划分对黄河流域上中下游进行异质性研究，依照是否为资源型城市进行异质性研究。结果可归纳为：

（1）从市场一体化的角度，研究区域一体化对黄河流域绿色发展效率的影响，发现：区域一体化对黄河流域绿色发展效率产生显著的正向影响。以 Super-SBM 模型测度效率值为黄河流域绿色发展效率时，在行政、地理和经济三个不同空间矩阵下，采用空间 SDM 的回归系数为 0.021、0.022 和 0.020，分别在 10%、5% 和 5% 的水平上显著。以绿色 GDP 表示黄河流域绿色发展效率时，在行政、地理和经济三个不同空间矩阵下，采用空间 SDM 的回归系数为 0.015、0.019 和 0.011，分别在 10%、10% 和 5% 的水平上显著。从效应分解的角度看，直接效应大于间接效应，意味着区域一体化对本区域的作用大于其产生的外溢作用。

（2）稳健性检验表明，更换被解释变量，以黄河流域绿色发展效率变化指数和人均绿色 GDP 为被解释变量，得出的回归结果与基础回归一致。以选用地理工具变量和历史工具变量，采用 2SLS 模型回归，发现选用工具变量的实证结果均与基础回归结果一致，即 $\ln Green_1$ 为被解释变量时，区域一体化对黄河流域绿色发展效率产生促进作用，回归系数为 0.025，在 1% 的水平上显著；$\ln Green_2$ 为被解释变量时，区域一体化对黄河流域绿色发展效率产生促进作用，回归系数为 0.052，在 1% 的水平上显著。该研究不仅较好地解决了内生性问题，同时也满足了稳健性检验的要求，证明基础回归结果的稳健性。

（3）异质性研究表明，上中下游地区中仅中游地区的影响系数显著为正，上游和下游均不显著。空间权重矩阵采用地理距离矩阵和经济距离矩阵的情况下，不同被解释变量情况下黄河流域中游地区的实证结果，区域一体化的回归系数分别为 0.034、0.037、0.021 和 0.030，分别在 10%、5%、10% 和 1% 的水平上显著。无论在地理矩阵还是经济矩阵下，区域一体化可显著提高黄河流域资源型城市的绿色发展效率，影响系数分别为 0.039、0.036、0.497 和 0.476，分别在 1%、5%、5% 和 10% 的水平上显著。区域一体化未对黄河流域非资源型城市的绿色发展效率产生显著影响。同前文基于上中下游的异质性研究，黄河流域区域一体化的结果具有显著的区域特征。

（4）从政策冲击的角度，研究区域一体化对黄河流域绿色发展效率的政策效应。发现区域一体化政策的实施显著改善了黄河流域绿色发展效率。采用多期 DID 进行回归验证，在控制时间固定效应和个体固定效应后，以 Super-SBM 模型测度效率值为黄河流域绿色发展效率时，未加入控制变量时 $\beta = 0.082$，在 5% 的水平上显著，加入控制变量后 $\beta = 0.071$，在 10% 的水平上显著；以绿色 GDP 表示黄河流域绿色发展效率时，未加入控制变量时 $\beta = 0.111$，在 10% 的水平上显著，加入控制变量后 $\beta = 0.106$，在 10% 的水平上显著。证明区域一体化政策对黄河流域绿色发展效率产生显著正向作用。异质性研究表明，仅黄河流域中游地区的政策效应显著为正，这个结果与基础回归结果一致，证明无论以市场一体化的角度定义区域一体化，还是以政策冲击的角度定义区域一体化，均能得出相同的结论。

第六章 区域一体化对黄河流域绿色发展效率的影响路径

本书第五章实证检验结果表明：区域一体化能够促进黄河流域绿色发展效率，且实施稳健性检验、处理内生性问题后，结论保持不变。但更关键的是，区域一体化通过何种路径影响黄河流域绿色发展效率？依照第三章的理论分析，本书从绿色经济、污染治理、绿色技术扩散和要素配置优化四个角度，系统考察区域一体化对黄河流域绿色发展效率的影响路径。本章基于 2005~2021 年黄河流域地级行政区的样本数据，对第三章提出影响路径的研究假设（H2 至 H5）进行验证，并基于地理层面的上中下游划分进行异质性研究。

第一节 区域一体化的影响路径
——绿色经济

一、研究设计

（一）空间计量模型

本章选用空间计量模型验证区域一体化的作用机制，考虑地区绿色经济的空间溢出效应。本书参考韩峰和阳立高（2020）的做法，通过 LM 检验、LR 检验和 Hausman 检验，确定采用固定效应的空间杜宾模型（SDM）。

$$M_{it} = \alpha + \rho W M_{it} + \beta_1 \ln con_{i,t} + \theta_1 W \ln con_{i,t} + \gamma \sum \ln X_{it} + \alpha \sum W(\ln X_{it}) + \varepsilon_{it} \qquad (6-1)$$

其中，M_{it} 为绿色经济，$\ln con_{i,t}$ 为区域一体化的对数，X_{it} 为控制变量，W 为空间权重矩阵。为保证验证结果的稳健性，同时使用地理距离权重矩阵和经济距离权重矩阵进行空间计量分析，地理距离权重矩阵中的元素 W_{ij}^d 设定为 $W_{ij}^d = 1/d_{ij}$，d_{ij} 为两个城市之间的距离，使用两城市经纬度坐标计算；将经济距离权重矩阵中的元素 W_{ij}^e 设定为 $W_{ij}^e = 1/|Q_i - Q_j|$，Q_i 和 Q_j 分别表示城市 i 和 j（$i \neq j$）2005~2021 年人均 GDP 均值。

（二）变量选取

1. 核心被解释变量——绿色经济

（1）已有研究对绿色经济测度的讨论。如何测度绿色经济是本次实证检验的关键，在已有研究中，绿色经济的测度主要来源于两个角度：一是选用单位GDP能耗、单位GDP二氧化碳排放量等单一指标测度绿色经济（周杰琦和徐国祥，2020；谢东江和胡士华，2021），其认为绿色经济是考虑生态环境约束的经济发展方式，因此用能源/碳排放与经济发展的比值进行度量；二是选择构建指标体系，测度绿色经济，其出发点在于，将绿色经济视作经济系统和生态环境系统交互耦合的结果（徐晓光等，2021；刘宇峰等，2022）。本书参考He等（2019）的做法，从两个角度选择绿色经济变量：选择构建综合指标体系测度绿色经济；选取单位GDP二氧化碳排放量作为绿色经济的代理变量。

在综合指标体系测度绿色经济的方法中，本书采用耦合模型对黄河流域的绿色经济程度进行测度，该模型在综合评价绿色经济的基础上，不仅可以分析变量之间的协同作用，而且不用考虑变量之间的因果联系。耦合模型涵盖发展和协调两个方面，发展体现了从低水平到高水平的演进过程，而协调体现了两个系统之间和谐发展的程度。耦合度即协调发展度，同时包含了黄河流域绿色经济的"扩量"和"提质"的过程。耦合模型在涉及对区域的综合评价研究方面得到了广泛应用，在有关黄河流域的研究成果中，已有采用耦合的方法，测度黄河流域新型城镇化和生态环境同步发展状态的文献（崔盼盼等，2020）。

（2）耦合系统。设 $f(x) = \sum \alpha_i x_i$ 为经济社会高质量发展子系统的综合发展水平，其中 x_i 和 α_i 分别为经济社会指标及其权重；$g(y) = \sum \beta_j y_j$ 为生态环境高质量发展的综合发展水平，其中 β_j 和 y_j 分别为生态环境指标及其权重；Q 为两个子系统组合所形成的总的综合发展水平，即系统发展度。本书假定系统发展度遵循C-D函数，则有：

$$Q = \lambda f(x)^\theta g(y)^{1-\theta} \tag{6-2}$$

其中，λ 为外生变量，θ 和 $1-\theta$ 分别为经济社会子系统和生态环境子系统的产出弹性，本书假定 $\lambda = 1$，$\theta = 0.5$，即两个子系统对绿色经济的贡献程度一致，且函数具有规模报酬不变的性质。

系统协调度表示两个系统之间协调程度的好坏，其模型如下：

$$P = \left[\frac{f(x)g(y)}{\left[\frac{f(x)+g(y)}{2} \right]^2} \right]^k \tag{6-3}$$

其中，P 为经济社会子系统和生态环境子系统的平均偏离程度，k 为调节系

数且 $k \geqslant 2$，$0 \leqslant P \leqslant 1$，当 P 值越大时，表明两个子系统的偏差越小，整个综合系统的协调性越强。本书假定 $k=2$。

耦合表示两个子系统之间发展和协调的综合状态，对耦合而言，协调和发展缺一不可，这也是耦合度被称作协调发展度的原因。如图 6-1 所示，D 点和 E 点具有相同的协调水平，但从发展的角度来看，E 点的发展程度优于 D 点，仅考虑协调不考虑发展的话，会使两个子系统陷入"低发展"程度的陷阱；G 点和 E 点处在同一条等发展线上，尽管二者具有相同的发展水平，但是 E 点的协调度优于 G 点；同理，E 点的协调度也优于 F 点，F 点和 G 点的情况表示经济社会和生态环境子系统之间的配合缺乏效率。故系统发展线和系统协调线的交互表明了两个子系统之间的耦合水平。耦合度的计算公式为：

$$D = \sqrt{Q \times P} \tag{6-4}$$

其中，D 代表耦合度，发展度 Q 和协调度 P 的公式如上文所示。处于低水平耦合点（低绿色经济程度）的地区如何向高水平耦合点（高绿色经济程度）的地区跃迁？本书将结合图 6-1 予以解析。

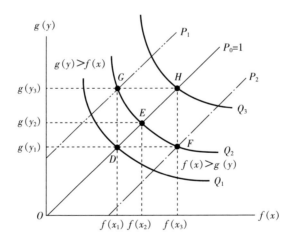

图 6-1 耦合度图解

尽管从实现途径的角度来看，稳步协调推进经济社会发展和生态环境治理可以在保证高协调度的情况下，完成低水平发展向较高水平发展的跃迁，如图 6-1 所示，低发展水平的 D 点向较高发展水平的 E 点跃迁。但现有的文献研究表明，无论是在国家层面还是在区域层面，不同地区的绿色经济水平差异极大，且很难通过后发优势进行追赶甚至超越，故要摆脱低水平耦合陷阱、实现绿色经济的协调演进，也可选择优先单子系统发展的策略。假定欠发达地区的耦合点为 D，如果采取经济社会系统发展优先的策略，一段时间后耦合点从 D 点上升至 F 点，表明经济社会系统得到了较好的发展。得益于经济水平的提高，该地区在城市建设和生态治理方面的支出将会得到提高，这将改善生态环境系统；同时，该地区对高污染和资源浪费严重企业的依赖度降低，从而优化调整产业结构，实现生态环境的改善；此外，还存在高收入地区的居民对优质生态环境的偏好程度更高等情况，促进生态环境的改善，此时耦合点将从 F 点提升至 H 点，低发展水平地区完成了向高发展水平地区的跃升。如果位于耦合点 D 的欠发达地区选择了生态环境系统优先发展的策略，那么一段时间后耦合点从 D 点上升至 G 点，表明生态环境系统得到了较好的发展。生态环境作为一种资源禀赋，可以促进依托生态的服务行业发展，从而改善地区经济社会发展水平；同时，还存在对国家重点生态功能区转移支付的政策，使实施禁限政策的部分地区获得转移支付，也可提升地区的经济社会发展水平，实现耦合点从 G 点向 H 点的移动。绿色经济必须要兼具绿色和发展两个方面，即经济社会系统和生态环境系统的协调。这也是耦合度在测度绿色经济方面更具有优势的佐证。

（3）耦合模型指标选取。本书采用耦合模型，将目标层分为经济社会可持续发展和生态环境可持续发展两个子系统，依照已有文献和黄河流域的特点，参照数据可得性，将经济社会可持续发展分为经济发展、民生状况和基础设施与公共服务三个方面，共计 10 个指标；将生态环境可持续发展分为生态环境水平、生态环境保护和生态环境利用三个方面，共计 10 个指标，具体情况如表 6-1 所示。

表 6-1　指标体系

目标层	系统层	指标层	属性	单位
经济社会可持续发展（X）	经济发展	GDP 总额	正	亿元
		第一产业产值占比	负	%
		第二产业产值占比	正	%
		第三产业产值占比	正	%
	民生状况	城乡居民储蓄年末余额	正	万元
		人口自然增长率	正	%
		固定资产投资	正	万元
	基础设施与公共服务	公路里程	正	千米
		医院床位数	正	张
		科教支出占比	正	%

目标层	系统层	指标层	属性	单位
生态环境 可持续发展 （Y）	生态环境水平	水资源总量	正	亿立方米
		建成区绿化覆盖面积	正	平方千米
	生态环境保护	工业二氧化硫去除量	正	吨
		工业烟尘去除量	正	吨
		生活垃圾无害化处理率	正	%
		造林面积	正	千公顷
	生态环境利用	城市污水排放	负	万吨
		工业烟尘排放量	负	吨
		工业二氧化硫排放量	负	吨
		单位 GDP 能耗	负	tce/万元

指标的计算第一步为数值的标准化，本书采用的是最大最小值标准化的方法，其标准化的步骤如下：

$$\text{正指标：} x'_{ij} = \frac{x_{ij} - \min X_{ij}}{\max X_{ij} - \min X_{ij}} \qquad \text{负指标：} x'_{ij} = \frac{\max X_{ij} - x_{ij}}{\max X_{ij} - \min X_{ij}}$$

这种方法得出的标准化后的指标值在 ［0，1］ 区间上，指标值越大，代表其在该评价体系中得分越高。

最后，综合评价值的数值是在各评价指标标准化数值的基础上，按照事先赋予的权重，经过加权综合而成。

2. 核心解释变量——区域一体化

本书采用相对价格法构建区域一体化指数，选用八类居民消费价格指数，分别为食品类、烟酒及用品类、衣着类、家庭设备及用品类、医疗保健类、交通和通信类、娱乐教育文化类和居住类。具体情况见第四章第一节相关内容。

3. 控制变量

（1）地区工业发展状况（$\ln I$）＝地区工业总产值对数值。地区工业的发展不仅是该地区经济发展的总要动力之一，也是当地污染物的主要排放来源。黄河流域目前依然面临工业产值占比高的现实，鉴于此参考展进涛等（2019）的做法，选择地区工业生产总值对数为控制变量。

（2）地区污染治理情况（$\ln C$）＝地区工业污水处理率对数值。本书聚焦黄河流域绿色发展效率，区域一体化的进程中，为防止污染带来的外部性问题，不同地区可能面临环境治理手段的借鉴和环境规制强度的趋同，本书参考林江彪等

（2021）的做法，选择地区工业污水处理状况作为环境治理的变量。

（3）地区基础设施建设投资情况（lnG）＝地区固定资产投资额对数值。基础设施投资决定了区域一体化过程中要素、技术等流通的速度。本书参考 Xie 等（2021）的做法，选择地区固定资产投资额对数值作为变量。

（4）地区产业结构（S）＝地区第二产业产值占比。区域一体化必然带来产业结构的调整，进而改变产业份额，影响黄河流域绿色发展效率。本书参考王海杰等（2022）的研究，选择第二产业产值占比表示地区产业结构。

（5）地区生态环境情况（lnY）＝地区 PM2.5 浓度对数值。本书参考王敏和黄滢（2015）的研究，认为已有污染物排放数据由企业自行上报，可能存在由于主观隐瞒导致的数据失真，而检测数据可以避免这种情况，故本书将监测污染物数据 PM2.5 浓度作为代理变量，PM2.5 浓度数据源自加拿大达尔豪斯大学大气成分分析组提供的遥感反演数据集。

（6）地方财政的支持程度（lnW）＝地区财政支出额对数值。黄河流域多数地区为转移支付接受地区，地方财政的支持至关重要，本书参考薛明月等（2020）的做法，选择地方财政支出额的对数值作为控制变量。

（7）地区居民消费情况（lnL）＝地区社会消费品零售总额对数值。本书参考赵瑞和申玉铭（2020）的做法，选择地区社会消费品零售总额对数值作为居民消费情况的变量，以控制居民消费的影响。

本书以自然黄河流域为基础，基于李敏纳等（2011）对空间单元的选取，将黄河流经的涉及青海、四川、甘肃、宁夏、内蒙古、陕西、山西、河南和山东 9 个省的 62 个地级行政区视作研究区域，相关数据大部分源自《中国城市统计年鉴》《中国城乡建设统计年鉴》《中国环境统计年鉴》，其中部分地级行政区的数据源自各省的统计年鉴和各地级行政区的统计公报，公路里程的部分数据源自各地区的统计年鉴和公报，水资源总量数据源自各省份水资源公报，造林面积部分源自《中国林业统计年鉴》，部分地级行政区工业污染排放物的数据缺失，依照其工业增加值占全省的比值进行测算。本书选取熵值法计算权重，具体步骤限于篇幅省略。

二、空间相关性检验

为避免虚假回归，本书选择了 IPS、Fisher-ADF 和 Fisher-PP 三种方法进行单位根检验。结果显示，在全流域和流域上中下游样本中，M_{it} 均为单位根过程，但其一阶差分项均通过了单位根检验，为一阶单整过程。接下来，本书主要采用 Westerlund 和 Edgerton（2007）的方法进行协整检验，结果显示在全流域和流域上中下游样本层面，变量间均存在长期的协整关系，最后我们进一步采用传统KAO法验证其结论的稳健性，所得结论基本一致。因此，我们认为可以采用原始数据直接进行回归分析。

较强的空间相关性是进行空间计量回归的基本前提。表6-2为2005~2021年黄河流域 M_{it} 的全局 Moran's I 指数检验结果。可以看出，年度全局 Moran's I 指数均为正，至少在5%的水平上显著，这意味着地区绿色经济在考察期内均具有显著的空间溢出特征。本书采用空间计量模型进行分析是必要的、合理的。

表6-2 2005~2021 年绿色经济的 Moran's I 指数

年份	2005	2006	2007	2008	2009	2010	2011	2012
Moran's I 值	0.436*** (5.097)	0.413*** (3.788)	0.401*** (4.691)	0.438*** (4.792)	0.410*** (4.704)	0.401*** (4.163)	0.386*** (4.534)	0.370*** (4.360)
年份	2013	2014	2015	2016	2017	2018	2019	2020
Moran's I 值	0.374*** (4.379)	0.372*** (4.380)	0.382*** (4.491)	0.386*** (4.531)	0.385*** (4.525)	0.362*** (5.692)	0.409*** (4.794)	0.388*** (4.915)
年份	2021							
Moran's I 值	0.392*** (4.546)							

注：括号内为 t 值，***表示在1%的水平上显著。

三、区域一体化对黄河流域绿色经济影响的实证检验

（一）被解释变量为绿色经济综合指数

表6-3显示在地理距离和经济距离两种不同的空间权重矩阵下的实证结果。可知，区域一体化对黄河流域绿色经济产生显著的正向作用，其系数在不同矩阵下分别为0.004和0.003，在5%和10%的水平上显著；分别以上游、中游和下游为研究样本进行实证检验，发现在地理矩阵和经济距离权重下，区域一体化可促进黄河流域中游地区的绿色经济增长，其系数为0.006和0.007，分别在1%和5%的水平上显著；在地理矩阵下能显著提高上游的绿色经济，但在经济矩阵下，这一结果并不稳健。区域一体化对黄河流域下游地区的绿色经济并无显著作用。值得注意的是，黄河流域上游地区和下游地区的实证结果显示空间滞后项系数 ρ 的显著性并不稳健，其在不同的空间矩阵下有不同的结果，只有中游地区的系数在地理矩阵和经济矩阵下均显著为正，这意味着黄河流域绿色经济增长仅中游地

区具有显著的空间溢出效应，这种绿色经济的"示范效应"在黄河流域下游地区偏低。黄河流域横跨东中西部地区，但流域内并不存在全国公认的增长极地区，在区域一体化进程中，较难产生上游下游效应，规模经济和外部经济，这是区域一体化无法促进黄河流域绿色经济的现实背景之一。

表 6-3　区域一体化对黄河流域绿色经济的影响（一）

变量	全流域		上游		中游		下游	
	地理矩阵	经济矩阵	地理矩阵	经济矩阵	地理矩阵	经济矩阵	地理矩阵	经济矩阵
	（1）	（2）	（3）	（4）	（5）	（6）	（7）	（8）
$\ln con$	0.004 **	0.003 *	0.004 *	0.004	0.006 ***	0.007 **	0.007	0.003
	（2.55）	（1.77）	（1.71）	（1.33）	（4.22）	（2.48）	（1.01）	（0.75）
$\ln I$	0.140 ***	0.164 ***	0.054 *	0.050 **	0.048 **	0.060 ***	0.145	0.118
	（4.18）	（5.45）	（1.81）	（2.02）	（2.15）	（3.06）	（1.64）	（1.45）
$\ln C$	0.229 ***	0.294 ***	0.210 *	0.231 *	0.309 ***	0.362 ***	0.173	0.301 **
	（3.35）	（5.24）	（1.74）	（1.92）	（3.92）	（5.16）	（1.09）	（2.03）
$\ln G$	0.030	0.048 **	0.094 **	0.088 *	0.024	0.036 *	-0.103 ***	-0.043
	（1.61）	（2.55）	（2.16）	（1.80）	（1.14）	（1.87）	（-2.78）	（-1.27）
S	0.217 **	0.190 **	0.109	0.081	0.500 ***	0.485 ***	0.162	0.274
	（2.36）	（2.13）	（1.55）	（0.97）	（5.23）	（4.35）	（0.71）	（1.59）
$\ln Y$	0.001 **	0.001	0.004	0.004	-0.001	0.002 *	0.003	0.002
	（2.32）	（1.05）	（1.07）	（1.10）	（-0.60）	（1.81）	（1.60）	（1.28）
$\ln W$	0.008	0.009	0.004	0.007	0.004	-0.002	0.032	0.012
	（0.66）	（0.90）	（0.19）	（0.31）	（0.24）	（-0.13）	（1.41）	（0.47）
$\ln L$	0.078	0.055	0.009	0.008	0.014 **	0.012 **	0.033	0.027
	（1.22）	（0.90）	（0.36）	（0.34）	（2.25）	（2.57）	（1.14）	（0.74）
rho	0.364 ***	0.297 ***	0.390 ***	-0.015	0.624 ***	0.302 ***	0.006 *	0.007
	（3.56）	（5.47）	（5.43）	（-0.97）	（11.00）	（5.47）	（1.82）	（1.52）
R^2	0.53	0.56	0.54	0.61	0.62	0.5	0.52	0.57

注：括号内为 t 值，***、** 和 * 分别表示在 1%、5% 和 10% 的水平上显著。

从控制变量来看：①工业生产总值对黄河流域全流域、上游和中游地区的绿色经济增长都具备显著的促进作用，尽管从全流域来看，在研究时间段内第三产业产值占比的均值为 54%，大于第二产业产值占比均值 44%；但是在黄河流域上游地区，第二产业产值占比均值 45.6%，第三产业的占比均值为 42.0%；在黄河流域中游地区，第二产业产值占比均值为 53.4%，第三产业的占比均值为 37.2%，黄河流域上游和中游地区面对的问题不仅在于摆脱农业发展依赖的已有发展路径，也面临诸多资源型城市对已有发展模式的依赖，故上中游地区与下游地区呈现出显著的差异。②财政支出和固定资产投资对黄河流域绿色经济增长的影响依旧显著，这意味着当前黄河流域的绿色经济增长，投资拉动依旧是重要的增长驱动。对于绿色经济增长状况并不发达的黄河流域而言，其在经济发展和转型阶段对投资十分依赖，因为依照其已有的发展状况和资源禀赋，很难依靠其内生驱动力来实现发展模式的转变。③产业结构与黄河流域绿色经济增长产生显著的正向作用，但异质性研究表明，其影响区域仅限于黄河流域中游地区，这一结论符合黄河流域的产业分布特点。黄河流域上游地区的大部分区域和中游地区的部分区域位于"胡焕庸线"以西，"胡焕庸线"以西地区具有接近全国一半的地理面积，但人口分布稀少，仅占全国总人口的5%左右，经济总量偏低，仅占全国的5%左右，从人均看，"胡焕庸线"以西和"胡焕庸线"以东的差距并不十分夸张。追求东西部区域的协同发展是我国政府一直贯彻的政策方向，但在实施过程中，究竟是追求地区经济总量的趋同，还是追求人均水平的趋同，一直是有争论的地方。陆铭（2017）认为，在地理条件差异、要素禀赋和已有城市分布的前提条件下，人均的趋同比地区的趋同更加符合已有的空间发展格局，这是当前地区倾向性政策必须面对的现实。

（二）被解释变量为碳排放强度

选取单位 GDP 二氧化碳排放量作为绿色经济的代理变量，进一步考察地区市场分割对黄河流域绿色经济的影响。表 6-4 显示了区域一体化对黄河流域绿色经济的实证结果。在地理矩阵和经济矩阵下，全流域的回归系数分别为 0.022 和 0.021，在 1% 和 5% 的水平上显著，证明区域一体化能够显著促进黄河流域绿色经济。分流域异质性回归的结果如下：上游地区在两类空间矩阵条件下的回归系数为 0.037 和 0.031，均值 10% 的水平上显著，表明区域一体化能够显著促进黄河流域上游地区的绿色经济水平；中游地区在两类空间矩阵条件下的回归系数为 0.064 和 0.059，均值 1% 的水平上显著，表明区域一体化能够显著促进黄河流域中游地区的绿色经济水平；下游地区的回归结果表明，区域一体化不能对黄河流域下游地区的绿色经济水平产生显著影响。

表 6-4　区域一体化对黄河流域绿色经济的影响（二）

变量	全流域		上游		中游		下游	
	地理矩阵	经济矩阵	地理矩阵	经济矩阵	地理矩阵	经济矩阵	地理矩阵	经济矩阵
	（1）	（2）	（3）	（4）	（5）	（6）	（7）	（8）
lncon	0.022***	0.021**	0.037*	0.031*	0.064***	0.059***	0.007	-0.001
	(2.77)	(2.26)	(1.92)	(1.76)	(3.17)	(3.50)	(0.73)	(-0.12)

续表

变量	全流域		上游		中游		下游	
	地理矩阵	经济矩阵	地理矩阵	经济矩阵	地理矩阵	经济矩阵	地理矩阵	经济矩阵
	（1）	（2）	（3）	（4）	（5）	（6）	（7）	（8）
$\ln I$	−0.340***	−0.314***	−0.122**	−0.239***	−0.175***	−0.190***	−0.120***	−0.129***
	（−5.08）	（−4.25）	（−2.52）	（−3.07）	（−2.63）	（−3.12）	（−3.96）	（−4.37）
$\ln C$	−0.034	−0.054	−0.257	−0.090	−0.282***	−0.272***	0.124*	0.169**
	（−0.28）	（−0.49）	（−1.42）	（−0.46）	（−3.57）	（−4.09）	（1.96）	（2.19）
$\ln G$	−0.049	−0.028	0.049	0.078	−0.173***	−0.089	0.030	0.028
	（−1.08）	（−0.59）	（0.42）	（0.71）	（−3.22）	（−1.62）	（0.77）	（0.72）
S	−0.442	−0.509	1.756	1.148	−0.429	−1.442	−2.852***	−3.602***
	（−0.36）	（−0.38）	（0.62）	（0.48）	（−0.31）	（−1.03）	（−2.67）	（−2.59）
$\ln Y$	−0.003**	−0.002*	−0.002	0.000	−0.008*	−0.004	−0.000	−0.001
	（−2.06）	（−1.66）	（−0.26）	（0.00）	（−1.94）	（−1.19）	（−0.38）	（−1.09）
$\ln W$	−0.011	−0.020	0.012	0.035	−0.078***	−0.090***	−0.032	−0.037*
	（−0.48）	（−0.79）	（0.26）	（0.70）	（−2.76）	（−2.72）	（−1.41）	（−1.73）
$\ln L$	−0.067	−0.037	0.146**	0.131*	0.016*	0.019*	0.025	0.014
	（−0.42）	（−0.23）	（2.15）	（1.94）	（1.67）	（1.91）	（0.59）	（0.33）
rho	0.734***	0.332***	0.300***	0.234***	0.492***	0.516***	0.435***	0.488***
	（11.15）	（3.79）	（2.93）	（2.69）	（5.22）	（8.03）	（5.84）	（7.01）
R^2	0.53	0.47	0.23	0.56	0.46	0.44	0.57	0.65

注：括号内为 t 值，***、** 和 * 分别表示在 1%、5% 和 10% 的水平上显著。

  表6-4 与表6-3 的回归结论一致，证明更换代理变量后，回归结果的稳健性。尽管以长三角和珠三角为对象的研究证明，区域一体化具有促进地区协调联动发展和减排的双重政策红利。但黄河流域的区域一体化未完全实现预期目的，进而促进黄河流域绿色经济，有其内在原因。习近平总书记在黄河流域生态保护和高质量发展座谈会上的讲话中指出，"发展质量有待提高"是黄河存在的突出困难和问题。同时，黄河水资源总量不到长江的 7%，人均占有量仅为全国平均水平的 27%，水资源开发利用率高达 80%，远超一般流域 40% 生态警戒线。在经济发展程度较低和资源约束较强的情况下，以经济增长为导向的传统发展模式必然占据主导地位，在向绿色经济迈进的过程中，黄河流域很难依靠内生驱动，实现经济发展从"黑色模式"到"绿色模式"的跨越式发展，对稀有水资源的争夺和对污染转移的漠视是黄河流域现有阶段存在的客观问题。

第二节　区域一体化的影响路径

——污染治理

一、研究设计

（一）空间计量模型

本章选用空间计量模型验证区域一体化的作用机制，考虑地区绿色经济的空间溢出效应。本书参考韩峰和阳立高（2020）的做法，通过 LM 检验、LR 检验和 Hausman 检验，确定采用固定效应的空间杜宾模型（SDM）。

$$P_{it} = \alpha + \rho W P_{it} + \beta_1 \ln con_{i,t} + \theta_1 W \ln con_{i,t} + \gamma \sum \ln X_{it} + \alpha \sum W(\ln X_{it}) + \varepsilon_{it} \qquad (6\text{-}5)$$

其中，P_{it} 为污染治理，$\ln con_{i,t}$ 为区域一体化的对数，X_{it} 为控制变量，W 为空间权重矩阵。为保证验证结果的稳健性，同时使用地理距离权重矩阵和经济距离权重矩阵进行空间计量分析，地理距离权重矩阵中的元素 W_{ij}^d 设定为 $W_{ij}^d = 1/d_{ij}$，d_{ij} 为两个城市之间的距离，使用两城市经纬度坐标计算；经济距离权重矩阵中的元素 W_{ij}^e 设定为 $W_{ij}^e = 1/|Q_i - Q_j|$，Q_i 和 Q_j 分别表示城市 i 和城市 j（$i \neq j$）2005～2021 年人均 GDP 均值。

（二）变量选取

1. 核心被解释变量——污染治理

本书参考 Wang 等（2021）的做法，从污染排放数据和污染检测数据两个方面选取指标。污染排放数据指标选用地区工业废水排放量 $\ln water$、工业二氧化硫排放量 $\ln SO_2$ 和工业烟尘排放量 $\ln dust$，这三类污染物指标也是绿色发展效率测算过程中的非期望产出。同时，选用污染物强度指标 $\ln wi$、$\ln si$ 和 $\ln di$ 作为替代指标进行稳健性检验，污染物强度等于污染物排放量与工业总产值比值的对数，由于减少污染物排放量既可以通过工业规模的缩减来实现，也可以通过生产的污染密集减少来实现，故对污染治理效应的验证结果进行稳健性检验是十分必要的。环境规制强度参考 Chen（2018）的做法，选用环保词频作为环境规制强度的指标，环保词频是指《政府工作报告》中，所有包含环境、能源消耗、污染、减排、环境保护的句子，然后计算每年每个城市的环境相关文本比例，即与环境相关的句子中的总字数占当年工作报告中总字数的比例。

2. 核心解释变量——区域一体化

本书采用相对价格法构建区域一体化指数，选用八类居民消费价格指数，分别为食品类、烟酒及用品类、衣着类、家庭设备及用品类、医疗保健类、交通和通信类、娱乐教育文化类和居住类。具体情况见第四章第一节相关内容。

3. 控制变量

（1）地区工业发展状况（$\ln I$）＝地区工业总产值对数值。地区工业的发展，不仅是该地区经济发展的总要动力之一，也是当地污染物的主要排放来源。黄河流域目前依然面临工业产值占比高的现实，鉴于此参考展进涛等（2019）的做法，选择地区工业生产总值对数为控制变量。

（2）地区污染治理情况（$\ln C$）＝地区工业污水处理率对数值。本书聚焦黄河流域绿色发展效率，区域一体化的进程中，为防止污染带来的外部性问题，不同地区可能面临环境治理手段的借鉴和环境规制强度的趋同，本书参考林江彪等（2021）的做法，选择地区工业污水处理状况作为环境治理的变量。

（3）地区基础设施建设投资情况（$\ln G$）＝地区固定资产投资额对数值。基础设施投资决定了区域一体化过程中要素、技术等流通的速度。本书参考 Xie 等（2021）的做法，选择地区固定资产投资额对数值作为变量。

（4）地区产业结构（S）＝地区第二产业产值占比。区域一体化必然带来产业结构的调整，进而改变产业份额，影响黄河流域绿色发展效率。本书参考王海杰等（2022）的做法，选择第二产业产值占比表示地区产业结构。

（5）地区生态环境情况（$\ln Y$）＝地区 PM2.5 浓度对数值。本书参考王敏和黄滢（2015）的做法，认为已有污染物排放数据由企业自行上报，可能存在由于主观隐瞒导致的数据失真，而检测数据可以避免这种情况，故本书纳入监测污染物数据 PM2.5 浓度作为代理变量，PM2.5 浓度数据源自加拿大达尔豪斯大学大气成分分析组提供的遥感反演数据集。

（6）地方财政的支持程度（$\ln W$）＝地区财政支出额对数值。黄河流域多数地区为转移支付接受地区，地方财政的支持至关重要，本书参考薛明月等（2020）的做法，选择地方财政支出额的对数值作为控制变量。

（7）地区居民消费情况（$\ln L$）＝地区社会消费品零售总额对数值。本书参考赵瑞和申玉铭（2020）的做法，选择地区社会消费品零售总额对数值作为居民消费情况的变量，以控制居民消费的影响。

二、空间相关性检验

较强的空间相关性是进行空间计量回归的基本前提。表 6-5 报告了 2005～2021 年黄河流域 P_{it} 的全局 Moran's I 指数检验结果。可以看出，年度全局 Moran's I 指数均为正，至少在 5% 的水平上显著，这意味着黄河流域污染治理内均具有显著的空间溢出特征。本书采用空间计量模型进行分析是必要的、合理的。

表6-5 2005~2021年污染治理Moran's I指数

年份	2005	2006	2007	2008	2009	2010	2011	2012
Moran's I值	0.882*** (5.097)	0.897*** (10.258)	0.899*** (10.265)	0.906*** (10.347)	0.906*** (10.353)	0.922*** (10.526)	0.914*** (10.428)	0.927*** (10.585)
年份	2013	2014	2015	2016	2017	2018	2019	2020
Moran's I值	0.902*** (10.301)	0.906*** (10.350)	0.925*** (10.550)	0.925*** (10.576)	0.427*** (5.101)	0.562*** (5.692)	0.642*** (4.794)	0.666*** (4.912)
年份	2021							
Moran's I值	0.691*** (4.877)							

注：括号内为t值，***、**和*分别表示在1%、5%和10%的水平上显著。

三、区域一体化对黄河流域污染治理影响的实证检验

（一）基于污染物排放量的实证结果

选择工业废水排放量、工业二氧化硫排放量和工业烟尘排放量作为被解释变量，进一步研究区域一体化与黄河流域环境污染治理的关系。尽管统计过程中存在些许问题，但工业污染依旧是黄河流域污染物的最主要来源，将其作为被解释变量不仅能够支撑本书实证结果的稳健性，也能甄别具体污染物的不同情况。

表6-6汇报了区域一体化对黄河流域工业废水排放量的实证结果，可知，在地理矩阵和经济矩阵下，区域一体化未能显著减少黄河流域工业废水的排放量。以上中下游为研究对象的异质性研究表明，区域一体化也不能对黄河流域上中下游的污染物排放量产生显著的作用。从空间溢出效应rho的回归系数可知，除了地理矩阵下的上游地区，其余地区工业废水排放存在显著的空间溢出效应。

表6-6 区域一体化对黄河流域工业废水排放量影响

变量	全流域		上游		中游		下游	
	地理矩阵	经济矩阵	地理矩阵	经济矩阵	地理矩阵	经济矩阵	地理矩阵	经济矩阵
	（1）	（2）	（3）	（4）	（5）	（6）	（7）	（8）
lncon	−0.020 (−0.65)	0.071 (1.40)	0.047 (0.88)	0.047 (1.05)	−0.021 (−0.34)	0.045 (0.83)	−0.045 (−1.61)	−0.016 (−0.41)
ln$I$	0.461 (1.00)	0.000 (0.00)	0.195** (2.11)	0.134* (1.70)	−0.203* (−1.78)	−0.036 (−0.32)	−0.213 (−1.50)	−0.082 (−0.65)

续表

变量	全流域		上游		中游		下游	
	地理矩阵	经济矩阵	地理矩阵	经济矩阵	地理矩阵	经济矩阵	地理矩阵	经济矩阵
	（1）	（2）	（3）	（4）	（5）	（6）	（7）	（8）
lnC	−0.381	−0.230	−0.646**	−0.398	0.013	−0.266	−0.052	−0.072
	（−0.71）	（−0.76）	（−2.09）	（−1.58）	（0.03）	（−0.96）	（−0.15）	（−0.24）
lnG	0.532**	0.316**	−0.011	0.203	−0.242	−0.029	−0.118	−0.141
	（1.99）	（1.97）	（−0.05）	（1.01）	（−1.48）	（−0.20）	（−0.50）	（−0.75）
S	0.146	1.695***	−0.081	0.054	1.066**	0.472	2.189***	1.350*
	（0.18）	（3.48）	（−0.29）	（0.18）	（2.17）	（1.13）	（3.23）	（1.93）
lnY	−19.470	−11.258**	3.707	1.712***	−2.858	−1.405	−0.834	−3.285
	（−0.97）	（−2.55）	（0.91）	（2.86）	（−0.57）	（−0.29）	（−0.32）	（−1.40）
lnD	0.005	0.039***	−0.126**	0.813**	−0.022**	−0.020***	−0.002	0.009*
	（0.19）	（3.60）	（−2.18）	（2.2）	（−2.21）	（−3.35）	（−0.30）	（1.78）
lnL	−1.996**	−0.726**	1.031***	0.012	0.085***	0.059*	0.029	0.073
	（−2.43）	（−2.08）	（3.29）	（0.87）	（2.82）	（1.94）	（0.12）	（0.36）
rho	0.428***	0.322***	0.063	0.263***	0.129***	0.121***	0.229***	0.433***
	（4.39）	（5.36）	（0.68）	（3.12）	（7.49）	（7.48）	（2.87）	（6.62）
R^2	0.41	0.38	0.37	0.48	0.27	0.30	0.16	0.19

注：括号内为 t 值，***、**和*分别表示在 1%、5%和 10%的水平上显著。

表 6-7 汇报了区域一体化对黄河流域工业二氧化硫排放量的实证结果，可知，在地理矩阵和经济矩阵下，区域一体化未能显著减少黄河流域工业二氧化硫的排放量。以上中下游为研究对象的异质性研究表明，在经济矩阵作为空间矩阵的条件下，区域一体化增加了黄河流域下游地区工业二氧化硫的排放量，其余回归结果均表明区域一体化不能对黄河流域上中下游的环境污染治理产生显著的影响。从空间溢出效应 rho 的回归系数可知，除了地理矩阵下的上游地区，其余地区工业二氧化硫排放也存在显著的空间溢出效应。

表 6-7　区域一体化对黄河流域工业二氧化硫排放量的影响

变量	全流域		上游		中游		下游	
	地理矩阵	经济矩阵	地理矩阵	经济矩阵	地理矩阵	经济矩阵	地理矩阵	经济矩阵
	（1）	（2）	（3）	（4）	（5）	（6）	（7）	（8）
$lncon$	−0.047	−0.023	0.096	−0.073	−0.048	−0.031	0.058	0.097**
	（−0.97）	（−0.57）	（0.69）	（−1.10）	（−0.64）	（−0.54）	（1.15）	（1.99）
lnI	−0.118	−0.170	−0.252	−0.125	−0.007	0.043	−0.324*	−0.278*
	（−0.90）	（−1.51）	（−1.19）	（−1.38）	（−0.06）	（0.40）	（−1.80）	（−1.86）

续表

变量	全流域		上游		中游		下游	
	地理矩阵	经济矩阵	地理矩阵	经济矩阵	地理矩阵	经济矩阵	地理矩阵	经济矩阵
	(1)	(2)	(3)	(4)	(5)	(6)	(7)	(8)
$\ln C$	0.272	0.322	−1.922***	0.572*	0.500	0.086	−0.636**	−0.641*
	(1.30)	(1.44)	(−3.26)	(1.65)	(1.26)	(0.26)	(−2.36)	(−1.86)
$\ln G$	−0.019	−0.021	1.447**	0.207	0.491**	−0.055	−0.282	−0.252
	(−0.17)	(−0.22)	(2.51)	(0.81)	(1.99)	(−0.42)	(−1.27)	(−1.28)
S	0.453*	0.631**	0.503	0.757***	0.359	−0.012	0.494	1.963**
	(1.80)	(2.50)	(0.68)	(2.84)	(0.60)	(−0.02)	(0.67)	(2.36)
$\ln Y$	−6.943***	−5.618**	3.892	2.836	−9.025**	−5.980*	−8.103**	−11.539**
	(−2.72)	(−2.36)	(0.26)	(0.53)	(−2.02)	(−1.73)	(−2.26)	(−2.11)
$\ln D$	−0.019***	−0.015***	−0.181***	−0.003	−0.036***	−0.029***	−0.016**	−0.010*
	(−3.62)	(−2.76)	(−4.49)	(−0.31)	(−6.56)	(−4.78)	(−2.22)	(−1.65)
$\ln L$	0.298	0.188	1.651***	−0.151**	0.032	0.047**	0.221	0.154
	(1.07)	(0.77)	(4.50)	(−2.49)	(1.66)	(2.04)	(1.18)	(0.72)
rho	0.495***	0.352***	0.130	0.434***	0.376***	0.414***	0.454***	0.195*
	(5.79)	(4.67)	(1.29)	(5.33)	(4.33)	(5.98)	(4.03)	(1.79)
R^2	0.29	0.20	0.45	0.42	0.54	0.53	0.40	0.39

注：括号内为 t 值，***、**和*分别表示在 1%、5%和 10%的水平上显著。

表 6-8 汇报了区域一体化对黄河流域工业烟尘排放量的实证结果，可知，在地理矩阵和经济矩阵下，区域一体化未能显著减少黄河流域工业烟尘的排放量。以上中下游为研究对象的异质性研究表明，在经济矩阵作为空间矩阵的条件下，区域一体化促进了黄河流域下游地区的工业烟尘排放量，其余回归结果均表明区域一体化不能对黄河流域上中下游的环境污染治理产生显著的影响。从空间溢出效应 rho 的回归系数可知，黄河流域工业烟尘排放也存在显著的空间溢出效应。

表 6-8 区域一体化对黄河流域工业烟尘排放量的影响

变量	全流域		上游		中游		下游	
	地理矩阵	经济矩阵	地理矩阵	经济矩阵	地理矩阵	经济矩阵	地理矩阵	经济矩阵
	(1)	(2)	(3)	(4)	(5)	(6)	(7)	(8)
$\ln con$	−0.064	0.022	0.022	−0.027	−0.011	0.062	−0.011	0.122**
	(−1.60)	(0.57)	(0.57)	(−0.45)	(−0.15)	(1.06)	(−0.17)	(2.01)
$\ln I$	−0.201	−0.288*	−0.288*	−0.036	0.043	0.032	−0.847***	−0.940***
	(−1.01)	(−1.76)	(−1.76)	(−0.23)	(0.52)	(0.32)	(−4.10)	(−5.25)

变量	全流域		上游		中游		下游	
	地理矩阵	经济矩阵	地理矩阵	经济矩阵	地理矩阵	经济矩阵	地理矩阵	经济矩阵
	(1)	(2)	(3)	(4)	(5)	(6)	(7)	(8)
$\ln C$	0.291	0.567*	0.567*	1.079***	0.625	0.290	−1.603***	−1.093
	(0.87)	(1.81)	(1.81)	(2.87)	(1.44)	(0.74)	(−2.67)	(−1.61)
$\ln G$	−0.383***	−0.295**	−0.295**	−0.157	−0.496***	−0.325***	−0.934***	−0.883***
	(−3.09)	(−2.51)	(−2.51)	(−0.68)	(−3.40)	(−2.71)	(−3.66)	(−3.12)
S	−0.036	0.118	0.118	−0.425	−0.031	−0.455	1.066	2.635***
	(−0.11)	(0.37)	(0.37)	(−1.37)	(−0.07)	(−1.35)	(1.20)	(2.64)
$\ln Y$	−15.564***	−16.010***	−16.010***	−4.130	−15.066***	−11.803**	−16.224***	−17.337**
	(−4.50)	(−4.22)	(−4.22)	(−0.87)	(−2.77)	(−2.49)	(−2.68)	(−2.34)
$\ln D$	−0.012	−0.015*	−0.015*	−0.018	−0.028***	−0.024***	−0.010	−0.010
	(−1.59)	(−1.76)	(−1.76)	(−0.79)	(−5.80)	(−4.82)	(−1.00)	(−0.89)
$\ln L$	0.040	−0.187	−0.187	−0.052	0.038**	0.047*	0.435**	0.440*
	(0.11)	(−0.55)	(−0.55)	(−0.42)	(2.30)	(1.92)	(2.16)	(1.82)
rho	0.544***	0.320***	0.320***	0.464***	0.516***	0.282***	0.541***	0.401***
	(5.93)	(7.55)	(7.55)	(6.30)	(8.69)	(4.88)	(9.45)	(11.02)
R^2	0.28	0.42	0.42	0.22	0.19	0.16	0.15	0.19

注：括号内为 t 值，***、** 和 * 分别表示在 1%、5% 和 10% 的水平上显著。

以三类工业污染物作为被解释变量的实证结果证明。区域一体化并未如假设中一样，对黄河流域的环境污染治理产生显著作用，这一结论进一步佐证了前文的分析，区域一体化使污染的空间溢出效应进一步显现，产生大量的污染转移，导致实施严格生态环境保护政策的地区并不能获得正向的政策收益。通过污染转移，本地区以"生态保护和高质量发展"为导向的发展模式面对临近非政策地区"黑色发展"，其政策目的会被扭曲。为实现生态保护和高质量发展的目标，黄河流域区域间的协同治理和联合防控显得尤为重要，这也是黄河流域高质量发展被列入国家重大战略的现实原因，只有依托国家重点战略这一顶层设计，才能破除区域间的隔阂状态，才能减缓环境污染这样的负外部性。

（二）基于污染物排放强度的实证结果

前文的回归结果表明，在环境污染空间溢出效应较高的现实背景下，区域一体化很难抑制黄河流域的环境污染治理问题。依照前文假设，在区域一体化的过程中，技术交流和环境规制的协同产生的技术效应和规制效应会对环境污染产生抑制作用，同时区域一体化过程中，随着要素流通和产业扩张，带来更多的污染物排放，且在这样的背景下，产业结构的不合理依然会带来效率损失，这在上文的实证结果中得到验证。鉴于此，本书选用污染物强度指标，进一步剖析区域一体化对黄河流域环境污染治理的影响。污染物强度＝地区污染物排放量/地区工业生产总值，考虑的是每单位工业生产总值所产生的污染物排放量，若污染物强度下降，表明每单位工业生产总值产生的污染物变少，技术效应和规制效应产生作用；若污染物强度上升，则表明每单位工业生产总值产生的污染物变多，意味着区域一体化过程中带来的仍然是以 GDP 为导向的粗放式生产模式，并未实现技术进步和对应的制度建设。依照已有研究数据，本书定义 $lnwi$、$lnsi$、$lndi$ 分别为工业废水、工业二氧化硫和工业烟尘的污染物强度，进一步进行实证研究。

表 6-9 显示了区域一体化对黄河流域工业废水污染强度的实证结果。在地理矩阵下，全流域的回归系数分别为-0.064，在10%的水平上显著，证明区域一体化能够部分改善黄河流域环境污染治理强度。分流域异质性回归的结果如下：上游地区在两类空间矩阵条件下均不显著，表明区域一体化不能显著改善黄河流域上游地区的污染物强度；中游地区在两类空间矩阵条件下均不显著，表明区域一体化不能显著改善黄河流域中游地区的污染物强度；下游地区的回归结果表明，在经济矩阵下，区域一体化能够显著降低黄河流域工业废水的污染强度，其系数为-0.135，在5%的水平上显著。从空间溢出效应 rho 的回归系数可知，除地理矩阵下的上游地区外，黄河流域工业废水污染强度也存在显著的空间溢出效应。

表 6-9　区域一体化对黄河流域工业废水污染强度的影响

变量	全流域		上游		中游		下游	
	地理矩阵	经济矩阵	地理矩阵	经济矩阵	地理矩阵	经济矩阵	地理矩阵	经济矩阵
	（1）	（2）	（3）	（4）	（5）	（6）	（7）	（8）
$lncon$	-0.064 *	0.021	-0.032	-0.020	-0.027	0.032	-0.003	-0.135 **
	（-1.70）	（0.58）	（-0.54）	（-0.37）	（-0.39）	（0.54）	（-0.05）	（-2.05）
lnI	-0.354 *	-0.450 ***	0.072	-0.105	-0.022	-0.037	-1.015 ***	-1.052 ***
	（-1.84）	（-2.90）	（0.53）	（-0.66）	（-0.28）	（-0.42）	（-5.16）	（-5.97）
lnC	0.085	0.293	0.193	0.902 **	0.366	-0.022	-1.774 ***	-1.401 **
	（0.26）	（0.97）	（0.50）	（2.24）	（0.92）	（-0.06）	（-3.53）	（-2.34）
lnG	-0.420 ***	-0.354 ***	-0.563 **	-0.296	-0.542 ***	-0.369 ***	-0.858 ***	-0.863 ***
	（-3.28）	（-2.96）	（-2.10）	（-1.22）	（-3.85）	（-3.22）	（-3.56）	（-3.13）
S	-0.268	-0.097	-0.795 **	-0.582 *	-0.549	-0.979 ***	0.715	2.048 **
	（-0.83）	（-0.31）	（-2.15）	（-1.85）	（-1.36）	（-3.17）	（0.81）	（2.10）
lnY	-13.983 ***	-14.527 ***	-1.047	-2.840	-14.079 **	-10.851 **	-14.151 ***	-14.736 **
	（-4.28）	（-4.04）	（-0.21）	（-0.57）	（-2.49）	（-2.17）	（-2.61）	（-2.19）

续表

变量	全流域		上游		中游		下游	
	地理矩阵	经济矩阵	地理矩阵	经济矩阵	地理矩阵	经济矩阵	地理矩阵	经济矩阵
	（1）	（2）	（3）	（4）	（5）	（6）	（7）	（8）
lnD	−0.014 *	−0.016 *	−0.031	−0.030	−0.032 ***	−0.027 ***	−0.013	−0.009
	（−1.78）	（−1.77）	（−1.30）	（−1.21）	（−6.98）	（−5.49）	（−1.47）	（−0.81）
lnL	−0.023	−0.219	−0.025	−0.050	0.028 *	0.039 *	0.482 **	0.437 *
	（−0.07）	（−0.64）	（−0.23）	（−0.38）	（1.95）	（1.93）	（2.54）	（1.82）
rho	0.544 ***	0.326 ***	0.028	0.416 ***	0.520 ***	0.302 ***	0.406 ***	0.535 ***
	（5.99）	（7.76）	（0.15）	（5.41）	（8.90）	（4.68）	（11.10）	（9.42）
R²	0.24	0.44	0.24	0.21	0.51	0.50	0.38	0.38

注：括号内为 t 值，＊＊＊、＊＊ 和 ＊ 分别表示在 1%、5% 和 10% 的水平上显著。

表 6-10 汇报了区域一体化对黄河流域工业二氧化硫污染强度的实证结果，可知，在地理矩阵和经济矩阵下，区域一体化未能显著降低黄河流域工业二氧化硫的污染强度。以上中下游为研究对象的异质性研究表明，在地理矩阵经济矩阵作为空间矩阵的条件下，区域一体化不能对黄河流域上中下游的环境污染治理强度产生显著的影响。从空间溢出效应 rho 的回归系数可知，除了地理矩阵下的上游地区和中游地区，其余地区工业二氧化硫污染强度也存在显著的空间溢出效应。

表 6-10　区域一体化对黄河流域工业二氧化硫污染强度的影响

变量	全流域		上游		中游		下游	
	地理矩阵	经济矩阵	地理矩阵	经济矩阵	地理矩阵	经济矩阵	地理矩阵	经济矩阵
	（1）	（2）	（3）	（4）	（5）	（6）	（7）	（8）
lncon	−0.019	0.009	0.062	0.053	−0.036	0.015	−0.038	−0.003
	（−0.52）	（0.29）	（1.02）	（1.05）	（−0.53）	（0.26）	（−1.28）	（−0.07）
lnI	−0.109	−0.150	0.129	0.064	−0.270 **	−0.097	−0.374 **	−0.191
	（−0.71）	（−1.16）	（1.47）	（0.75）	（−2.31）	（−0.89）	（−2.18）	（−1.34）
lnC	−0.536 **	−0.512 ***	−0.834 **	−0.570 **	−0.213	−0.587 **	−0.217	−0.377
	（−2.51）	（−2.72）	（−2.45）	（−2.09）	（−0.46）	（−2.11）	（−0.55）	（−1.03）
lnG	0.524 **	0.379 **	0.787 **	0.059	−0.284 *	−0.073	−0.043	−0.120
	（2.05）	（2.41）	（2.26）	（0.30）	（−1.77）	（−0.50）	（−0.19）	（−0.69）
S	0.374	1.854 ***	1.186	2.015 ***	0.561	−0.044	1.836 **	0.756
	（0.46）	（3.39）	（1.38）	（3.35）	（1.06）	（−0.09）	（2.45）	（0.96）
lnY	−18.926	−10.435 **	−13.726	−22.169 *	−1.792	−0.319	1.197	−0.870
	（−0.94）	（−2.37）	（−1.57）	（−1.80）	（−0.34）	（−0.06）	（0.42）	（−0.31）

变量	全流域		上游		中游		下游	
	地理矩阵	经济矩阵	地理矩阵	经济矩阵	地理矩阵	经济矩阵	地理矩阵	经济矩阵
	(1)	(2)	(3)	(4)	(5)	(6)	(7)	(8)
lnD	0.007	0.033***	−0.144**	0.024	−0.025**	−0.025***	−0.005	0.011**
	(0.29)	(2.69)	(−2.44)	(1.00)	(−2.55)	(−4.08)	(−0.81)	(2.03)
lnL	−1.938**	−0.697*	1.052***	−0.077	0.076***	0.053*	0.065	0.069
	(−2.21)	(−1.85)	(3.29)	(−0.50)	(3.06)	(1.92)	(0.30)	(0.36)
rho	0.497***	0.346***	0.028	0.244***	0.086	0.159*	0.258***	0.421***
	(5.87)	(6.03)	(0.31)	(3.13)	(0.71)	(1.90)	(2.84)	(6.56)
R²	0.23	0.32	0.59	0.38	0.41	0.47	0.45	0.46

注：括号内为 t 值，***、** 和 * 分别表示在 1%、5% 和 10% 的水平上显著。

表 6-11 显示了区域一体化对黄河流域工业烟尘污染强度的实证结果。在地理矩阵下，全流域的回归系数为−0.046，在 10% 的水平上显著，证明区域一体化能够部分改善黄河流域环境污染治理强度。分流域异质性回归的结果如下：上游地区在两类空间矩阵条件下均不显著，表明区域一体化不能够显著改善黄河流域上游地区的污染物强度；中游地区在两类空间矩阵条件下均不显著，表明区域一体化不能够显著改善黄河流域中游地区的污染物强度；下游地区的回归结果表明，在经济矩阵下，区域一体化能够显著降低黄河流域工业废水污染强度，其系数为−0.109，在 5% 的水平上显著。从空间溢出效应 rho 的回归系数可知，除地理矩阵下的上游地区外，黄河流域工业烟尘污染强度也存在显著的空间溢出效应。

表 6-11　区域一体化对黄河流域工业烟尘污染强度的影响

变量	全流域		上游		中游		下游	
	地理矩阵	经济矩阵	地理矩阵	经济矩阵	地理矩阵	经济矩阵	地理矩阵	经济矩阵
	(1)	(2)	(3)	(4)	(5)	(6)	(7)	(8)
lncon	−0.046*	−0.023	−0.082	−0.066	−0.063	−0.060	0.066	−0.109**
	(−1.88)	(−0.54)	(−0.55)	(−0.91)	(−0.78)	(−0.96)	(1.33)	(−2.11)
lnI	−0.272**	−0.331***	−0.190	0.212**	−0.072	0.043	−0.491***	−0.386**
	(−1.96)	(−2.77)	(−0.93)	(2.26)	(−0.60)	(0.36)	(−2.83)	(−2.45)
lnC	0.069	0.048	−2.375***	−1.161***	−0.251	−0.891**	−0.807**	−0.965***
	(0.34)	(0.22)	(−3.95)	(−2.58)	(0.64)	(−2.40)	(−2.25)	(−2.66)
lnG	−0.055	−0.080	1.627***	0.069	0.556**	0.251	−0.207	0.558*
	(−0.50)	(−0.80)	(2.92)	(0.27)	(2.16)	(1.50)	(−0.96)	(1.83)

续表

变量	全流域		上游		中游		下游	
	地理矩阵	经济矩阵	地理矩阵	经济矩阵	地理矩阵	经济矩阵	地理矩阵	经济矩阵
	（1）	（2）	（3）	（4）	（5）	（6）	（7）	（8）
S	0.220	0.418	0.530	0.609 **	−0.164	0.707 ***	0.141	0.409 *
	(0.82)	(1.54)	(0.79)	(2.30)	(−0.24)	(3.04)	(0.19)	(1.79)
$\ln Y$	−5.337 **	−4.154 *	−5.602	4.324	−8.057 *	0.351	−6.099 *	−8.758
	(−2.12)	(−1.76)	(−0.34)	(0.76)	(−1.70)	(0.04)	(−1.76)	(−1.58)
$\ln D$	−0.021 ***	−0.016 ***	−0.200 ***	−0.015	−0.040 ***	0.028 ***	−0.019 ***	−0.009
	(−3.73)	(−2.61)	(−4.87)	(−1.55)	(−7.10)	(2.58)	(−2.90)	(−1.45)
$\ln L$	0.237	0.157	1.690 ***	−0.146 **	0.022	−0.087 ***	0.265 *	0.153
	(0.85)	(0.61)	(4.88)	(−2.35)	(1.15)	(−3.74)	(1.66)	(0.76)
rho	0.513 ***	0.353 ***	0.073	0.368 ***	0.406 ***	0.450 ***	0.449 ***	0.195 *
	(6.10)	(4.74)	(0.75)	(4.13)	(5.01)	(6.90)	(3.97)	(1.79)
R^2	0.31	0.49	0.48	0.35	0.47	0.56	0.63	0.39

注：括号内为 t 值，***、** 和 * 分别表示在 1%、5% 和 10% 的水平上显著。

以污染强度为被解释变量的实证结果显示，区域一体化能够降低部分污染物的排放强度，比较以污染物排放量为被解释变量的实证结果，区域一体化对污染物排放强度的缓解，证明区域一体化带来的技术效应和规制效应依然存在，尽管这个过程中经济总量和产业规模的扩张会带来污染物排放量的提高，但是区域一体化仍缓解了部分污染物的排放强度，可视作黄河流域环境污染治理的可行路径。从本章的实证结果可以看出，区域的发展模式具有惯性，黄河流域覆盖的很多地区并不是区域的增长极，缺乏足够的内生驱动力，在短时间内完成从"黑色模式"到"绿色模式"的转变；同时，污染转移也是一个不可忽视的原因，未受政策影响的临近区域在承接和扩大原有工业规模的基础上，势必产生更多的污染物，并转移到严格实施禁限政策的区域，这一现象也说明将黄河流域视作一个整体的政策区域进行规划的必要性。防止污染转移不仅要加大重点地区环境污染治理，而且要联合防治区域性环境问题。黄河流域上中下游均包括高污染城市，中游汾渭平原是目前中国大气污染最严重的地区之一，控制污染物排放、推广清洁能源和限制高污染企业将是政策设计的重点。同时，黄河流域承担了全国 9% 的污水排放量，面对水资源开发利用远超承载能力和水污染扩散的情况，需落实排污总量控制，运用水权和排污权交易等手段，努力改变水环境承载能力与经济社会协调发展需求错位的状况。

（三）基于环境规制强度的实证结果

在区域一体化的过程中，不同地区间的技术和信息交流降低了环境规制的实施成本，同时各地区之间的区域合作产生了环境规制统一化的现实要求。由于本书在区域一体化的环境效应实证中，已经探讨了区域一体化与污染物排放之间的关系。本书为了不与前文的研究重复，选用环保词频作为环境规制的指标，研究区域一体化与环境规制之间的关系，而非采用部分研究者以污染物处理率为基础指标，加权求和得出相应的环境规制指数。

表 6-12 为区域一体化对黄河流域环境规制影响的实证结果，可知在经济矩阵下，区域一体化提高了黄河流域环境规制强度，其系数为 0.002，在 10% 的水平上显著。分别对黄河流域上、中、下游的异质性研究表明，在经济矩阵下，区域一体化能显著提高黄河流域中游地区的环境规制强度，其系数为 0.007，在 1% 的水平上显著，但对其他地区未产生显著性影响。这一结果也从侧面反映出，黄河流域现有环境规制的缺位，使区域一体化对污染治理的影响处于一种不稳定的状态。

表 6-12 区域一体化对黄河流域环境规制的影响

变量	全流域		上游		中游		下游	
	地理矩阵	经济矩阵	地理矩阵	经济矩阵	地理矩阵	经济矩阵	地理矩阵	经济矩阵
	(1)	(2)	(3)	(4)	(5)	(6)	(7)	(8)
lncon	0.002	0.002*	-0.000	0.001	0.005	0.007***	-0.000	0.001
	(1.10)	(1.74)	(-0.07)	(0.45)	(1.51)	(3.14)	(-0.09)	(0.36)
lnI	0.010*	0.015**	-0.001	-0.003	0.003	0.007*	-0.002	0.003
	(1.74)	(2.32)	(-0.17)	(-0.64)	(0.72)	(1.78)	(-0.25)	(0.51)
lnC	-0.002	-0.015	0.020*	0.014	0.009	-0.001	0.000	0.000
	(-0.12)	(-0.91)	(1.75)	(1.51)	(0.74)	(-0.12)	(0.01)	(0.01)
lnG	-0.001	-0.003	0.002	0.001	0.001	0.005	-0.011	-0.013
	(-0.37)	(-0.97)	(0.21)	(0.08)	(0.09)	(0.96)	(-1.18)	(-1.46)
S	0.001	-0.002	0.002	0.004	0.005	-0.002	0.025	-0.035
	(0.13)	(-0.19)	(0.20)	(0.29)	(0.38)	(-0.17)	(0.58)	(-0.89)
FDI	0.043	0.009	-0.418*	-0.399*	0.326	0.249	-0.071	-0.093
	(0.30)	(0.07)	(-1.74)	(-1.93)	(1.44)	(1.18)	(-0.55)	(-0.53)
lnW	-0.006***	-0.005**	-0.007***	-0.008***	-0.000	-0.001	-0.005	-0.003
	(-3.14)	(-2.11)	(-2.83)	(-3.83)	(-0.04)	(-0.55)	(-0.92)	(-0.65)
lnL	0.015*	0.005	-0.003	-0.001	0.000	-0.001	0.003	-0.002
	(1.67)	(0.58)	(-0.97)	(-0.36)	(0.03)	(-0.74)	(0.37)	(-0.23)
rho	0.366***	0.062	-0.233	-0.309**	0.391***	0.254***	0.427***	0.269***
	(2.62)	(1.19)	(-0.87)	(-2.25)	(4.03)	(5.16)	(5.46)	(3.54)
R²	0.16	0.22	0.33	0.21	0.27	0.29	0.50	0.45

注：括号内为 t 值，***、** 和 * 分别表示在 1%、5% 和 10% 的水平上显著。

第三节　区域一体化的影响路径
——绿色技术扩散

一、研究设计

（一）空间计量模型

本章选用空间计量模型验证区域一体化的作用机制，考虑地区绿色经济的空间溢出效应。本书参考韩峰和阳立高（2020）的做法，通过 LM 检验、LR 检验和 Hausman 检验，确定采用固定效应的空间杜宾模型（SDM）。

$$T_{it} = \alpha + \rho W T_{it} + \beta_1 \ln con_{i,t} + \theta_1 W \ln con_{i,t} + \gamma \sum \ln X_{it} + \alpha \sum W(\ln X_{it}) + \varepsilon_{it} \qquad (6-6)$$

其中，T_{it} 为绿色技术扩散程度，$\ln con_{i,t}$ 为区域一体化的对数，X_{it} 为控制变量，W 为空间权重矩阵。为保证验证结果的稳健性，同时使用地理距离权重矩阵和经济距离权重矩阵进行空间计量分析，地理距离权重矩阵中的元素 W_{ij}^d 设定为 $W_{ij}^d = 1/d_{ij}$，d_{ij} 为两个城市之间的距离，使用两城市经纬度坐标计算；经济距离权重矩阵中的元素 W_{ij}^e 设定为 $W_{ij}^e = 1/|Q_i - Q_j|$，Q_i 和 Q_j 分别表示城市 i 和城市 j（$i \neq j$）2005～2021 年人均 GDP 均值。

（二）变量选取

1. 核心被解释变量——绿色技术扩散

已有绿色技术扩散的指标要么源自 DEA 方法测度的效率值（范丹、孙晓婷，2020），要么源自在专利数据库中检索后进行地区和行业之间的匹配（邵帅等，2022）。本书参考王馨和王营（2021）的做法，选用绿色发明专利申请量 $\ln lvse1$ 作为代理变量，其来源于国家知识产权数据库，利用 WIPO 的国际专利分类绿色清单匹配，以确定黄河流域各个地级行政区的绿色发明专利数量。为确保结果的稳健性，同时选择绿色实用新型专利申请量 $\ln lvse2$ 作为代理变量。

2. 核心解释变量——区域一体化

本书采用相对价格法构建区域一体化指数，选用八类居民消费价格指数，分别为食品类、烟酒及用品类、衣着类、家庭设备及用品类、医疗保健类、交通和通信类、娱乐教育文化类和居住类。具体情况见第四章第一节相关测度内容。

3. 控制变量

（1）地区工业发展状况（$\ln I$）＝地区工业总产值对数值。地区工业的发展，不仅是该地区经济发展的总要动力之一，也是当地污染物的主要排放来源。黄河流域目前依然面临工业产值占比高的现实，鉴于此参考展进涛等（2019）的做法，选择地区工业生产总值对数为控制变量。

（2）地区污染治理情况（$\ln C$）＝地区工业污水处理率对数值。本书聚焦黄河流域绿色发展效率，在区域一体化的进程中，为防止污染带来的外部性问题，不同地区可能面临环境治理手段的借鉴和环境规制强度的趋同，本书参考林江彪等（2021）的做法，选择地区工业污水处理状况作为环境治理的变量。

（3）地区基础设施建设投资情况（$\ln G$）＝地区固定资产投资额对数值。基础设施投资决定了区域一体化过程中要素、技术等流通的速度。本书参考 Xie 等（2021）的做法，选择地区固定资产投资额对数值作为变量。

（4）地区产业结构（S）＝地区第二产业产值占比。区域一体化必然带来产业结构的调整，进而改变产业份额，影响黄河流域绿色发展效率。本书参考王海杰等（2022）的做法，选择第二产业产值占比表示地区产业结构。

（5）地区生态环境情况（$\ln Y$）＝地区 PM2.5 浓度对数值。本书参考王敏和黄滢（2015）的做法，认为已有污染物排放数据由企业自行上报，可能存在由于主观隐瞒导致的数据失真，而检测数据可以避免这种情况，故本书将监测污染物数据 PM2.5 浓度作为代理变量，PM2.5 浓度数据源自加拿大达尔豪斯大学大气成分分析组提供的遥感反演数据集。

（6）地方财政的支持程度（$\ln W$）＝地区财政支出额对数值。黄河流域多数地区为转移支付接受地区，地方财政的支持至关重要，本书参考薛明月等（2020）的做法，选择地方财政支出额的对数值作为控制变量。

（7）地区居民消费情况（$\ln L$）＝地区社会消费品零售总额对数值。本书参考赵瑞和申玉铭（2020）的做法，选择地区社会消费品零售总额对数值作为居民消费情况的变量，以控制居民消费的影响。

二、空间相关性检验

较强的空间相关性是进行空间计量回归的基本前提。表 6-13 报告了 2005~2021 年黄河流域 T_{it} 的全局 Moran's I 指数检验结果。可以看出，年度全局 Moran's I 指数均为正，至少在 5% 的水平上显著，这意味着黄河流域绿色技术扩散的空间溢出特征。本书采用空间计量模型进行分析是必要的、合理的。

三、区域一体化对黄河流域绿色技术扩散影响的实证检验

表 6-14 汇报了区域一体化对黄河流域绿色发明专利申请量的影响情况。从全流域回归可知，区域一体化显著促进了黄河流域绿色发明专利的申请量，在地

表 6-13 2005~2021 年绿色技术扩散 Moran's I 指数

年份	2005	2006	2007	2008	2009	2010	2011	2012
Moran's I 值	0.131* (1.691)	0.162* (1.890)	0.171* (1.833)	0.191** (2.389)	0.190** (2.368)	0.153* (1.920)	0.153* (1.922)	0.173** (2.515)
年份	2013	2014	2015	2016	2017	2018	2019	2020
Moran's I 值	0.156** (1.967)	0.216*** (2.636)	0.213*** (2.601)	0.203** (2.483)	0.210** (2.556)	0.201** (2.500)	0.149* (1.951)	0.155* (1.911)
年份	2021							
Moran's I 值	0.174** (2.544)							

注：括号内为 t 值，***、** 和 * 分别表示在 1%、5% 和 10% 的水平上显著。

表 6-14 区域一体化对绿色发明专利申请量的影响

变量	全流域		上游		中游		下游	
	地理矩阵	经济矩阵	地理矩阵	经济矩阵	地理矩阵	经济矩阵	地理矩阵	经济矩阵
	(1)	(2)	(3)	(4)	(5)	(6)	(7)	(8)
$lncon$	0.017* (1.74)	0.013* (1.73)	−0.622 (−0.46)	−0.778 (−0.83)	0.019* (1.76)	0.009* (1.78)	−0.158 (−0.05)	0.283 (0.24)
$\ln I$	3.858 (1.37)	4.338* (1.69)	2.370 (1.16)	0.291 (0.16)	0.490 (0.18)	−3.135 (−0.95)	5.935* (1.94)	3.002 (1.07)
$\ln C$	12.732*** (2.87)	10.595*** (3.35)	−7.024 (−0.95)	−7.084 (−1.07)	18.019 (1.55)	16.058* (1.79)	5.786 (0.64)	−0.450 (−0.05)
$\ln G$	3.951* (1.86)	3.418* (1.80)	2.946 (0.75)	1.099 (0.34)	2.019 (0.50)	1.756 (0.55)	8.535 (1.20)	14.160** (2.11)
S	0.001 (0.13)	−0.002 (−0.19)	0.002 (0.20)	0.004 (0.29)	0.005 (0.38)	−0.002 (−0.17)	0.025 (0.58)	−0.035 (−0.89)
$\ln Y$	7.324 (0.12)	−5.513 (−0.10)	−204.426 (−1.40)	−238.750* (−1.92)	−105.357 (−0.59)	−112.857 (−0.67)	84.536 (1.24)	166.538** (2.19)
$\ln W$	1.310 (1.13)	0.910 (0.81)	0.883 (0.38)	1.695 (0.62)	−2.854 (−1.11)	−2.756 (−1.04)	−0.424 (−0.17)	0.104 (0.04)
$\ln L$	3.515 (0.60)	1.355 (0.27)	5.453** (2.55)	5.437** (2.44)	0.078 (0.10)	0.270 (0.43)	5.173 (1.02)	9.457* (1.94)
rho	0.149* (1.69)	0.228*** (3.66)	0.209*** (3.07)	0.170*** (6.08)	0.048* (1.71)	0.120** (2.12)	0.294* (1.90)	0.006 (0.07)
R^2	0.71	0.60	0.34	0.43	0.27	0.26	0.39	0.44

注：括号内为 t 值，***、** 和 * 分别表示在 1%、5% 和 10% 的水平上显著。

理矩阵和经济矩阵下，其回归系数分别为 0.017 和 0.013，均在 10% 的水平上显著。上中下游的异质性回归可知，区域一体化对黄河流域中游地区的绿色发明专利申请量有显著的正向作用，其在地理矩阵和经济矩阵下的回归系数分别为 0.019 和 0.009，均在 10% 的水平上显著；区域一体化对黄河流域上游地区和下游地区的绿色发明专利申请量无法产生显著的作用。

表 6-15 汇报了区域一体化对黄河流域绿色实用新型专利申请量的影响情况。从全流域回归可知，区域一体化显著促进了黄河流域绿色实用新型专利申请量，在地理矩阵和经济矩阵下，其回归系数分别为 0.010 和 0.011，分别在 10% 和5% 的水平上显著。根据上中下游的异质性回归可知，区域一体化对黄河流域中游地区的绿色实用新型专利申请量有显著的正向作用，其在地理矩阵和经济矩阵下的回归系数分别为 0.019 和 0.025，分别在 10% 和 1% 的水平上显著，但对上游地区和下游地区无法产生显著的作用。

表 6-15　区域一体化对绿色实用新型专利申请量的影响

变量	全流域		上游		中游		下游	
	地理矩阵	经济矩阵	地理矩阵	经济矩阵	地理矩阵	经济矩阵	地理矩阵	经济矩阵
	（1）	（2）	（3）	（4）	（5）	（6）	（7）	（8）
$lncon$	0.010*	0.011**	0.006	0.008	0.019*	0.025***	0.024	0.024
	(1.94)	(2.19)	(0.91)	(1.42)	(1.76)	(2.71)	(1.23)	(1.31)
lnI	0.006	0.010	0.003	0.033	0.002	0.001	−0.014	−0.001
	(0.83)	(1.15)	(0.11)	(1.39)	(0.07)	(0.05)	(−0.93)	(−0.05)
lnC	0.002	0.001	−0.047	0.082	0.024	0.104***	0.127**	0.042
	(0.32)	(0.20)	(−0.45)	(1.56)	(0.63)	(2.84)	(2.18)	(0.78)
lnG	−0.024*	−0.033***	0.094	−0.134*	0.214	0.291*	0.123	0.217
	(−1.96)	(−2.76)	(1.48)	(−1.71)	(0.93)	(1.77)	(0.82)	(0.90)
S	0.086	0.103	0.079	0.120**	0.029	0.001	0.066	0.066
	(0.74)	(0.89)	(1.24)	(2.07)	(0.45)	(0.03)	(0.76)	(0.52)
lnY	−0.002	−0.003	0.223	−0.112	0.592***	0.582***	−0.873**	−0.268
	(−0.73)	(−1.15)	(0.24)	(−1.38)	(2.73)	(2.63)	(−2.19)	(−0.79)
lnW	0.011	0.009	−0.095***	1.675	1.702	2.060	−0.270	1.286
	(0.99)	(0.84)	(−2.87)	(1.49)	(1.03)	(1.55)	(−0.21)	(0.69)
lnL	0.010*	0.011**	−0.181***	−0.126***	−0.075*	−0.070*	−0.100	−0.164*
	(1.94)	(2.14)	(−4.53)	(−3.21)	(−1.67)	(−1.88)	(−1.20)	(−1.90)
rho	0.297**	0.074*	0.268**	0.037	0.027***	0.255***	0.323***	0.130*
	(2.56)	(1.82)	(2.15)	(0.47)	(4.90)	(4.56)	(4.24)	(1.95)
R^2	0.55	0.60	0.62	0.71	0.64	0.69	0.61	0.70

注：括号内为 t 值，***、** 和 * 分别表示在 1%、5% 和 10% 的水平上显著。

表6-14和表6-15的回归结果证明，区域一体化能够提升黄河流域绿色技术扩散这一结论的稳健性，也证明只有黄河流域中游地区的区域一体化才能对绿色技术扩散产生显著的正向作用。同时，技术外溢作为黄河流域绿色发展效率提升的重要手段，必须关注其空间溢出效应。从表6-12和表6-13的回归结果来看，在不同变量和不同空间矩阵下，绿色技术扩散的 rho 分别为0.149、0.228、0.297和0.074，分别在10%、1%、5%和10%的水平上显著，可见在黄河流域全流域的研究尺度下，绿色技术扩散的溢出效应显著为正，其绿色技术溢出带来周边地区的绿色技术改进是进一步提高黄河流域绿色发展效率的关键。异质性研究的结果表明，黄河流域中游地区绿色技术扩散的 rho 分别为0.048、0.120、0.027和0.255，分别在10%、5%、1%和1%的水平上显著。黄河流域上游和下游地区在变换代理变量和空间权重矩阵后，绿色技术扩散的 rho 的显著性并不稳健。可知，仅黄河流域中游地区的绿色技术扩散具有显著的空间溢出效应。

第四节 区域一体化的影响路径
——要素配置优化

一、研究设计

（一）空间计量模型

本章选用空间计量模型验证区域一体化的作用机制，考虑地区绿色经济的空间溢出效应。本书参考韩峰和阳立高（2020）的做法，通过 LM 检验、LR 检验和 Hausman 检验，确定采用固定效应的空间杜宾模型（SDM）。

$$B_{it} = \alpha + \rho W M_{it} + \beta_1 \ln con_{i,t} + \theta_1 W \ln con_{i,t} + \gamma \sum \ln X_{it} + \alpha \sum W(\ln X_{it}) + \varepsilon_{it} \tag{6-7}$$

其中，B_{it} 为要素配置优化，$\ln con_{i,t}$ 为区域一体化的对数，X_{it} 为控制变量，W 为空间权重矩阵。为保证验证结果的稳健性，同时使用地理距离权重矩阵和经济距离权重矩阵进行空间计量分析，地理距离权重矩阵中的元素 W_{ij}^d 设定为 $W_{ij}^d = 1/d_{ij}$，d_{ij} 为两个城市之间的距离，使用两个城市的经纬度坐标计算；经济距离权重矩阵中的元素 W_{ij}^e 设定为 $W_{ij}^e = 1/|Q_i - Q_j|$，Q_i 和 Q_j 分别表示城市 i 和城市 j（$i \neq j$）2005~2021 年人均 GDP 均值。

（二）变量选取

1. 核心被解释变量——要素配置优化

本书参考 Aoki（2012）的做法，从劳动力和资本两个角度对要素配置优化进行测度，未将能源和水资源纳入投入要素，理由如下：黄河流域的能源供应具有很强的属地性，以全社会用电量代表能源使用，可知依照行政区域的划分，由行政区域内政府下属的相关能源企业供应本地区的能源，虽然如天然气这样的能源多来源于进口，但在日常能源使用中占比太少。黄河流域的水资源处在严重不足的状态，各地区的发展面临来自水资源的刚性约束，且水资源的流动依赖已有的河流，在地理条件下也不具备自由流动的条件，故本节只考虑资本和劳动力的流动。本书参考刘瑞翔（2019）的做法，将城市 i 的资本配置优化程度 μ_K 和劳动力配置优化程度 μ_L 进行加权求和后，得到城市总要素配置优化程度 μ_i。本节以黄河流域 62 个地级市为研究对象，以免极端值对结果产生冲击。假设城市的生产函数为 C-D 函数，流域内有 N 城市，流域内自由流通的要素为资本 K 和劳动力 L，其中资本 K 的价格为 R_i，即利率；劳动 L 的价格为 W_i，即工资，假设 $\alpha_i + \beta_i = 1$，则生产函数为：

$$Y_i = A_i K_i^{\alpha_i} L_i^{\beta_i} \tag{6-8}$$

其中，Y_i 为城市 i 的产出，即生产总值，K_i 为城市 i 的资本投入，L_i 为城市 i 的劳动投入，A_i 为城市 i 的技术水平。要素市场扭曲对市场的影响通过价格扭曲来实现，设 K 的扭曲税为 τ_K，L 的扭曲为 τ_L。城市 i 实际的要素价格为 $R_i(1+\tau_{K_i})$ 和 $W_i(1+\tau_{L_i})$。假设城市内部为完全竞争市场，价格为 P。则利润最大化的条件为：

$$\max\{P_i Y_i - R_i(1+\tau_{K_i})K_i - W_i(1+\tau_{L_i})L_i\} \tag{6-9}$$

对 K 和 L 分别求导，可知：

$$\begin{cases} P_i \alpha_i A K_i^{\alpha_i-1} L_i^{\beta_i} - R_i(1+\tau_{K_i}) = 0 \\ P_i \beta_i A K_i^{\alpha_i} L_i^{\beta_i-1} - W_i(1+\tau_{L_i}) = 0 \end{cases} \tag{6-10}$$

由式（6-10）可知，要素扭曲改变生产方式，使其偏离完全竞争市场下利润最大化的条件。

在考虑流域内竞争性均衡之前，流域内在资源要素方面满足如下约束条件：

$$\sum_{i=1}^{N} K_j = K \tag{6-11}$$

$$\sum_{i=1}^{N} L_j = L \tag{6-12}$$

其中，K 代表流域内资本投入的总和，L 代表流域内劳动力投入的总和，若以 Y 表示流域内产出的总和，则有：

$$Y = \sum_{i=1}^{N} P_i Y_j \tag{6-13}$$

将式（6-11）、式（6-12）和式（6-13）代入式（6-10），运算后可得：

$$K_i = \left\{ \frac{P_i\alpha_i Y_i}{R_i(1+\tau_{K_i})} \middle| \sum_{j=1}^{N} \frac{P_j\alpha_j Y_j}{R_j(1+\tau_{K_j})} \right\} K \tag{6-14}$$

$$L_i = \left\{ \frac{P_i\beta_i Y_i}{W_i(1+\tau_{L_i})} \middle| \sum_{j=1}^{N} \frac{P_j\beta_j Y_j}{W_j(1+\tau_{L_j})} \right\} L \tag{6-15}$$

观察式（7-7）与式（7-8）与完全竞争市场条件下的区别，可定义资本的扭曲程度 γ_{K_i} 和劳动的扭曲程度 γ_{L_i} 分别如下：

$$\gamma_{K_i} = \frac{1}{(1+\tau_{K_i})} \tag{6-16}$$

$$\gamma_{L_i} = \frac{1}{(1+\tau_{L_i})} \tag{6-17}$$

观察式（6-16）和式（6-17）亦可知，当不同城市的扭曲程度同比例变化时，不会对资源配置的结果产生影响。在这种情况下不仅对扭曲效应的考察出现偏误，同时也无法精确测算具体地区的要素扭曲状况。鉴于此，本节用要素 K 和 L 的相对扭曲系数来测度黄河流域各城市的要素市场扭曲程度。定义 S_i 为城市 i 产值占流域总产值之比，$S_i = P_i Y_i / Y$，即定义以地区产值加权的资本平均贡献度和劳动平均贡献度。

$$\alpha = \sum_{j=1}^{N} s_j\alpha_j \tag{6-18}$$

$$\beta = \sum_{j=1}^{N} s_j\beta_j \tag{6-19}$$

对于城市 i 而言，要素 K 和要素 L 相对扭曲 θ_{K_i} 和 θ_{L_i} 可表示为：

$$\theta_{K_i} = \gamma_{K_i} \middle/ \sum_{j=1}^{N} \left(\frac{s_j\alpha_j}{\alpha} \right) \gamma_{K_j} \tag{6-20}$$

$$\theta_{L_i} = \gamma_{L_i} \middle/ \sum_{j=1}^{N} \left(\frac{s_j\beta_j}{\beta} \right) \gamma_{L_j} \tag{6-21}$$

将式（6-18）代入式（6-20），将式（6-19）代入式（6-21）推导后得：

$$\theta_{K_i} = \frac{K_i}{K} \middle/ \frac{s_j\alpha_j}{\alpha} \tag{6-22}$$

$$\theta_{L_i} = \frac{L_i}{L} \middle/ \frac{s_j\beta_j}{\beta} \tag{6-23}$$

对式（6-22）的解析可知，K_i/K 代表城市 i 实际使用资本情况占全流域总资本的比值，$S_i\alpha_i/\alpha$ 表示资本达到有效配置情况下的理论使用占比，两者之比表示

资本 K 的相对扭曲程度。若 $\theta_{K_i}>1$，则实际使用占比大于理论使用占比，资本 K 存在过量使用，若 $\theta_{K_i}<1$，则资本的实际使用占比小于理论使用占比，资本 K 使用不足。对式（6-23）的解析可知，L_i/L 代表城市 i 实际使用劳动力情况占全流域劳动力的比值，$S_i\beta_i/\beta$ 表示劳动力达到有效配置情况下的理论使用占比，两者之比表示劳动力 L 的相对扭曲程度。若 $\theta_{L_i}>1$，则实际使用占比大于理论使用占比，劳动力 L 存在过量使用，若 $\theta_{L_i}<1$，则劳动力的实际使用占比小于理论使用占比，劳动力 L 使用不足。资本的扭曲系数 τ_K 和劳动力的扭曲系数 τ_L 可写为：

$$\tau_{Ki}=\frac{1}{\dfrac{K_i}{K}\Big/\dfrac{s_j\alpha_j}{\alpha}}-1\;;\quad \tau_{Li}=\frac{1}{\dfrac{L_i}{L}\Big/\dfrac{s_j\beta_j}{\beta}}-1 \tag{6-24}$$

则资本配置优化程度和劳动力配置优化程度 μ_K 和 μ_L 分别为：

$$\mu_K=1/\tau_K;\quad \mu_L=1/\tau_L \tag{6-25}$$

参考刘瑞翔（2019）的做法，本书将城市 i 的资本配置优化程度 μ_K 和劳动力配置优化程度 μ_L 进行加权求和后，得到城市总要素配置优化程度 μ_i。

$$\mu_i=\alpha_i\mu_{Ki}+\beta_i\mu_{L_i} \tag{6-26}$$

2. 核心解释变量——区域一体化

本书采用相对价格法构建区域一体化指数，选用八类居民消费价格指数，分别为食品类、烟酒及用品类、衣着类、家庭设备及用品类、医疗保健类、交通和通信类、娱乐教育文化类和居住类。具体情况见第四章第一节的相关内容。

3. 控制变量

（1）地区工业发展状况（$\ln I$）＝地区工业总产值对数值。地区工业的发展，不仅是该地区经济发展的总要动力之一，也是当地污染物的主要排放来源。黄河流域目前依然面临工业产值占比高的现实，鉴于此参考展进涛等（2019）的做法，选择地区工业生产总值对数为控制变量。

（2）地区污染治理情况（$\ln C$）＝地区工业污水处理率对数值。本书聚焦黄河流域绿色发展效率，区域一体化的进程中，为防止污染带来的外部性问题，不同地区可能面临环境治理手段的借鉴和环境规制强度的趋同，本书参考林江彪等（2021）的做法，选择地区工业污水处理状况作为环境治理的变量。

（3）地区基础设施建设投资情况（$\ln G$）＝地区固定资产投资额对数值。基础设施投资决定了区域一体化过程中要素、技术等流通的速度。本书参考 Xie 等（2021）的做法，选择地区固定资产投资额对数值作为变量。

（4）地区产业结构（S）＝地区第二产业产值占比。区域一体化必然带来产业结构的调整，进而改变产业份额，影响黄河流域绿色发展效率。本书参考王海杰等（2022）的做法，选择第二产业产值占比表示地区产业结构。

（5）地区生态环境情况（lnY）＝地区 PM2.5 浓度对数值。本书参考王敏和黄滢（2015）的做法，认为已有污染物排放数据由企业自行上报，可能存在由于主观隐瞒导致的数据失真，而检测数据可以避免这种情况，故本书将监测污染物数据 PM2.5 浓度作为代理变量，PM2.5 浓度数据源自加拿大达尔豪斯大学大气成分分析组提供的遥感反演数据集。

（6）地方财政的支持程度（lnW）＝地区财政支出额对数值。黄河流域多数地区为转移支付接受地区，地方财政的支持至关重要，本书参考薛明月等（2020）的做法，选择地方财政支出额的对数值作为控制变量。

（7）地区居民消费情况（lnL）＝地区社会消费品零售总额对数值。本书参考赵瑞和申玉铭（2020）的做法，选择地区社会消费品零售总额对数值作为居民消费情况的变量，以控制居民消费的影响。

二、空间相关性检验

较强的空间相关性是进行空间计量回归的基本前提。表 6-16 为 2005~2021年黄河流域 B_{it} 的全局 Moran's I 指数检验结果。可以看出，年度全局 Moran's I 指数均为正，至少在 5% 的水平上显著，这意味着地区要素配置优化在考察期内均具有显著的空间溢出特征。本书采用空间计量模型进行分析是必要的、合理的。对 B_{it} 的空间相关性检验限于篇幅，本书不再汇报。

表 6-16　2005~2021 年 B_{it} 的 Moran's I 指数

年份	2005	2006	2007	2008	2009	2010	2011	2012
Moran's I 值	0.279*** (3.659)	0.290*** (3.795)	0.307*** (3.933)	0.265*** (3.349)	0.300*** (3.794)	0.280*** (3.581)	0.303*** (3.866)	0.283*** (3.626)
年份	2013	2014	2015	2016	2017	2018	2019	2020
Moran's I 值	0.260*** (3.341)	0.226*** (2.833)	0.214*** (2.601)	0.117* (1.828)	0.164** (2.218)	0.191** (2.410)	0.163** (2.230)	0.182** (2.391)
年份	2021							
Moran's I 值	0.185** (2.282)							

注：括号内为 t 值，***、** 和 * 分别表示在 1%、5% 和 10% 的水平上显著。

三、区域一体化对黄河流域要素配置优化的实证检验

（一）资本配置优化

表6-17为以资本要素配置优化程度为被解释变量的实证结果，模型（1）和模型（2）为黄河流域全流域的回归结果，在地理矩阵为空间权重矩阵的条件下，区域一体化对黄河流域资本优化配置起到了显著的促进作用，其回归系数为0.120，在10%的水平上显著；在经济矩阵为空间权重矩阵的条件下，区域一体化对黄河流域资本优化配置起到了显著的促进作用，影响系数为0.112，在1%的水平上显著。模型（3）至模型（8）为基于上中下游的异质性研究结果，从回归结果来看，上游地区在地理矩阵和经济矩阵下，影响因素并不稳健显著，故区域一体化对黄河流域上游的资本配置优化无法产生显著影响。中游和下游地区，在地理矩阵和经济矩阵条件下，其实证结果均显著为正，系数分别为0.111、0.170、0.181和0.225，分别在5%、1%、10%和10%的水平上显著，即区域一体化能够显著改善黄河流域中游和下游的资本配置优化程度。由全流域和上中下游的rho可知，对于全流域而言，资本配置优化的空间溢出效应显著为正，分别为0.077和0.065，分别在5%和1%的水平上显著。而上游和下游地区的空间溢出效应均不稳健，只有中游地区具有显著的空间溢出效应，系数分别为0.669和0.368，在10%和1%的水平上显著。

表6-17 区域一体化对资本优化配置的影响

变量	全流域		上游		中游		下游	
	地理矩阵	经济矩阵	地理矩阵	经济矩阵	地理矩阵	经济矩阵	地理矩阵	经济矩阵
	（1）	（2）	（3）	（4）	（5）	（6）	（7）	（8）
lncon	0.120*	0.112***	0.133	0.269***	0.111**	0.170***	0.181*	0.225*
	(1.78)	(5.82)	(1.35)	(7.76)	(2.21)	(3.74)	(1.70)	(1.76)
lnI	0.087***	−0.073***	0.024***	−0.005	0.017***	−0.001	0.009	−0.000
	(3.70)	(−3.82)	(4.37)	(−0.70)	(3.78)	(−0.17)	(0.54)	(−0.05)
lnC	−0.046	−0.147***	−0.168***	−0.175***	−0.023	−0.279***	0.256	0.046
	(−1.58)	(−4.87)	(−3.40)	(−2.79)	(−0.35)	(−5.95)	(1.17)	(1.12)
lnG	0.034	0.041	0.210***	−0.020	0.091**	0.160***	−0.752*	−0.128***
	(1.24)	(1.31)	(4.72)	(−0.34)	(2.08)	(3.85)	(−1.86)	(−3.00)
lnY	−1.433**	−2.195***	2.250*	−1.167	−3.669***	−4.538***	−1.574	0.011
	(−2.08)	(−3.07)	(1.75)	(−0.71)	(−2.58)	(−3.77)	(−0.44)	(0.01)
lnW	−0.077***	0.007	−0.122***	−0.035	−0.059***	−0.034**	0.088	0.031*
	(−6.89)	(0.53)	(−6.23)	(−1.40)	(−3.35)	(−1.99)	(0.85)	(1.68)

变量	全流域		上游		中游		下游	
	地理矩阵	经济矩阵	地理矩阵	经济矩阵	地理矩阵	经济矩阵	地理矩阵	经济矩阵
	（1）	（2）	（3）	（4）	（5）	（6）	（7）	（8）
lnL	0.008 (0.63)	0.069*** (4.31)	−0.037** (−2.40)	−0.013 (−0.64)	−0.013 (−1.40)	−0.001 (−0.10)	−0.096 (−0.48)	−0.079*** (−3.41)
rho	0.077** (2.40)	0.065*** (5.14)	0.042 (0.12)	0.256*** (8.51)	0.669* (1.69)	0.368*** (6.52)	0.195 (1.50)	0.678*** (9.29)
R^2	0.29	0.32	0.26	0.46	0.17	0.22	0.41	0.33

注：括号内为 t 值，***、** 和 * 分别表示在 1%、5% 和 10% 的水平上显著。

（二）劳动力配置优化

表 6-18 为以劳动力要素配置优化程度为被解释变量的实证结果，模型（1）和模型（2）为黄河流域全流域的回归结果，在地理矩阵为空间权重矩阵的条件下，区域一体化对黄河流域劳动力优化配置未起到显著的促进作用；在经济矩阵为空间权重矩阵的条件下，区域一体化对黄河流域劳动力优化配置起到了显著的促进作用，影响系数为 0.003，在 10% 的水平上显著。可得出结论，区域一体化未能显著改善黄河流域劳动力配置优化程度。模型（3）至模型（8）为基于上中下游的异质性研究结果，从回归结果来看，上游地区和下游地区在地理矩阵和经济矩阵下，影响因素并不稳健显著，故区域一体化对黄河流域上游和下游的劳动力配置优化无法产生显著影响。黄河流域中游地区，在地理矩阵和经济矩阵条件下，其实证结果均显著为正，系数分别为 0.117 和 0.120，均在 5% 的水平上显著，即区域一体化能够显著改善黄河流域中游的劳动力配置优化程度。由全流域和上中下游的 rho 可知，对于全流域而言，劳动力配置优化的空间溢出效应并不显著。而上游地区和下游地区的空间溢出效应均不稳健，只有中游地区具有显著的空间溢出效应，系数分别为 0.464 和 0.778，分别在 10% 和 1% 的水平上显著。

表 6-18　区域一体化对劳动力优化配置的影响

变量	全流域		上游		中游		下游	
	地理矩阵	经济矩阵	地理矩阵	经济矩阵	地理矩阵	经济矩阵	地理矩阵	经济矩阵
	（1）	（2）	（3）	（4）	（5）	（6）	（7）	（8）
$lncon$	0.081 (0.11)	0.003* (1.72)	0.395 (0.79)	0.026 (0.83)	0.117** (2.37)	0.120** (2.39)	0.128 (0.46)	0.095*** (3.97)

续表

变量	全流域		上游		中游		下游	
	地理矩阵	经济矩阵	地理矩阵	经济矩阵	地理矩阵	经济矩阵	地理矩阵	经济矩阵
	（1）	（2）	（3）	（4）	（5）	（6）	（7）	（8）
$\ln I$	0.049	0.008	0.026***	0.001	0.017***	0.001	−0.001	−0.009
	(0.20)	(0.37)	(2.70)	(0.23)	(3.56)	(0.15)	(−0.13)	(−1.54)
nC	−0.572	0.134***	0.023	0.120**	−0.064	0.154***	0.186*	0.126*
	(−0.13)	(3.88)	(0.10)	(2.15)	(−0.92)	(2.96)	(1.86)	(1.70)
$\ln G$	0.049	−0.003	0.241***	0.021	0.107***	−0.016	−0.040	0.109
	(0.29)	(−0.08)	(2.90)	(0.41)	(2.91)	(−0.34)	(−0.38)	(1.42)
$\ln Y$	7.716	−2.447***	4.779	1.701	−3.777***	−2.297*	−6.328***	−4.172***
	(0.09)	(−3.00)	(1.40)	(1.16)	(−2.93)	(−1.72)	(−2.99)	(−3.05)
$\ln W$	0.048	−0.032**	−0.144***	−0.019	−0.059***	−0.027	−0.111**	−0.050
	(0.04)	(−2.19)	(−3.11)	(−0.82)	(−3.10)	(−1.40)	(−2.21)	(−1.50)
$\ln L$	0.155	−0.037**	−0.119	−0.060***	−0.011	−0.014	0.072	−0.172***
	(0.12)	(−2.02)	(−1.01)	(−3.44)	(−1.10)	(−1.13)	(1.17)	(−4.12)
rho	0.118	0.197	0.964	0.505**	0.464*	0.778***	0.707*	0.191
	(0.02)	(0.83)	(1.11)	(2.14)	(1.89)	(−3.35)	(1.72)	(0.59)
R^2	0.29	0.11	0.16	0.17	0.10	0.14	0.21	0.18

注：括号内为 t 值，***、** 和 * 分别表示在 1%、5% 和 10% 的水平上显著。

为什么区域一体化对劳动力配置优化的影响是不显著的？可能的原因在于，区域一体化带来的劳动力流通产生的成本效应和其他影响，会抵消劳动力要素扭曲的负面影响。尽管黄河流域地区存在推进绿色发展、提升高质量发展水平的相关政策规划，但劳动力配置优化程度的实现在一定程度上依赖地区的经济发展阶段，对于经济水平发展较低的地区而言，其并不具备孵化的相关平台，也很难改变其以 GDP 为政策导向的发展现实，故劳动力要素配置优化的影响力较低；只有当地区的经济发展达到一定阶段后，创新技术的引进和消化才能发挥更好的作用，知识扩散才会产生效果。厂商才会选择用技术更新作为增加产出的手段而非大规模的劳动力使用。

（三）总要素配置优化

前文分别考虑了单一要素配置优化对黄河流域绿色发展效率的影响，依照第三章的假设，本节需要回答一个具有普遍性的问题，要素配置优化究竟能对黄河流域绿色发展效率产生何种程度的显著影响。鉴于此，本书将城市 i 的资本配置优化 μ_K 和劳动配置优化 μ_L 进行加权求和后，得到城市总要素配置优化程度 μ_i。测算方程为 $\mu_i = \alpha_i \mu_K + \beta_i \mu_L$，$\alpha_i$ 和 β_i 分别为生产函数中资本 K 和劳动 L 的影响程度。表6-19模型（1）和模型（2）为黄河流域全流域的回归结果，在地理矩阵为空间权重矩阵的条件下，区域一体化对黄河流域要素优化配置起到了显著的促进作用，其回归系数为0.191，在10%的水平上显著；在经济矩阵为空间权重矩阵的条件下，区域一体化对黄河流域要素优化配置起到了显著的促进作用，影响系数为0.052，在1%的水平上显著。模型（3）至模型（8）为基于上中下游的异质性研究结果，从回归结果来看，上游地区在地理矩阵和经济矩阵下，影响因素并不稳健显著，故区域一体化对黄河流域上游的要素配置优化无法产生显著影响。在地理矩阵和经济矩阵条件下，中游地区和下游地区的实证结果均显著为正，系数分别为0.179、0.178、0.450和0.530，分别在5%、1%、1%和1%的水平上显著，即区域一体化能够显著改善黄河流域中游和下游的要素配置优化程度。由全流域和上中下游的 rho 可知，对于全流域而言，要素配置优化的空间溢出效应显著为正，分别为0.629和0.678，均在1%的水平上显著。黄河流域上游和下游地区的空间溢出效应均不稳健，只有中游地区具有显著的空间溢出效应，系数分别为0.602和0.586，分别在5%和1%的水平上显著。

表6-19　区域一体化对总要素优化配置的影响

变量	全流域		上游		中游		下游	
	地理矩阵	经济矩阵	地理矩阵	经济矩阵	地理矩阵	经济矩阵	地理矩阵	经济矩阵
	（1）	（2）	（3）	（4）	（5）	（6）	（7）	（8）
$lncon$	0.191 *	0.052 ***	0.221	0.162 ***	0.179 **	0.178 ***	0.450 ***	0.530 ***
	（1.78）	（3.07）	（1.37）	（5.71）	（2.38）	（4.47）	（3.28）	（3.71）
$\ln I$	0.080 ***	−0.055 ***	0.023 ***	−0.007	0.017 ***	−0.002	0.001	−0.004
	（5.45）	（−3.30）	（4.19）	（−1.24）	（3.75）	（−0.51）	（0.14）	（−1.13）
$\ln C$	−0.053 **	−0.046 *	−0.163 ***	−0.084	−0.036	−0.121 ***	0.177 *	0.069
	（−2.12）	（−1.73）	（−3.40）	（−1.64）	（−0.88）	（−2.92）	（1.70）	（1.49）
$\ln G$	0.035	0.057 **	0.215 ***	0.012	0.097 ***	0.104 ***	−0.156	0.004
	（1.31）	（2.10）	（4.92）	（0.25）	（2.60）	（2.86）	（−1.48）	（0.08）
$\ln Y$	−1.475 **	−2.388 ***	2.350 *	−0.250	−3.722 ***	−4.104 ***	−5.181 **	−1.829 **
	（−2.38）	（−3.83）	（1.87）	（−0.19）	（−2.78）	（−3.88）	（−2.51）	（−2.16）
$\ln W$	−0.076 ***	−0.010	−0.121 ***	−0.013	−0.059 ***	−0.043 ***	−0.074	−0.010
	（−6.78）	（−0.92）	（−6.26）	（−0.62）	（−3.10）	（−2.86）	（−1.55）	（−0.48）
$\ln L$	0.011	0.013	−0.040 **	−0.021	−0.012	−0.007	0.025	−0.124 ***
	（0.88）	（0.96）	（−2.47）	（−1.34）	（−1.34）	（−0.70）	（0.34）	（−4.79）
rho	0.629 ***	0.678 ***	0.010	0.129 ***	0.602 **	0.586 ***	0.943	0.738 ***
	（4.40）	（3.74）	（0.03）	（5.19）	（2.44）	（3.18）	（1.36）	（3.66）
R^2	0.18	0.21	0.28	0.27	0.16	0.19	0.34	0.34

注：括号内为 t 值，***、** 和 * 分别表示在1%、5%和10%的水平上显著。

从回归结果来看，区域一体化对资本配置优化和劳动力的影响完全不同。结合前文的数理推导过程进一步来看，资本配置优化对流域绿色发展效率的影响更重。对于黄河流域城市而言，其发展依靠资源及其加工产业，属于典型的重工业城市，在发展转型上存在客观的困难；地方政府在实际决策过程中，不仅由于 GDP 导向的原因，以经济总量的增长而非生产效率的提高为其经济发展的目标。而且在实际操作过程中，对重资产企业更加偏好，导致城市的投资具有明显的偏向性，在这样的背景下，资本配置优化发挥更大的作用，区域一体化对总要素配置优化的影响结果与对资本要素配置优化的影响结果较为一致，也证明了这一点。但这并不意味着资本配置优化的路径依赖对黄河流域而言是一种必然。黄河流域有两种状态的城市可以摆脱这一路径：一种是处在生态功能区，其特殊的生态地理环境注定不适合发展第二产业，第三产业的发展，是其实现高质量发展的重要途径，如陇南市；另一种是仍然处在高速工业化的过程中，但城市本身也是历史文化名城，第三产业也发展迅速，代表为西安市。

本章小结

本章依照第三章的理论分析展开实证研究，从区域一体化对绿色经济、污染治理、绿色技术扩散和要素配置优化四个角度出发，选择验证黄河流域区域一体化对绿色发展效率的影响路径，并对黄河流域上中下游地区进行异质性研究。基于研究目的，构建空间 SDM 模型作为基础回归模型，以 2005～2021 年黄河流域62 个地级行政区为研究对象，在选取构造科学的研究变量基础上，实证研究区域一体化对四种影响路径的作用，对影响路径中的实证结果进行稳健性检验和进一步分析，并依照地理划分对黄河流域上中下游进行异质性研究。结果可归纳为：

（1）区域一体化对绿色经济的影响如下：构建指标体系测度黄河流域绿色经济后，采用空间 SDM 模型进行实证检验，发现区域一体化对黄河流域绿色经济产生显著的正向作用，其系数在不同矩阵下分别为 0.004 和 0.003；分别以上游、中游和下游为研究样本进行实证检验，发现在地理矩阵和经济距离权重下，区域一体化可促进黄河流域中游地区的绿色经济增长。区域一体化对黄河流域上游和下游地区的绿色经济并无显著作用。选取单位 GDP 二氧化碳排放量作为绿色经济的代理变量，进一步考察地区市场分割对黄河流域绿色经济的影响：证明区域一体化能够显著促进黄河流域绿色经济，回归系数分别为 0.022 和 0.021。分流域异质性回归的结果如下：区域一体化能够显著促进黄河流域上游和中游地区的绿色经济水平；区域一体化不能对黄河流域下游地区的绿色经济水平产生显著影响。故可得出结论，区域一体化可显著促进全流域绿色经济，但分段研究表明，其影响作用仅在中游地区稳健显著。

（2）区域一体化对污染治理的影响如下：区域一体化并未如假设中一样，对黄河流域的环境污染治理产生显著作用。以污染强度为被解释变量的实证结果显示，区域一体化能够降低部分污染物的排放强度。以环境规制强度为被解释变量，可知在经济矩阵下，区域一体化提升了黄河流域环境规制强度，但并未得出稳健的结果。分别以上游、中游和下游为研究样本进行实证检验，发现区域一体化在经济矩阵条件下能够减少黄河流域下游工业烟尘和工业废水的排放强度。区域一体化并未在环境污染治理方面取得显著效应，其无法通过改善生态环境进一步提升黄河流域绿色发展，这一结论进一步佐证了前文的分析，区域一体化使污染的空间溢出效应进一步显现，产生大量的污染转移，导致实施严格生态环境保护政策的地区并不能获得正向的政策收益。

（3）区域一体化对绿色技术扩散的影响如下：选用绿色发明专利申请量作为代理变量，利用 WIPO 的国际专利分类绿色清单匹配。可知区域一体化显著促进了黄河流域绿色发明专利的申请量，在地理矩阵和经济矩阵下，其回归系数分别为 0.217 和 0.073。上中下游的异质性回归可知，区域一体化对黄河流域中游地区的绿色发明专利申请量有显著的正向作用。为确保结果的稳健性，本书同时选择绿色实用新型专利申请量作为代理变量。可知区域一体化显著促进了黄河流域绿色实用新型专利申请量，在地理矩阵和经济矩阵下，其回归系数分别为 0.010 和 0.014，分别在 10% 和 5% 的水平上显著。根据上中下游的异质性回归可知，区域一体化对黄河流域中游地区的绿色实用新型专利申请量有显著的正向作用。证明区域一体化能够提升黄河流域绿色技术扩散这一结论的稳健性，只有黄河流域中游地区的区域一体化才能对绿色技术扩散产生显著的正向作用。

（4）区域一体化对要素配置优化的影响如下：从劳动力和资本两个角度对要素配置优化进行测度，并加权求和后得到总要素配置优化程度。实证结果表明，区域一体化对黄河流域资本优化配置起到了显著的促进作用，其回归系数为 0.120 和 0.112；不同矩阵下，区域一体化对劳动力配置优化的显著性存在争议，可知区域一体化未能显著改善黄河流域劳动力配置优化程度。区域一体化对黄河流域总要素优化配置起到了显著的促进作用，其回归系数为 0.191 和 0.052。根据上中下游的异质性回归可知，区域一体化能够显著改善黄河流域中游和下游的资本配置优化程度、劳动配置优化程度和总要素配置优化程度，区域一体化对总要素配置优化的影响结果与对资本要素配置优化的影响结果较为一致，也证明了资本优化配置这个影响路径能够发挥更大的作用。

第七章 结论与展望

本章将归纳全书的主要结论及其政策含义，指出本书的不足之处及未来可能的研究方向。

第一节 主要结论

第一，黄河流域区域一体化程度波动上升，上中下游地区均呈现波动递增的格局。以平均值而论：下游>中游>上游；以提升速度而论：中游>上游>下游；中游对下游的追赶是黄河流域区域一体化的重要特点。但黄河流域区域一体化程度仍低于长江流域和全国平均水平。黄河流域的区域一体化呈现"收敛"和"右移"两大特点，区域一体化程度较高的地区数量并未显著增加，但区域一体化程度较低的地区数量显著减少，曲线呈现明显的右偏特征，表明有一定数量的城市区域一体化程度显著高于其他地区，大多数地区的区域一体化缓慢上升。以Super—SBM测度黄河流域的绿色发展效率，发现黄河流域的平均绿色发展效率呈现先曲折下降后曲折上升的趋势，分界点为2017年。黄河流域绿色发展效率表现为上中下游阶梯式上升的分布态势。以绿色GDP测度黄河流域的绿色发展效率，发现黄河流域绿色GDP的分布特点与黄河流域GDP的地区分布一致，呈现由上游到下游递增的趋势，且上、中、下游之间差距明显。从绿色发展效率程度的空间差异来看，无论是绝对值还是变化值，处在第一档位的地区集中在省会城市及该地区的核心城市，说明区位因素和经济社会禀赋对于绿色发展效率的影响是第一位的。

第二，在市场一体化视角下，区域一体化对黄河流域绿色发展效率产生显著的正向影响。实证检验发现：区域一体化对黄河流域绿色发展效率产生显著的正向影响。以Super-SBM模型测度效率值为黄河流域绿色发展效率时，在行政、地理和经济三个不同空间矩阵下，采用空间SDM的回归系数为0.021、0.022和0.020，分别在10%、5%和5%的水平上显著。以绿色GDP表示黄河流域绿色发展效率时，在行政、地理和经济三个不同空间矩阵下，采用空间 SDM 的回归系数为 0.015、0.019 和 0.011，分别在 10%、10% 和 5% 的水平上显著。从效应分解的角度看，直接效应大于间接效应，意味着区域一体化对本区域的作用大于其产生的外溢作用。选用地理工具变量和历史工具变量，采用 2SLS 模型回归，发现选用工具变量的实证结果均与基础回归结果一致，本书不仅较好地解决了内生性问题，同时也满足了稳健性检验的要求，证明基础回归结果的稳健性。

第三，在政策冲击的视角下，区域一体化政策的实施显著改善了黄河流域绿色发展效率。采用多期 DID 进行回归验证，在控制时间固定效应和个体固定效应后，以 Super-SBM 模型测度效率值为黄河流域绿色发展效率时，未加入控制变量时 $\beta = 0.082$，在 5% 的水平上显著，加入控制变量后 $\beta = 0.071$，在 10% 的水平上显著；以绿色 GDP 表示黄河流域绿色发展效率时，未加入控制变量时 $\beta = 0.111$，在 10% 的水平上显著，加入控制变量后 $\beta = 0.106$，在 10% 的水平上显著。证明区域一体化政策对黄河流域绿色发展效率产生显著正向作用。异质性研究表明，仅黄河流域中游地区的政策效应显著为正，这个结果与基础回归结果一致，证明无论是以市场一体化的角度定义区域一体化，还是以政策冲击的角度定义区域一体化，均能得出相同的结论。

第四，异质性研究表明，在上中下游地区中，仅中游地区的影响系数显著为正，上游和下游地区均不显著；空间权重矩阵采用地理距离矩阵和经济距离矩阵的情况下，黄河流域中游地区的实证结果，区域一体化的回归系数分别为 0.034 和 0.037，分别在 10% 和 5% 的水平上显著。无论是在地理矩阵还是在经济矩阵下，区域一体化可显著提高黄河流域资源型城市的绿色发展效率，影响系数分别为 0.039 和 0.036，分别在 1% 和 5% 的水平上显著。区域一体化未对黄河流域非资源型城市的绿色发展效率产生显著影响。同前文基于上中下游的异质性研究一样，黄河流域区域一体化的结果具有显著的区域特征。区域一体化对黄河流域绿色发展效率的影响存在明显的时间特征，分时段研究表明，以主体功能区和"十二五"规划提出为时间节点，时间节点前段，区域一体化的影响作用不显著；时间节点后端，区域一体化的影响作用显著，以全流域和上中下游为样本的回归结果表明，区域一体化对黄河流域绿色发展效率均产生显著正向影响。

第五，依照第三章的理论分析展开实证研究，从区域一体化对绿色经济、污染治理、绿色技术扩散和要素配置优化四个角度出发，选择验证黄河流域区域一体化对绿色发展效率的影响路径。结果如下：构建指标体系测度黄河流域绿色经济后，采用空间 SDM 模型进行实证检验，发现区域一体化对黄河流域绿色经济产生显著的正向作用；选择污染物排放量、污染物排放强度和环境规制为污染治理的代理变量，发现区域一体化并未如假设中一样，对黄河流域的污染治理改善产生显著作用；选用绿色发明专利申请量作为代理变量，利用 WIPO 的国际专利分类绿色清单匹配，可知区域一体化显著促进了黄河流域绿色技术扩散；从劳动力和资本两个角度对要素配置优化进行测度，并加权求和后得到总要素配置优化程度。发现区域一体化对黄河流域资本优化配置起到了显著的促进作用，区域一体化未能显著改善黄河流域劳动力配置优化程度，区域一体化对黄河流域总要素优化配置起显著的促进作用。

第六，影响路径的异质性验证结果表明：区域一体化能够显著促进黄河流域上游和中游地区的绿色经济水平；区域一体化不能对黄河流域下游地区的绿色经济水平产生显著影响；区域一体化仅在经济矩阵条件下减少黄河流域下游工业烟尘和工业废水的排放强度，在其他情况下，区域一体化并未在环境污染治理方面取得显著效应；区域一体化对黄河流域中游地区的绿色发明专利申请量和绿色实用新型专利申请量有显著的正向作用，对上游和下游的绿色技术扩散无法产生显著影响；上中下游的异质性回归可知，区域一体化能够显著改善黄河流域中游和下游的资本配置优化程度、劳动配置优化程度和总要素配置优化程度，区域一体化对总要素配置优化的影响结果与对资本要素配置优化的影响结果较为一致，也证明了资本配置优化这个影响路径发挥更大的作用。

第二节　政策启示

第一，大力推进黄河流域内部地区之间绿色发展的协同。一方面，应突破现有的行政壁垒，增强区域内部地区之间的资本要素、劳动力、先进技术、科教资源、能源资源等一系列重要资源要素的充分自由流动，使其实现跨地区优化配置，以促进本地区经济结构的转型升级，促使因地理邻近而产生的空间溢出效应得以积极正向的释放；另一方面，各流域内地区应率先达成绿色发展共同体的共识，基于地区优势产业的发展强化地区间的发展联动，推进地区间优势资源与先进技术的共享，大力发掘与培育以生态优先、资源节约为特征的毗邻绿色产业链，以稳步提升地区整体绿色发展水平。此外，各地区应重新审视外资外贸对本地经济发展与生态环境的潜在影响，严格把控引进外资质量，避免盲目攀比竞争，为吸引外资而赛跑式地降低环境标准，要切实地统一站位，立足区域绿色发展大局，严格而客观地评估其对当地绿色发展的影响效应，着力将其更多地引向有利于推进本区域绿色产业链形成的方向上，做到区域经济发展、生态环境与外资引入之间的有效协调。

第二，黄河流域绿色发展效率提升的难点是流域内落后地区的可持续发展问题，流域内落后地区的可持续发展和经济增长的双重约束带来的发展空间下降是当前迫切需解决的问题，需改变目前多"中心—边缘"结构的区域空间格局，需要突破传统的工业化城镇化发展道路。与以往流域发展中依托流域两岸进行发展布局的情况不同，黄河流域可通过上中下游的区域分工来实现不同主体地区绿色发展的目标。上游地区在高强度的绿色发展模式下提供了更多的生态产品和更好的资源保护，而中下游地区的优先开发区和重点开发区通过绿色高质量发展提供了可持续的财政收入来购买生态产品和利用自然资源，形成流域区域协同绿色发展的新格局。

第三，以区域一体化为主线，提升黄河流域资源综合承载率和配置效率。将黄河流域资源环境纳入到全国资源环境网络体系，全面建立流域上中下游、左右岸和支流流域等各组成要素之间的利益协调机制，系统推进黄河流域各类资源配置效率和使用效率的提升。要实现以生态优先、绿色发展为导向的区域高质量发展，必须打破梯度发展的惯性思维模式，勇于成为制度供给的改革先行者，制度要素的供给是生产要素供给的基础，制度本身的创新，会带来其他生产要素的流动。促进各要素向黄河流域城市群流动和高效集聚，提高城市群各系统的供给、调节和支持等服务功能，推进黄河流域资源跨区域配置，大幅度提升黄河流域资源配置效率和承载力。充分发挥甘肃、宁夏和内蒙古等沿黄区域在风能、太阳能等清洁能源方面的优势，鼓励发展其清洁能源产业，促进经济与环境向友好型、绿色型发展。

第四，以创新驱动助力绿色发展效率。构建由关中城市群和中原城市群为中心的黄河流域绿色创新技术研发和技术交易二元中心，借助绿色创新的空间溢出效应带动全流域实现高质量发展。关中城市群发挥高等院校、航天研究机构和农业研究机构集中的优势，在基础研究和研发人才培养领域加大投资力度。中原城市群借助自身具有优势的实体经济和黄河流域治水经验，强化应用技术研究和治水节水技术的市场化应用。加大绿色创新所需的人力和资本投入，绿色创新在短期具有较高投资风险和较低收益回报的特征，仅凭黄河流域现有大多数地区的发展阶段，在投资方面不会对这种无法立即产生作用的项目存在偏好。在资金投入方面，"十四五"时期，黄河流域的平均科技活动经费应超越全国平均水平，摆脱当下整体偏低的局面。出台切实可行的人才引进策略，对设计生态保护、水资源利用和废弃物资源化等方面的科技人才予以政策上的倾斜；注重本地高校毕业生留在本地发展的政策引导，在其关心的生活工作问题上予以照顾。

第三节　研究不足与展望

第一，本书的地区市场指数选用经典的相对价格法，根据区域内八种主要商品的价格指数计算得出的。但这种以消费大类价格指数为基础的测算方法可能未涵盖不同产品市场之间的异质性，也未能全面反映区域一体化程度。例如，不同产品的区域一体化程度可能会有所不同。未来的研究可以考察特定产品在不同地区的价格差异程度，也可以选择不同地区的特定市场作为研究对象，这可能会产生更多相关的政策含义。

第二，黄河流域生态保护和高质量发展作为国家战略，提出的时间较短，该战略作为外生的政策冲击带来的影响尚未有文献进行研究。后续的研究应补足政策效应估计这方面的短板。同时，实证研究区域一体化对影响路径变量的作用，再通过文献研究和理论论述分析影响路径变量对黄河流域绿色发展效率的作用，是当前文献采用较多的研究方法，但其不能得出具体的影响系数。若采用中介效应模型虽然能够得到具体的影响系数及其显著性，但中介效应模型的做法不断受到研究者的质疑。在分析影响路径方面，还需进一步的探索。

第三，在文献综述过程中发现制度和创新均对黄河流域绿色发展效率起到关键性的作用，但受限于数据获得，在考察要素配置优化时，本书并未计算这两个方面的要素配置优化程度。同时，对流域间劳动力和资本配置优化的测算需要更加坚实的数据基础。本书利用市级层面的宏观数据测算了黄河流域内各市间的劳动力和资本配置优化程度，虽然从"区域间"的视角补充了我国现有的资源配置优化测算类文献，但相比于微观企业数据，本书使用的数据显得有些粗略。

参 考 文 献

［1］ Anthony J Venables. Regional Integration Agreements: A Force for Convergence or Divergence ［Z］. World Bank and London School of Economics, 1999.

［2］ Aoki S. A Simple Accounting Framework for the Effect of Resource Misallocation on Aggregate Productivity ［J］. Journal of the Japanese and International Economies, 2012, 26 （4）: 473-494.

［3］ Atik S. Regional Economic Integrations in the Post-soviet Eurasia: An Analysis on Causes of Inefficiency ［J］. Procedia-Social and Behavioral Sciences, 2014, 109: 1326-1335.

［4］ Badinger H. Growth Effects of Economic Integration: Evidence from the EU Member States ［J］. Review of World Economics, 2005, 141 （1）: 50-78.

［5］ Barbier E. The Policy Challenges for Green Economy and Sustainable Economic Development ［J］. Natural Resources Forum, 2011, 3 （35）: 233-245.

［6］ Barone G, Narciso G. Organized Crime and Business Subsidies: Where Does the Money Go? ［J］. Journal of Urban Economics, 2015, 86: 98-110.

［7］ Barrios S, de Lucio J J. Economic Integration and Regional Business Cycles: Evidence from the Iberian Regions ［J］. Oxford Bulletin of Economics and Statistics, 2003, 65 （4）: 497-515.

［8］ Barro R J, Sala-I-Martin X. Economic Growth ［M］. Cambridge: The MIT Press, 1995.

［9］ Beck T, Levine R, Levkov A. Big Bad Banks? The Winners and Losers from Bank Deregulation in the United States ［J］. The Journal of Finance, 2010, 65 （5）: 1637-1667.

［10］ Behrens K. Economic Geography: The Integration of Regions and Nations ［J］. Regional Science and Urban Economics, 2009, 39 （6）: 761-762.

［11］ Berliant M, Fujita M. Dynamics of Knowledge Creation and Transfer: The Two Person Case ［J］. International Journal of Economic Theory, 2009, 5 （2）: 155-179.

［12］ Betz R, Owen A D. The Implications of Australia's Carbon Pollution Reduction Scheme for Its National Electricity Market [J]. Energy Policy, 2010, 38 (9): 4966-4977.

[13] Bian Y, Song K, Bai J. Market Segmentation, Resource Misallocation and Environmental Pollution [J]. Journal of Cleaner Production, 2021, 228: 376-387.

[14] Billio M, Donadelli M, Paradiso A, et al. Which Market Integration Measure? [J]. Journal of Banking & Finance, 2017, 76: 150-174.

[15] Brandt L, Van Biesebroeck J, Zhang Y. Creative Accounting or Creative Destruction? Firm-level Productivity Growth in Chinese Manufacturing [J]. Journal of Development Economics, 2012, 97 (2): 339-351.

[16] Burstein A T G G. International Prices and Exchange Rates [J]. Handbook of International Economics, 2014 (4): 391-451.

[17] Cao X, Deng M, Li H. How Does Ecommerce City Pilot Improve Green Total Factor Productivity? Evidence from 230 Cities in China [J]. Journal of Environmental Management, 2021, 289: 1-12.

[18] Capannelli G, Lee J. Developing Indicators for Regional Economic Integration and Cooperation [J]. ADB Working Paper Series, 2009 (33): 1-44.

[19] Casella A. On Market Integration and the Development of Institutions: The Case of International Commercial Arbitration [J]. European Economic Review, 1996, 40 (1): 155-186.

[20] Chang W, Li Z, Lu K, et al. Optimal Eco-Compensation for Forest-Based Carbon Sequestration Programs: A Case Study of Larch Carbon Sink Plantations in Gansu, Northwest China [J]. Forests, 2022, 13 (2): 268.

[21] Chang, Rugman A M. Regional Integration and the International Strategies of Large European Firms [J]. International Business Review, 2012, 21 (3): 493-507.

[22] Chen M X. Regional Economic Integration and Geographic Concentration of Multinational Firms [J]. European Economic Review, 2009, 53 (3): 355-375.

[23] Chen Xu, Chen Xueli, Song M. Polycentric Agglomeration, Market Integration and Green Economic Efficiency [J]. Structural Change and Economic Dynamics, 2021 (8): 185-197.

[24] Chen Y, Miao J, Zhu Z. Measuring Green Total Factor Productivity of China's Agricultural Sector: A Three-stage SBM-DEA Model with Non-point Source Pollution and CO_2 Emissions [J]. Journal of Cleaner Production, 2021, 318: 1-15.

[25] Chen Z, Kahn M E, Liu Y, et al. The Consequences of Spatially Differentiated Water Pollution Regulation in China [J]. Journal of Environmental Economics and Management, 2018, 88: 468-485.

［26］ Cheng Z, Jin W. Agglomeration Economy and the Growth of Green Total-factor Productivity in Chinese Industry ［J］. Socio-Economic Planning Sciences, 2020 (8): 101003.

［27］ Christian J A. A Tutorial on Horizon-Based Optical Navigation and Attitude Determination with Space Imaging Systems ［J］. IEEE Access, 2021, 9: 19819-19853.

［28］ Chung Y H, Färe R, Grosskopf S. Productivity and Undesirable Outputs: A Directional Distance Function Approach ［J］. Journal of Environmental Management, 1997, 51 (3): 229-240.

［29］ D'Amato D, Korhonen J. Integrating the Green Economy, Circular Economy and Bioeconomy in a Strategic Sustainability Framework ［J］. Ecological Economics, 2021, 188: 107143.

［30］ Dang V Q T, So E P K, Yang A Y, et al. China and International Market Integration: Evidence from the Law of One Price in the Middle East and Africa ［J］. The North American Journal of Economics and Finance, 2020, 54: 1-14.

［31］ Devlin R, Ffrench-Davis R. Towards an Evaluation of Regional Integration in Latin America in the 1990s ［J］. World Economy, 1999, 22 (2): 261-290.

［32］ Devlin R, Ffrench-Davis R. Towards an Evaluation of Regional Integration in the 90's ［J］. Buenos Aires: INTAL, Dissemination Paper, 1999 (8): 11-23.

［33］ Do H X, Nepal R, Jamasb T. Electricity Market Integration, Decarbonisation and Security of Supply: Dynamic Volatility Connectedness in the Irish and Great Britain Markets ［J］. Energy Economics, 2020, 92: 1-11.

［34］ Dorn D, Zweimüller J. Migration and Labor Market Integration in Europe ［J］. Journal of Economic Perspectives, 2021, 35 (2): 49-76.

［35］ Du K, Li J. Towards a Green World: How Do Green Technology Innovations Affect Total-factor Carbon Productivity ［J］. Energy Policy, 2019, 131: 240-250.

［36］ Dunning J H, Robson P, Dunning J H. Multinational Corporate Integration and Regional Economic Integration ［J］. Journal of Common Market Studies, 1987, 26 (2): 103-125.

［37］ Duranton G, Overman H G. Exploring the Detailed Location Patterns of UK Manufacturing Industries Using Microgeographic Data ［J］. Journal of Regional Science, 2008, 48 (1): 213-243.

［38］ Duranton G, Overman H G. Testing for Localization Using Micro-Geographic Data ［J］. The Review of Economic Studies, 2005, 72 (4): 1077-1106.

［39］ Dvir E, Strasser G. Does Marketing Widen Borders? Cross-country Price Dispersion in the European Car Market ［J］. Journal of International Economics, 2018,

112: 134-149.

[40] Eberhard-Ruiz A, Moradi A. Regional Market Integration in East Africa: Local but no Regional Effects? [J]. Journal of Development Economics, 2021, 140: 255-268.

[41] Elhorst J P. Matlab Software for Spatial Panels [J]. International Regional Science Review, 2014, 37 (3): 389-405.

[42] Engel C. How Wide is the Border Author [J]. The American Economic Review, 1996 (86): 1112-1125.

[43] Fathipour G, Ghahremanlou A. Economical-regional Integration-An Overview on Iran-India Trade Relation [J]. Procedia-Social and Behavioral Sciences, 2014, 157: 155-164.

[44] Feenstra R C. Border Effects and the Gravity Equation: Consistent Methods for Estimation [J]. Scottish Journal of Political Economy, 2010 (49): 491-506.

[45] Feng Y, Dong X, Zhao X, et al. Evaluation of Urban Green Development Transformation Process for Chinese Cities during 2005-2016 [J]. Journal of Cleaner Production, 2020, 266: 12-17.

[46] Findlay R. Relative Backwardness, Direct Foreign Investment, and the Transfer of Technology: A Simple Dynamic Model [J]. Quarterly Journal of Economics, 1978, 92 (1): 1-16.

[47] Forslid R, Mark, Okubo T. Trade Liberalization, Transboundary Pollution and Market Size [J]. Journal of the Association of Environmental and Resource Economists, 2017 (3): 1-30.

[48] Galiakberov A, Abdullin A. Theory and Practice of Regional Integration Based on the Eurasec Model (Russian Point of View) [J]. Journal of Eurasian Studies, 2014, 5 (2): 116-121.

[49] Gao X, Zhang A, Sun Z. How Regional Economic Integration Influence on Urban Land Use Efficiency? A Case Study of Wuhan Metropolitan Area, China [J]. Land Use Policy, 2020, 90: 1-11.

[50] Geldi H K. Trade Effects of Regional Integration: A Panel Cointegration Analysis [J]. Economic Modelling, 2012, 29 (5): 1566-1570.

[51] Giovanni J, Levchenko A A. Trade Openness and Volatility [J]. The Review of Economics and Statistics, 2009, 91 (3): 558-585.

[52] Goodwin K, Piggott B, et al. Spatial Market Integration in the Presence of Threshold Effects [J]. American Journal of Agricultural Economics, 2001 (5): 302-317.

[53] Grossman, Krueger. Economic Growth and the Environment [J]. The

Quarterly Journal of Economics, 1995 (2): 353-377.

[54] Hamulczuk M, Makarchuk O, Sica E. Searching for Market Integration: Evidence from Ukrainian and European Union Rapeseed Markets [J]. Land Use Policy, 2021, 87: 104078.

[55] He D, Yin Q, Zheng M, et al. Transport and Regional Economic Integration: Evidence from the Chang-Zhu-Tan Region in China [J]. Transport Policy, 2021, 79: 193-203.

[56] He L, Zhang L, Zhong Z, et al. Green Credit, Renewable Energy Investment and Green Economy Development: Empirical Analysis Based on 150 Listed Companies of China [J]. Journal of Cleaner Production, 2019, 208: 363-372.

[57] He W, Wang B, Danish, et al. Will Regional Economic Integration Influence Carbon Dioxide Marginal Abatement Costs? Evidence from Chinese Panel Data [J]. Energy Economics, 2018, 74: 263-274.

[58] Henrekson M, Torstensson J, Torstensson R. Growth Effects of European Integration [J]. European Economic Review, 1997, 41 (8): 1537-1557.

[59] Hoff J V, Rasmussen M M B, Sørensen P B. Barriers and Opportunities in Developing and Implementing a Green GDP [J]. Ecological Economics, 2021, 181: 1-8.

[60] Jacobs E. Are Environmental Sustainability and Economic Growth Compatible? [J]. Energy Policy, 1994 (5): 655-667.

[61] Jones L E M R E. A Convex Model of Equilibrium Growth: Theory and Policy Implications [J]. Journal of Political Economy, 1990 (5): 1008-1038.

[62] Ke S. Domestic Market Integration and Regional Economic Growth—China's Recent Experience from 1995-2011 [J]. World Development, 2015, 66: 588-597.

[63] Kenourgios D, Samitas A. Equity Market Integration in Emerging Balkan Markets [J]. Research in International Business and Finance, 2011, 25 (3): 296-307.

[64] Krstevski P, Borozan S, Krkoleva Mateska A. Electricity Balancing Markets in South East Europe—Investigation of the Level of Development and Regional Integration [J]. Energy Reports, 2021 (7): 7955-7966.

[65] Krugman P. Scale Economies, Product Differentiation, and the Pattern of Trade [J]. American Economic Review, 1980, 70 (5): 950-959.

[66] Kunanuntakij K, Varabuntoonvit V, Vorayos N, et al. Thailand Green GDP Assessment Based on Environmentally Extended Input-output Model [J]. Journal of Cleaner Production, 2017, 167: 970-977.

［67］ Li J, Lin B. Does Energy and CO_2 Emissions Performance of China Benefit from Regional Integration? ［J］. Energy Policy, 2017, 101: 366-378.

［68］ Licastro A, Sergi B S. Drivers and Barriers to a Green Economy: A Review of Selected Balkan Countries ［J］. Cleaner Engineering and Technology, 2021, 4: 1-14.

［69］ Liu Y, Dong F. How Technological Innovation Impacts Urban Green Economy Efficiency in Emerging Economies: A Case Study of 278 Chinese Cities ［J］. Resources, Conservation and Recycling, 2021, 169: 13-31.

［70］ Loiseau E, Saikku L, Antikainen R, et al. Green Economy and Related Concepts: An Overview ［J］. Journal of Cleaner Production, 2016, 139: 361-371.

［71］ Ludema R D, Wooton I. Economic Geography and the Fiscal Effects of Regional Integration ［J］. Journal of International Economics, 2000, 52 (2): 331-357.

［72］ Luo Q, Luo L, Zhou Q, et al. Does China's Yangtze River Economic Belt Policy Impact on Local Ecosystem Services? ［J］. Science of the Total Environment, 2021, 676: 231-241.

［73］ Lynn M, Flynn S M, Helion C. Do Consumers Prefer Round Prices? Evidence from Pay-what-you-want Decisions and Self-pumped Gasoline Purchases ［J］. Journal of Economic Psychology, 2013, 36: 96-102.

［74］ Ma Q, Jia P, She X, et al. Port Integration and Regional Economic Development: Lessons from China ［J］. Transport Policy, 2021, 110: 430-439.

［75］ Ma W, Jiang G, Chen Y, et al. How Feasible is Regional Integration for Reconciling Land Use Conflicts across the Urban-rural Interface? Evidence from Beijing-Tianjin-Hebei Metropolitan Region in China ［J］. Land Use Policy, 2020, 92: 1-13.

［76］ Mahon R, Fanning L. Regional Ocean Governance: Integrating and Coordinating Mechanisms for Polycentric Systems ［J］. Marine Policy, 2021, 107: 103589.

［77］ Marcon E, Puech F. Measures of the Geographic Concentration of Industries: Improving Distance-based Methods ［J］. Journal of Economic Geography, 2010, 10 (5): 745-762.

［78］ Martin P. A Sequential Approach to Regional Integration: The European Union and Central and Eastern Europe ［J］. European Journal of Political Economy, 1996, 12 (4): 581-598.

［79］ McÃallum J. National Borders Matter: Canada-U. S. Regional Trade Patterns ［J］. The American Economic Review, 1995 (3): 615-623.

［80］ Meadows D, Randers J. The Limits to Growth: The 30-year Update ［M］. London: Routledge, 2012.

［81］ Merino-Saum A, Clement J, Wyss R, et al. Unpacking the Green Economy Concept: A Quantitative Analysis of 140 Definitions ［J］. Journal of Cleaner Production, 2020, 242: 1-14.

［82］ Mundaca L, Luth Richter J. Assessing "Green Energy Economy" Stimulus Packages: Evidence from the U. S. Programs Targeting Renewable Energy ［J］. Renewable and Sustainable Energy Reviews, 2015, 42: 1174-1186.

［83］ Nataraja. Guidelines for Using Variable Selection Techniques in Data Envelopment Analysis ［J］. European Journal of Operational Research, 2011, 3 (215): 662-669.

［84］ Nawaz S, Mangla I U. The Economic Geography of Infrastructure in Asia: The Role of Institutions and Regional Integration ［J］. Research in Transportation Economics, 2021 (88): 1-14.

［85］ Obasaju B O, Olayiwola W K, Okodua H, et al. Regional Economic Integration and Economic Upgrading in Global Value Chains: Selected Cases in Africa ［J］. Heliyon, 2021, 7 (2): 12-38.

［86］ Oecd. Towards Green Growth: A Summary for Policymakers ［Z］. 2011.

［87］ Pan W, Pan W, Hu C, et al. Assessing the Green Economy in China: An Improved Framework ［J］. Journal of Cleaner Production, 2019, 209: 680-691.

［88］ Parsley D C, Wei S. Explaining the Border Effect: The Role of Exchange Rate Variability, Shipping Costs, and Geography ［J］. Journal of International Economics, 2001, 55 (1): 87-105.

［89］ Pearce D, Markandya A, Barbier E. Blueprint of a Green Economy ［M］. London: Earthscan Publications Ltd. , 1989.

［90］ Peng S, Thisse J, Wang P. Economic Integration and Agglomeration in a Middle Product Economy ［J］. Journal of Economic Theory, 2006, 131 (1): 1-25.

［91］ Pigou A C. The Economics of Welfare ［M］. London: Macmillan Publishers Limited, 1920.

［92］ Price L, Zhou N, Fridley D, et al. Development of a Low-carbon Indicator System for China ［J］. Habitat International, 2013, 37: 4-21.

［93］ Pukthuanthong K, Roll R. Global Market Integration: An Alternative Measure and Its Application ［J］. Journal of Financial Economics, 2009, 94 (2): 214-232.

［94］ Quan Y, Yu X, Xu W. The Yangtze River Delta Integration and Regional Development of Marine Economy: Conference Report ［J］. Marine Policy, 2021, 127: 104420.

［95］ R C, Fare Y H. Productivity and Undesirable Outputs: A Directional Dis-

tance Function Approach ［J］. Journal of Environmental Management, 1997 （3）:
229-240.

　［96］ Reardon. How Green are Principles Texts? An Investigation into How Main-
stream Economics Educates Students Pertaining to Energy, the Environment and Green
Economics ［J］. International Journal of Green Economics, 2007 （1）: 381-393.

　［97］ Regina K, Alakukku L. Greenhouse Gas Fluxes in Varying Soils Types un-
der Conventional and No-tillage Practices ［J］. Soil and Tillage Research, 2010, 109
（2）: 144-152.

　［98］ Ricardo D. On the Principles of Political Economy and Taxation ［M］.
Cambridge: Cambridge University Press, 2008.

　［99］ Romer P M. Increasing Returns and Long-Run Growth ［J］. The Journal of
Political Economy, 1986, 94 （5）: 1002-1037.

　［100］ Rui W. A Critical Review of Regional Economic Integration in China ［J］.
Turkish Economic Review, 2015 （2）: 88-103.

　［101］ Samuelson P A. Theoretical Notes on Trade Problems ［J］. The Review of
Economics and Statistics, 1964 （2）: 145-154.

　［102］ Shuai S, Fan Z. Modeling the Role of Environmental Regulations in
Regional Green Economy Efficiency of China: Empirical Evidence from Super Efficiency
DEA-Tobit Model ［J］. Journal of Environmental Management, 2020, 261: 1-8.

　［103］ Silikam J J, Essounga A R N. Socio-Cultural Potentials of the CEMAC
Zone for Sub-Regional Integration and Development ［J］. Technium Social Sciences
Journal, 2021, 21: 718.

　［104］ Song M, Zhu S, Wang J, et al. Share Green Growth: Regional Evaluation
of Green Output Performance in China ［J］. International Journal of Production Eco-
nomics, 2020, 219: 152-163.

　［105］ Su H, Liang B. The Impact of Regional Market Integration and Economic
Opening up on Environmental Total Factor Energy Productivity in Chinese Provinces
［J］. Energy Policy, 2021, 148: 1-10.

　［106］ Sun H, Pofoura A K, Adjei Mensah I, et al. The Role of Environmental
Entrepreneurship for Sustainable Development: Evidence from 35 Countries in Sub-
Saharan Africa ［J］. Science of the Total Environment, 2020, 741: 1-12.

　［107］ Sun Y, Ding W, Yang Z, et al. Measuring China's Regional Inclusive
Green Growth ［J］. Science of the Total Environment, 2020, 713: 1-10.

　［108］ Tamura R. Regional Economies and Market Integration ［J］. Journal of
Economic Dynamics and Control, 1996 （20）: 825-845.

　［109］ Tone. A Slacks-Based Measure of Efficiency ［J］. European Journal of

Operational Research, 2001, 130 (3): 498-509.

[110] Unep. Green Economy: Pathways to Sustainable Development and Poverty Eradication [Z]. 2011.

[111] Urom C, Mzoughi H, Abid I, et al. Green Markets Integration in Different Time Scales: A Regional Analysis [J]. Energy Economics, 2021, 98: 1-29.

[112] Vazquez-Brust D, Smith A M, Sarkis J. Managing the Transition to Critical Green Growth: The "Green Growth State" [J]. Futures, 2014, 64: 38-50.

[113] Venables A J. Winners and Losers from Regional Integration Agreements [J]. The Economic Journal (London), 2003, 113 (490): 747-761.

[114] Viner J. The Customs Union Issue [M]. New York: Carnegie Endowment for International Peace, 1950.

[115] Wang M, Xu M, Ma S. The Effect of the Spatial Heterogeneity of Human Capital Structure on Regional Green Total Factor Productivity [J]. Structural Change and Economic Dynamics, 2021, 59: 427-441.

[116] Wang Y, Zhao C, Ma Q, et al. Carbon Benefits of Wolfberry Plantation on Secondary Saline Land in Jingtai Oasis, Gansu-A Case Study on Application of the CBP Model [J]. Journal of Environmental Management, 2015, 157: 303-310.

[117] Wei D. Convergence to the Law of One Price Without Trade Barriers or Currency Fluctuations [J]. The Quarterly Journal of Economics, 1996 (4): 1211-1236.

[118] Westerlund J, Edgerton D L. A Panel Bootstrap Cointegration Test [J]. Economics Letters, 2007, 97 (3): 185-190.

[119] Wong J. Dynamic Procurement Risk Management with Supplier Portfolio Selection and Order Allocation under Green Market Segmentation [J]. Journal of Cleaner Production, 2020, 253: 119835.

[120] Wu D, Wang Y, Qian W. Efficiency Evaluation and Dynamic Evolution of China's Regional Green Economy: A Method Based on the Super-PEBM Model and DEA Window Analysis [J]. Journal of Cleaner Production, 2020, 264: 121630.

[121] Wu S, Han H. Sectoral Changing Patterns of China's Green GDP Considering Climate Change: An Investigation Based on the Economic Input-output Life Cycle Assessment Model [J]. Journal of Cleaner Production, 2020, 251: 1-20.

[122] Xie R, Fu W, Yao S, et al. Effects of Financial Agglomeration on Green Total Factor Productivity in Chinese Cities: Insights from an Empirical Spatial Durbin Model [J]. Energy Economics, 2021, 101: 105449.

[123] Ying L, Li M, Yang J. Agglomeration and Driving Factors of Regional Innovation Space Based on Intelligent Manufacturing and Green Economy [J]. Environ-

mental Technology & Innovation, 2021, 22: 101398.

［124］Young. The Razor's Edge: Distortions and Incremental Reform in the People's Republic of China ［J］. Quarterly Journal of Economics, 2000 (4): 1091-1135.

［125］Zhang J, Lu G, Skitmore M, et al. A Critical Review of the Current Research Mainstreams and the Influencing Factors of Green Total Factor Productivity ［J］. Environmental Science and Pollution Research, 2021, 28 (27): 35392-35405.

［126］Zhang K, Shao S, Fan S. Market Integration and Environmental Quality: Evidence from the Yangtze River Delta Region of China ［J］. Journal of Environmental Management, 2020, 261: 110208.

［127］Zhang R, Zhao X, Zuo X, et al. Drought-induced Shift from a Carbon Sink to a Carbon Source in the Grasslands of Inner Mongolia, China ［J］. Catena, 2020, 195: 104845.

［128］Zhao J, Zhu D, Cheng J, et al. Does Regional Economic Integration Promote Urban Land Use Efficiency? Evidence from the Yangtze River Delta, China ［J］. Habitat International, 2021, 116: 102404.

［129］Zheng X, Yu Y, Wang J, et al. Identifying the Determinants and Spatial Nexus of Provincial Carbon Intensity in China: A Dynamic Spatial Panel Approach ［J］. Regional Environmental Change, 2014, 14 (4): 1651-1661.

［130］Zhu Y, Liang D, Liu T. Can China's Underdeveloped Regions Catch up with Green Economy? A Convergence Analysis from the Perspective of Environmental Total Factor Productivity ［J］. Journal of Cleaner Production, 2020, 255: 1-15.

［131］安虎森, 蒋涛. 一体化还是差别化——有关区域协调发展的理论解析 ［J］. 当代经济科学, 2006 (4): 53-63.

［132］安树伟, 李瑞鹏. 黄河流域高质量发展的内涵与推进方略 ［J］. 改革, 2020 (1): 76-86.

［133］白俊红, 卞元超. 要素市场扭曲与中国创新生产的效率损失 ［J］. 中国工业经济, 2016 (11): 39-55.

［134］白俊红, 刘怡. 市场整合是否有利于区域创新的空间收敛 ［J］. 财贸经济, 2020, 41 (1): 96-109.

［135］卞元超, 白俊红. 区域市场整合能否提升企业的产能利用率? ［J］. 财经研究, 2021, 47 (11): 64-77.

［136］曹春方, 张婷婷, 范子英. 地区偏袒下的市场整合 ［J］. 经济研究, 2017, 52 (12): 91-104.

［137］钞小静, 周文慧. 黄河流域高质量发展的现代化治理体系构建 ［J］. 经济问题, 2020 (11): 1-7.

［138］陈丹玲. 区域一体化对城市土地利用效率的影响研究 ［D］. 武

汉：华中科技大学，2020.

[139] 陈东. 区域一体化演变趋势与我国中长期应对策略 [J]. 中国科学院院刊，2020，35（7）：806-813.

[140] 陈坤，武立. 基于相对价格法的长三角经济一体化研究 [J]. 上海经济研究，2013，25（12）：49-56.

[141] 陈诗一，陈登科. 雾霾污染、政府治理与经济高质量发展 [J]. 经济研究，2018，53（2）：20-34.

[142] 陈诗一，程时雄. 雾霾污染与城市经济绿色转型评估：2004～2016 [J]. 复旦学报（社会科学版），2018，60（6）：122-134.

[143] 陈婉玲，丁瑶. 区域经济一体化的源流追溯与认知纠偏 [J]. 现代经济探讨，2021（6）：1-11.

[144] 陈喜强，邓丽. 政府主导区域一体化战略带动了经济高质量发展吗？——基于产业结构优化视角的考察 [J]. 江西财经大学学报，2019（1）：43-54.

[145] 陈喜强，傅元海，罗云. 政府主导区域经济一体化战略影响制造业结构优化研究——以泛珠三角区域为例的考察 [J]. 中国软科学，2017（9）：69-81.

[146] 陈甬军，丛子薇. 更好发挥政府在区域市场一体化中的作用 [J]. 财贸经济，2017，38（2）：5-19.

[147] 陈勇兵，陈宇媚，周世民. 中国国内市场整合程度的演变：基于要素价格均等化的分析 [J]. 世界经济，2013，36（1）：14-37.

[148] 程学伟，黎中彦，吴默妮，等. 区域一体化促进了当地经济发展了吗？——基于 286 个地级市面板数据的实证分析 [J]. 经济问题探索，2020（10）：56-67.

[149] 崔盼盼，赵媛，夏四友，等. 黄河流域生态环境与高质量发展测度及时空耦合特征 [J]. 经济地理，2020，40（5）：49-57.

[150] David Romer. 高级宏观经济学 [M]. 上海：上海财经大学出版社，2001.

[151] 戴魁早. 要素市场扭曲如何影响出口技术复杂度？——中国高技术产业的经验证据 [J]. 经济学（季刊），2019，18（1）：337-366.

[152] 邓楚雄，赵浩，谢炳庚，等. 土地资源错配对中国城市工业绿色全要素生产率的影响 [J]. 地理学报，2021，76（8）：1865-1881.

[153] 邓芳芳，王磊，周亚虹. 市场整合、资源配置与中国经济增长 [J]. 上海经济研究，2017（1）：41-51.

[154] 邓慧慧，薛熠，杨露鑫. 公共服务竞争、要素流动与区域经济新格局 [J]. 财经研究，2021，47（8）：34-48.

[155] 邓慧慧，杨露鑫. 雾霾治理、地方竞争与工业绿色转型 [J]. 中国工

业经济，2019（10）：118-136.

［156］邓慧慧，赵家羚．地方政府经济决策中的"同群效应"［J］．中国工业经济，2018（4）：59-78.

［157］邓慧慧．区域一体化、市场规模与制造业空间分布——理论模型与数值模拟［J］．西南民族大学学报（人文社会科学版），2012，33（1）：90-94.

［158］邓明，柳玉贵，王劲波．劳动力配置扭曲与全要素生产率［J］．厦门大学学报（哲学社会科学版），2020（1）：131-144.

［159］董景荣，郭明诏．要素配置结构、技术进步偏向性与工业全要素生产率的增长——基于长江经济带与黄河流域的对比分析［J］．重庆师范大学学报（社会科学版），2021（5）：21-32.

［160］董锁成，黄永斌，李泽红，等．丝绸之路经济带经济发展格局与区域经济一体化模式［J］．资源科学，2014，36（12）：2451-2458.

［161］杜宇，吴传清，邓明亮．政府竞争、市场分割与长江经济带绿色发展效率研究［J］．中国软科学，2020（12）：84-93.

［162］段德忠，谌颖，杜德斌．技术转移视角下中国三大城市群区域一体化发展研究［J］．地理科学，2021，39（10）：1581-1591.

［163］樊纲，王小鲁，胡李鹏．中国分省份市场化指数报告（2021）［M］．北京：社会科学文献出版社，2021.

［164］范爱军，孙宁．地区性行政垄断导致的国内市场分割程度测算——基于边界效应法的研究［J］．社会科学辑刊，2009（5）：92-96.

［165］范丹，孙晓婷．环境规制、绿色技术创新与绿色经济增长［J］．中国人口·资源与环境，2020，30（6）：105-115.

［166］范建双，任逸蓉，虞晓芬．人口城镇化影响区域绿色经济效率的中介机制分析——基于随机边界模型的检验［J］．宏观质量研究，2017，5（4）：52-65.

［167］范子英，张军．财政分权、转移支付与国内市场整合［J］．经济研究，2010（3）：53-64.

［168］封志明，唐焰，杨艳昭，等．中国地形起伏度及其与人口分布的相关性［J］．地理学报，2007（10）：1073-1082.

［169］付强，乔岳．政府竞争如何促进了中国经济快速增长：市场分割与经济增长关系再探讨［J］．世界经济，2011，34（7）：43-63.

［170］盖美，孔祥镇，曲本亮．中国省际传统经济效率与绿色经济效率时空演变分析［J］．资源开发与市场，2016，32（7）：780-787.

［171］盖庆恩，朱喜，史清华．劳动力市场扭曲、结构转变和中国劳动生产率［J］．经济研究，2013，48（5）：87-97.

［172］高丽娜，蒋伏心．长三角区域更高质量一体化：阶段特征、发展困境

与行动框架［J］. 经济学家，2020（3）：66-74.

　　［173］高赢. 中国八大综合经济区绿色发展绩效及其影响因素研究［J］. 数量经济技术经济研究，2019，36（9）：3-23.

　　［174］葛世帅，曾刚，杨阳，等. 黄河经济带生态文明建设与城市化耦合关系及空间特征研究［J］. 自然资源学报，2021，36（1）：87-102.

　　［175］巩前文，李学敏. 农业绿色发展指数构建与测度：2005—2018 年［J］. 改革，2020（1）：133-145.

　　［176］谷树忠，谢美娥，张新华，等. 绿色发展：新理念与新措施［J］. 环境保护，2016，44（12）：13-15.

　　［177］关溪媛. 基于价格法的沈阳经济区市场一体化趋势评析［J］. 沈阳大学学报（社会科学版），2014，16（1）：6-9.

　　［178］郭付友，佟连军，仇方道，等. 黄河流域生态经济走廊绿色发展时空分异特征与影响因素识别［J］. 地理学报，2021，76（3）：726-739.

　　［179］韩峰，阳立高. 生产性服务业集聚如何影响制造业结构升级？——一个集聚经济与熊彼特内生增长理论的综合框架［J］. 管理世界，2020，36（2）：72-94.

　　［180］韩剑，许亚云. RCEP 及亚太区域贸易协定整合——基于协定文本的量化研究［J］. 中国工业经济，2021（7）：81-99.

　　［181］韩君，杜文豪，吴俊珺. 黄河流域高质量发展水平测度研究［J］. 西安财经大学学报，2021，34（1）：28-36.

　　［182］韩叙，柳潇明，刘文婷，等. 黄河流域绿色金融与经济高质量发展耦合协调时空特征及驱动因素［J］. 经济地理，2023，43（9）：121-130.

　　［183］韩永楠，葛鹏飞，周伯乐. 中国市域技术创新与绿色发展耦合协调演变分异［J］. 经济地理，2021，41（6）：12-19.

　　［184］郝宪印，邵帅. 黄河流域生态保护和高质量发展的驱动逻辑与实现路径［J］. 山东社会科学，2022（1）：30-38.

　　［185］洪涛，马涛. 区域间协调发展具备市场基础了吗？——基于国内市场整合视角的研究［J］. 南京大学学报（哲学·人文科学·社会科学），2017，54（1）：37-46.

　　［186］侯建坤，陈建军，张凯琪，等. 基于 InVEST 和 GeoSoS-FLUS 模型的黄河源区碳储量时空变化特征及其对未来不同情景模式的响应［J］. 环境科学，2022（4）：1-15.

　　［187］侯世英，宋良荣. 数字经济、市场整合与企业创新绩效［J］. 当代财经，2021（6）：78-88.

　　［188］胡鞍钢，周绍杰. 绿色发展：功能界定、机制分析与发展战略［J］. 中国人口·资源与环境，2014，24（1）：14-20.

［189］胡雯，张锦华．密度、距离与农民工工资：溢价还是折价？［J］．经济研究，2021，56（3）：167-185.

［190］胡岳岷，刘甲库．绿色发展转型：文献检视与理论辨析［J］．当代经济研究，2013（6）：33-42.

［191］黄卉．基于 InVEST 模型的土地利用变化与碳储量研究［D］．北京：中国地质大学，2015.

［192］黄磊，吴传清．长江经济带污染密集型产业集聚时空特征及其绿色经济效应［J］．自然资源学报，2022，37（2）：459-476.

［193］黄茂兴，叶琪．马克思主义绿色发展观与当代中国的绿色发展——兼评环境与发展不相容论［J］．经济研究，2017，52（6）：17-30.

［194］黄文，张羽瑶．区域一体化战略影响了中国城市经济高质量发展吗？——基于长江经济带城市群的实证考察［J］．产业经济研究，2019（6）：14-26.

［195］黄小勇，查育新，朱清贞．互联网对中国绿色经济增长的影响——基于中国省域绿色竞争力的实证研究［J］．当代财经，2020（7）：112-123.

［196］黄新飞，陈珊珊，李腾．价格差异市场分割与边界效应［J］．经济研究，2014（12）：18-32.

［197］黄新飞，郑华懋．区域一体化、地区专业化与趋同分析——基于珠江三角洲地区 9 城市的实证分析［J］．统计研究，2010，27（1）：90-97.

［198］贾卓，杨永春，赵锦瑶，等．黄河流域兰西城市群工业集聚与污染集聚的空间交互影响［J］．地理研究，2021，40（10）：2897-2913.

［199］贾卓，赵锦瑶，杨永春．黄河流域兰西城市群环境规制效率的空间格局及其空间收敛性［J］．地理科学，2022（5）：1-11.

［200］金凤君，马丽，许堞，等．黄河流域产业绿色转型发展的科学问题与研究展望［J］．中国科学基金，2021，35（4）：537-543.

［201］金凤君．黄河流域生态保护与高质量发展的协调推进策略［J］．改革，2021（11）：33-39.

［202］雷娜，郎丽华．国内市场一体化对出口技术复杂度的影响及作用机制［J］．统计研究，2020，37（2）：52-64.

［203］李国平，李宏伟．经济区规划促进了西部地区经济增长吗？——基于合成控制法的研究［J］．经济地理，2019，39（3）：20-28.

［204］李国平，李宏伟．绿色发展视角下国家重点生态功能区绿色减贫效果评价［J］．软科学，2018，32（12）：93-98.

［205］李浩，黄繁华，许亚云．区域经济一体化促进了外资流入吗？——基于长三角城市群的实证分析［J］．经济问题探索，2020（10）：81-93.

［206］李衡，韩燕．黄河流域 PM 2.5 时空演变特征及其影响因素分析［J］．

世界地理研究, 2020 (7): 1-14.

[207] 李宏伟, 李国平. 区域一体化与黄河流域绿色经济效率 [J]. 经济体制改革, 2021 (2): 42-49.

[208] 李郇, 殷江滨. 国外区域一体化对产业影响研究综述 [J]. 城市规划, 2012, 36 (5): 91-96.

[209] 李嘉楠, 孙浦阳, 唐爱迪. 贸易成本、市场整合与生产专业化——基于商品微观价格数据的验证 [J]. 管理世界, 2021, 35 (8): 30-43.

[210] 李敏纳, 蔡舒, 张慧蓉, 等. 要素禀赋与黄河流域经济空间分异研究 [J]. 经济地理, 2011, 31 (1): 14-20.

[211] 李娜, 石敏俊, 张卓颖, 等. 基于多区域 CGE 模型的长江经济带一体化政策效果分析 [J]. 中国管理科学, 2020, 28 (12): 67-76.

[212] 李瑞林. 区域经济一体化与产业集聚、产业分工: 新经济地理视角 [J]. 经济问题探索, 2009 (5): 7-10.

[213] 李晓西, 刘一萌, 宋涛. 人类绿色发展指数的测算 [J]. 中国社会科学, 2014 (6): 69-95.

[214] 李雪松, 孙博文. 区域经济一体化视角下的长江中游区域一体化测度——基于湘鄂赣皖四省面板数据的分析 [J]. 江西社会科学, 2014, 34 (3): 34-40.

[215] 梁经伟, 文淑惠, 方俊智. 中国—东盟自贸区城市群空间经济关联研究——基于社会网络分析法的视角 [J]. 地理科学, 2015, 35 (5): 521-528.

[216] 廖文龙, 董新凯, 翁鸣, 等. 市场型环境规制的经济效应: 碳排放交易、绿色创新与绿色经济增长 [J]. 中国软科学, 2020 (6): 159-173.

[217] 林伯强, 谭睿鹏. 中国经济集聚与绿色经济效率 [J]. 经济研究, 2019, 54 (2): 119-132.

[218] 林江彪, 王亚娟, 张小红, 等. 黄河流域城市资源环境效率时空特征及影响因素 [J]. 自然资源学报, 2021, 36 (1): 208-222.

[219] 蔺鹏, 孟娜娜. 环境约束下京津冀区域经济发展质量测度与动力解构——基于绿色全要素生产率视角 [J]. 经济地理, 2020, 40 (9): 36-45.

[220] 刘秉镰, 朱俊丰, 周玉龙. 中国区域经济理论演进与未来展望 [J]. 管理世界, 2020, 36 (2): 182-194.

[221] 刘华军, 乔列成, 孙淑惠. 黄河流域用水效率的空间格局及动态演进 [J]. 资源科学, 2019, 42 (1): 57-68.

[222] 刘华军, 曲惠敏. 黄河流域绿色全要素生产率增长的空间格局及动态演进 [J]. 中国人口科学, 2021 (6): 59-70.

[223] 刘嘉伟, 岳书敬. 周期协同视角下的长三角区域经济一体化: 时变测度与决定因素 [J]. 南京社会科学, 2020 (3): 54-63.

［224］刘建华，周晓．吉林省城镇化发展与经济增长关系研究［J］．税务与经济，2014（6）：102-110.

［225］刘磊，夏勇．战略选择与阶段特征：中国工业化绿色转型的渐进之路［J］．经济体制改革，2020（6）：108-114.

［226］刘琳轲，梁流涛，高攀，等．黄河流域生态保护与高质量发展的耦合关系及交互响应［J］．自然资源学报，2021，36（1）：176-195.

［227］刘瑞明，毛宇，亢延锟．制度松绑、市场活力激发与旅游经济发展——来自中国文化体制改革的证据［J］．经济研究，2020，55（1）：115-131.

［228］刘瑞翔．区域经济一体化对资源配置效率的影响研究——来自长三角26个城市的证据［J］．南京社会科学，2019（10）：27-34.

［229］刘小勇，李真．财政分权与地区市场分割实证研究［J］．财经研究，2008（2）：88-98.

［230］刘宇峰，原志华，郭玲霞，等．陕西省城市绿色增长水平时空演变特征及影响因素解析［J］．自然资源学报，2022，37（1）：200-220.

［231］刘煜泽，雷鸣．民国前期山西省市场整合研究——以探讨电报及铁路对市场整合作用为中心的量化历史研究［J］．中国社会经济史研究，2021（2）：62-75.

［232］刘志彪，孔令池．从分割走向整合：推进国内统一大市场建设的阻力与对策［J］．中国工业经济，2021（8）：20-36.

［233］柳思维，徐志耀．海外关于中国国内市场整合研究的争论及新动向［J］．经济学动态，2012（8）：136-146.

［234］卢丽文，宋德勇，黄璟．长江经济带城市绿色全要素生产率测度——以长江经济带的108个城市为例［J］．城市问题，2017（1）：61-67.

［235］卢新海，陈丹玲，匡兵．区域一体化加剧了土地财政依赖吗？——以长江经济带为例［J］．华中农业大学学报（社会科学版），2021（1）：146-154.

［236］陆大道，孙东琪．黄河流域的综合治理与可持续发展［J］．地理学报，2019，74（12）：2431-2436.

［237］陆军，毛文峰．城市网络外部性的崛起：区域经济高质量一体化发展的新机制［J］．经济学家，2020（12）：62-70.

［238］陆铭，陈钊．分割市场的经济增长——为什么经济开放可能加剧地方保护？［J］．经济研究，2009，44（3）：42-52.

［239］陆铭，李鹏飞，钟辉勇．发展与平衡的新时代——新中国70年的空间政治经济学［J］．管理世界，2019，35（10）：11-23.

［240］陆铭．城市、区域和国家发展——空间政治经济学的现在与未来［J］．经济学（季刊），2017，16（4）：1499-1532.

［241］吕承超，崔悦．中国高质量发展地区差距及时空收敛性研究［J］．数

量经济技术经济研究，2020，37（9）：62-79.

[242] 吕倩，刘海滨．基于夜间灯光数据的黄河流域能源消费碳排放时空演变多尺度分析［J］．经济地理，2020，40（12）：12-21.

[243] 吕有金，高波，孔令池．国内市场整合与绿色全要素生产率——非线性关系及门槛效应检验［J］．经济问题探索，2021（8）：19-30.

[244] 吕越，张昊天．打破市场分割会促进中国企业减排吗？［J］．财经研究，2021，47（9）：4-18.

[245] 马草原，李廷瑞，孙思洋．中国地区之间的市场分割——基于"自然实验"的实证研究［J］．经济学（季刊），2021，21（3）：931-950.

[246] 马海涛，徐楦钫．黄河流域城市群高质量发展评估与空间格局分异［J］．经济地理，2020，40（4）：11-18.

[247] 毛其淋，盛斌．对外经济开放、区域市场整合与全要素生产率［J］．经济学（季刊），2019，11（1）：181-210.

[248] 孟庆民．区域经济一体化的概念与机制［J］．开发研究，2001（2）：47-49.

[249] 孟望生，郑延钦，张扬．黄河流域制造业集聚对城市绿色经济效率的影响［J］．统计与决策，2023，39（15）：111-116.

[250] 穆勒．政治经济学原理及其在社会哲学上的若干应用［M］．北京：商务印书馆，1991.

[251] 皮亚彬，陈耀．大国内部经济空间布局：区位、禀赋与一体化［J］．经济学（季刊），2021，18（4）：1289-1310.

[252] 任保平，师博．黄河流域高质量发展的战略研究［M］．北京：中国经济出版社，2020.

[253] 任保平，张倩．黄河流域高质量发展的战略设计及其支撑体系构建［J］．改革，2021（10）：26-34.

[254] 尚杰，杨滨键．种植业碳源、碳汇测算与净碳汇影响因素动态分析：山东例证［J］．改革，2019（6）：123-134.

[255] 邵汉华，王瑶，罗俊．区域一体化与城市创新：基于长三角扩容的准自然实验［J］．科技进步与对策，2020，37（24）：37-45.

[256] 邵帅，范美婷，杨莉莉．经济结构调整、绿色技术进步与中国低碳转型发展——基于总体技术前沿和空间溢出效应视角的经验考察［J］．管理世界，2022，38（2）：46-69.

[257] 沈晓艳，王广洪，黄贤金．1997—2013年中国绿色GDP核算及时空格局研究［J］．自然资源学报，2017，32（10）：1639-1650.

[258] 盛斌，毛其淋．贸易开放、国内市场一体化与中国省际经济增长：1985~2008年［J］．世界经济，2011（11）：44-66.

［259］盛广耀. 黄河流域城市群高质量发展的基本逻辑与推进策略［J］. 中州学刊, 2020（7）：21-27.

［260］师博, 何璐, 张文明. 黄河流域城市经济高质量发展的动态演进及趋势预测［J］. 经济问题, 2021（1）：1-8.

［261］师博, 何璐. 黄河流域城市高质量发展的动态演进与区域分化［J］. 经济与管理评论, 2021（6）：15-25.

［262］舒成, 朱沛阳, 许波. 江西省绿色发展水平测度与空间分异分析［J］. 经济地理, 2021, 41（6）：180-186.

［263］宋长鸣, 李崇光. 农产品市场的整合与替代研究——以蔬菜为例［J］. 中国农村经济, 2012（11）：78-87.

［264］宋马林, 刘贯春. 增长模式变迁与中国绿色经济增长源泉——基于异质性生产函数的多部门核算框架［J］. 经济研究, 2021, 56（7）：41-58.

［265］宋伟轩, 刘春卉. 长三角一体化区域城市商品住宅价格分异机理研究［J］. 地理研究, 2018, 37（1）：92-102.

［266］宋洋, 吴昊. 珠三角区域一体化、地区专业化与产业布局的实证分析［J］. 统计与决策, 2018, 34（16）：130-133.

［267］宋周莺, 姚秋蕙, 胡志丁, 等. 跨境经济合作区建设的"尺度困境"——以中老磨憨—磨丁经济合作区为例［J］. 地理研究, 2020, 39（12）：2705-2717.

［268］孙博文. 长江经济带市场一体化的经济增长效应研究［D］. 武汉：武汉大学, 2017.

［269］孙瑾, 刘文革, 周钰迪. 中国对外开放、产业结构与绿色经济增长——基于省际面板数据的实证检验［J］. 管理世界, 2014（6）：172-173.

［270］孙伟. 黄河流域城市能源生态效率的时空差异及其影响因素分析［J］. 安徽师范大学学报（人文社会科学版）, 2020, 48（2）：149-157.

［271］孙亚男, 杨名彦. 中国绿色全要素生产率的俱乐部收敛及地区差距来源研究［J］. 数量经济技术经济研究, 2020, 37（6）：47-69.

［272］汤放华, 吴平, 周亮. 长株潭城市群一体化程度测度与评价［J］. 经济地理, 2018, 38（2）：59-65.

［273］唐为. 要素市场一体化与城市群经济的发展——基于微观企业数据的分析［J］. 经济学（季刊）, 2021, 21（1）：1-22.

［274］唐亚林. 产业升级、城市群发展与区域经济社会一体化——区域治理新图景建构［J］. 同济大学学报（社会科学版）, 2015, 26（6）：55-61.

［275］汪芳, 苗长虹. 系统性、整体性与协同性：黄河流域高质量发展的思维与策略——写在专辑刊发之后的话［J］. 自然资源学报, 2021, 36（1）：270-272.

[276] 汪泽波. 城镇化过程中能源消费、环境治理与绿色税收—— 一个绿色内生经济增长模型 [J]. 云南财经大学学报, 2016, 32 (2): 49-61.

[277] 王兵, 吴延瑞, 颜鹏飞. 中国区域环境效率与环境全要素生产率增长 [J]. 经济研究, 2010, 45 (5): 95-109.

[278] 王海杰, 李同舟, 贾傅麟. 黄河流域制造业绿色竞争力评价及空间分异研究 [J]. 山东社会科学, 2022 (1): 49-57.

[279] 王玲玲, 张艳国. "绿色发展"内涵探微 [J]. 社会主义研究, 2012 (5): 143-146.

[280] 王敏, 黄滢. 中国的环境污染与经济增长 [J]. 经济学 (季刊), 2015, 14 (2): 557-578.

[281] 王秋玉, 曾刚, 苏灿, 等. 经济地理学视角下长三角区域一体化研究进展 [J]. 经济地理, 2022, 42 (2): 52-63.

[282] 王韶华, 于维洋, 张伟, 等. 基于产业和能源的河北省分产业碳强度因素分析 [J]. 经济地理, 2015, 35 (5): 166-173.

[283] 王天福, 龚直文, 邓元杰. 基于土地利用变化的陕西省植被碳汇提质增效优先区识别 [J]. 自然资源学报, 2022, 37 (5): 1214-1232.

[284] 王喜, 鲁丰先, 秦耀辰, 等. 河南省碳源碳汇的时空变化研究 [J]. 地理科学进展, 2016, 35 (8): 941-951.

[285] 王贤彬, 谢小平. 区域市场的行政整合与经济增长 [J]. 南方经济, 2012 (3): 23-36.

[286] 王晓楠, 孙威. 黄河流域资源型城市转型效率及其影响因素 [J]. 地理科学进展, 2020, 39 (10): 1643-1655.

[287] 王馨, 王营. 绿色信贷政策增进绿色创新研究 [J]. 管理世界, 2021, 37 (6): 173-188.

[288] 王钺. 市场整合、资源有效配置与产业结构调整 [J]. 经济经纬, 2021, 38 (6): 3-12.

[289] 王正淑, 王继军, 刘佳. 基于碳汇的县南沟流域退耕林地补偿标准研究 [J]. 自然资源学报, 2016, 31 (5): 779-788.

[290] 韦倩, 王安, 王杰. 中国沿海地区的崛起: 市场的力量 [J]. 经济研究, 2014, 49 (8): 170-183.

[291] 吴楚豪, 王恕立. 省际经济融合、省际产品出口技术复杂度与区域协调发展 [J]. 数量经济技术经济研究, 2021, 36 (11): 121-139.

[292] 吴青山, 吴玉鸣, 郭琳. 区域一体化是否改善了劳动力错配——来自长三角扩容准自然实验的证据 [J]. 南方经济, 2021 (6): 51-67.

[293] 吴晓怡, 邵军. 经济集聚与制造业工资不平等: 基于历史工具变量的研究 [J]. 世界经济, 2016, 39 (4): 120-144.

［294］习近平．在黄河流域生态保护和高质量发展座谈会上的讲话［J］．中国水利，2021（20）：1-3.

［295］谢东江，胡士华．金融杠杆与城市绿色经济增长——基于中国285个地级市及以上城市［J］．经济问题探索，2021（11）：150-163.

［296］谢贤君．要素市场扭曲如何影响绿色全要素生产率——基于地级市经验数据研究［J］．财贸研究，2019，30（6）：36-46.

［297］谢宜章，赵玉奇．空间资源视角下地方政府竞争与中国工业绿色转型发展［J］．江西社会科学，2018，38（6）：58-67.

［298］辛龙，孙慧，王慧，等．基于地理探测器的绿色经济效率时空分异及驱动力研究［J］．中国人口·资源与环境，2020，30（9）：128-138.

［299］徐涵秋，唐菲．新一代Landsat系列卫星：Landsat 8遥感影像新增特征及其生态环境意义［J］．生态学报，2013，33（11）：3249-3257.

［300］徐辉，师诺，武玲玲，等．黄河流域高质量发展水平测度及其时空演变［J］．资源科学，2020，42（1）：115-126.

［301］徐辉，王亿文，张宗艳，等．黄河流域水—能源—粮食耦合机理及协调发展时空演变［J］．资源科学，2021，43（12）：2526-2537.

［302］徐维祥，徐志雄，刘程军．黄河流域地级城市土地集约利用效率与生态福利绩效的耦合性分析［J］．自然资源学报，2021，36（1）：114-130.

［303］徐晓光，樊华，苏应生，等．中国绿色经济发展水平测度及其影响因素研究［J］．数量经济技术经济研究，2021，38（7）：65-82.

［304］徐勇，王传胜．黄河流域生态保护和高质量发展：框架、路径与对策［J］．中国科学院院刊，2020，35（7）：875-883.

［305］许宪春，任雪，常子豪．大数据与绿色发展［J］．中国工业经济，2021（4）：5-22.

［306］许玉洁，刘曙光．黄河流域绿色创新效率空间格局演化及其影响因素［J］．自然资源学报，2022，37（3）：627-644.

［307］薛明月，王成新，赵金丽，等．黄河流域旅游经济空间分异格局及影响因素［J］．经济地理，2020，40（4）：19-27.

［308］亚当·斯密．国富论［M］．北京：华夏出版社，2013.

［309］严成樑．现代经济增长理论的发展脉络与未来展望——兼从中国经济增长看现代经济增长理论的缺陷［J］．经济研究，2020，55（7）：191-208.

［310］阎晓，涂建军．黄河流域资源型城市生态效率时空演变及驱动因素［J］．自然资源学报，2021，36（1）：223-239.

［311］颜色，刘丛．18世纪中国南北方市场整合程度的比较——利用清代粮价数据的研究［J］．经济研究，2011，46（12）：124-137.

［312］杨丹丹，马红梅，杜宇晨．区域市场一体化对经济增长的影响——以

长江经济带沿线 11 省市为例［J］．商业经济研究，2019（8）：154-157.

［313］杨洁，谢保鹏，张德罡．基于 InVEST 和 CA-Markov 模型的黄河流域碳储量时空变化研究［J］．中国生态农业学报（中英文），2021，29（6）：1018-1029.

［314］杨开忠，董亚宁．黄河流域生态保护和高质量发展制约因素与对策——基于"要素—空间—时间"三维分析框架［J］．水利学报，2020，51（9）：1038-1047.

［315］杨林，陈喜强．协调发展视角下区域市场一体化的经济增长效应——基于珠三角地区的考察［J］．经济问题探索，2017（11）：59-66.

［316］杨小琬，张丽君，秦耀辰，等．1995 年以来黄河下游碳储量时空变化及驱动因素［J］．河南大学学报（自然科学版），2022，52（1）：20-33.

［317］杨永春，穆焱杰，张薇．黄河流域高质量发展的基本条件与核心策略［J］．资源科学，2020，42（3）：409-423.

［318］杨振兵．市场整合利于提升创新效率吗——基于创新能力与创新动力的新视角［J］．当代财经，2016（3）：13-23.

［319］姚丽．区域经济一体化的经济增长效应空间计量研究［D］．长春：东北师范大学，2015.

［320］尹伟华，张亚雄，李继峰，等．基于投入产出表的中国八大区域碳排放强度分析［J］．资源科学，2017，39（12）：2258-2264.

［321］尤济红，陈喜强．区域一体化合作是否导致污染转移——来自长三角城市群扩容的证据［J］．中国人口·资源与环境，2019，29（6）：118-129.

［322］于法稳，方兰．黄河流域生态保护和高质量发展的若干问题［J］．中国软科学，2020（6）：85-95.

［323］于法稳，林珊，王广梁．黄河流域县域生态治理的重点领域及对策研究［J］．中国软科学，2023（2）：104-114.

［324］于刃刚，戴宏伟．生产要素流动与区域经济一体化的形成及启示［J］．世界经济，1999（6）：48-51.

［325］俞树毅，田彦平．黄河上游城市绿色高质量发展效率测度及对策研究——基于超效率 SBM 模型［J］．青海民族研究，2020，31（3）：44-52.

［326］袁茜，吴利华，张平．长江经济带一体化发展与高技术产业研发效率［J］．数量经济技术经济研究，2021，36（4）：45-60.

［327］岳立，薛丹．黄河流域沿线城市绿色发展效率时空演变及其影响因素［J］．资源科学，2020，42（12）：2274-2284.

［328］曾刚，曹贤忠，王丰龙，等．长三角区域一体化发展推进策略研究——基于创新驱动与绿色发展的视角［J］．安徽大学学报（哲学社会科学版），2021，43（1）：148-156.

［329］曾刚，胡森林．技术创新对黄河流域城市绿色发展的影响研究［J］．地理科学，2021（8）：1314-1323.

［330］曾刚，王丰龙．长三角区域城市一体化发展能力评价及其提升策略［J］．改革，2018（12）：103-111.

［331］展进涛，徐钰娇，葛继红．考虑碳排放成本的中国农业绿色生产率变化［J］．资源科学，2019，41（5）：884-896.

［332］张贡生．黄河流域生态保护和高质量发展：内涵与路径［J］．哈尔滨工业大学学报（社会科学版），2020，22（5）：119-128.

［333］张昊．地区间生产分工与市场统一度测算："价格法"再探讨［J］．世界经济，2020，43（4）：52-74.

［334］张昊．距离、边界与一价定律的动态表现［J］．财贸经济，2016（7）：5-20.

［335］张可．区域一体化、环境污染与社会福利［J］．金融研究，2020（12）：114-131.

［336］张可．区域一体化有利于减排吗？［J］．金融研究，2018（1）：67-83.

［337］张可．市场一体化有利于改善环境质量吗？——来自长三角地区的证据［J］．中南财经政法大学学报，2019（4）：67-77.

［338］张辽，杨成林．劳动力流动、市场一体化与地区间产业转移［J］．财经科学，2013（6）：89-98.

［339］张鹏岩，李颜颜，康国华，等．黄河流域县域经济密度测算及空间分异研究［J］．中国人口·资源与环境，2017，27（8）：128-135.

［340］张桅，胡艳．长三角地区创新型人力资本对绿色全要素生产率的影响——基于空间杜宾模型的实证分析［J］．中国人口·资源与环境，2020，30（9）：106-120.

［341］张学良，李培鑫，李丽霞．政府合作、市场整合与城市群经济绩效——基于长三角城市经济协调会的实证检验［J］．经济学（季刊），2017，16（4）：1563-1582.

［342］张跃，刘莉，黄帅金．区域一体化促进了城市群经济高质量发展吗？——基于长三角城市经济协调会的准自然实验［J］．科学学研究，2021，39（1）：63-72.

［343］张泽楚，李巍．数字经济对黄河流域资源型城市绿色效率的驱动作用［J］．资源科学，2024，46（3）：475-487.

［344］张政，李雪松，王冲．劳动力价格扭曲与绿色经济效率损失［J］．云南财经大学学报，2020，36（4）：51-63.

［345］赵建吉，刘岩，朱亚坤，等．黄河流域新型城镇化与生态环境耦合的

时空格局及影响因素［J］. 资源科学, 2020, 42（1）: 159-171.

　　［346］赵领娣, 徐乐. 基于长三角扩容准自然实验的区域一体化水污染效应研究［J］. 中国人口·资源与环境, 2019, 29（3）: 50-61.

　　［347］赵留彦, 赵岩, 窦志强. "裁厘改统"对国内粮食市场整合的效应［J］. 经济研究, 2011, 46（8）: 106-118.

　　［348］赵任洁. 地方政府竞争、产业集聚与绿色全要素生产率［D］. 西安: 西北大学, 2021.

　　［349］赵瑞, 申玉铭. 黄河流域服务业高质量发展探析［J］. 经济地理, 2020, 40（6）: 21-29.

　　［350］赵一玮, 李冬, 陈楠, 等. 高质量发展要求下黄河中上游煤化工产业环境管理建议［J］. 中国环境管理, 2020, 12（6）: 52-57.

　　［351］钟立新. 长三角地区制造业集聚与扩散的尺度效应与政策启示［J］. 生态经济, 2012（3）: 106-109.

　　［352］周杰琦, 徐国祥. 全球化对绿色经济增长是"诅咒"还是"福音"? ——基于要素市场扭曲视角的分析［J］. 财贸研究, 2020, 31（8）: 14-27.

　　［353］周清香, 何爱平. 环境规制能否助推黄河流域高质量发展［J］. 财经科学, 2020（6）: 89-104.

　　［354］周韬. 空间异质性、城市群分工与区域经济一体化——来自长三角城市群的证据［J］. 城市发展研究, 2017, 24（9）: 57-63.

　　［355］朱兰, 王勇, 李枭剑. 新结构经济学视角下的区域经济一体化研究——以宁波如何融入长三角一体化为例［J］. 经济科学, 2020（5）: 5-18.

　　［356］邹晨, 黄永春, 欧向军, 等. 长三角区域一体化对科技人才竞争力的门槛效应研究——基于经济与收入视角［J］. 科技进步与对策, 2021, 38（6）: 38-47.

　　［357］左其亭, 张志卓, 马军霞. 黄河流域水资源利用水平与经济社会发展的关系［J］. 中国人口·资源与环境, 2021, 31（10）: 29-38.

后 记

本书是在我的博士毕业论文的基础上修改拓展完成的。尽管科研生涯中存在诸多突发事件影响到自己的学习与生活，但选择西安这座城市、选择黄河流域高质量发展作为自己的研究方向依然是无悔的决定。在西安交通大学经济与金融学院求学期间，学院浓厚的学术氛围和良好的科研条件为本书的写作奠定了坚实的基础。在西安财经大学经济学院任教期间，学校科研处、高层次人才办公室等部门对本书的出版给予了大力支持，经济学院的领导和同事对本书的内容提出了宝贵意见。

首先，感谢我的博士生导师尊敬的李国平教授，本书的灵感源自 2019 年 10 月底在一次交流中李老师给出的热点研究内容。而本书的基础内容和理论渊源则源自李国平老师在这几年博士生涯中的反复指导和认真梳理。这就是李国平老师的风格，具有极其扎实的理论功底和极其敏锐的前沿问题捕捉能力。而这也深刻影响了我的博士生涯，相对于其他科班出身的学生来说，半路出家的我经济学基础很不扎实，因此在博士研究生阶段，从最开始的小组讨论到最后的博士毕业论文的写作和修改，自己越来越感到不踏实，也越来越感觉到李老师日常教诲的重要性。是李老师把我带到了这个平台，让我取得了今天的成绩。

其次，在本书的修改、完善和定稿过程中，马草原老师、聂鹏老师、蒋仁爱老师、王文涛老师对本书提出了指导，张文彬老师、曾先锋老师和李治老师均对本书的修改和完善提出了诸多宝贵的建议。老师们学识之渊博、治学态度之严谨均给我留下了深刻的印象。正是由于这些老师的点拨，本书在写作与修改过程中避免了诸多问题。同时，感谢在本书写作过程中给予我帮助的同门师兄妹，尤其感谢郭韦杉师妹、陈璇师妹和马艺鸣师妹。

最后，感谢我的父亲和母亲，求学期间远在家乡的父母不仅提供了物质上的助力，同时也给我提供了精神上的支持。父母的关爱和供养是我能够顺利完成学业的保障，父母对于我人生选择的支持是我未来的道路上最大的依靠，大恩无以回报，只愿自己日后能够取得让父母欣慰的成就。

李宏伟

2024 年 7 月于西安